MÄNGELLISTE			
Datum	Seite(n)	Mängel	Unter-schrift

Ausgabe-datum	Rückgabe-datum	Name des Schülers

D1692959

ANNO 6

Geschichte Gymnasium Sachsen

Freiheitsstatue im Hafen von New York, errichtet 1886

Herausgegeben von
Prof. Dr. Ulrich Baumgärtner

Erarbeitet von
Dr. Christopher Andres, Prof. Dr. Ulrich Baumgärtner,
Dr. Michael Brabänder, Klaus Grabenhorst, Dr. Frank Skorsetz,
Johannes Träger, Dr. Wolf Weigand, Barbara Weiß, Dr. Ulrike Witten

Mit Beiträgen von
Christoph Huber, Gregor Meilchen,
Hubertus Schrapps, Dr. Stefan Wolle

westermann

Eine kommentierte Linkliste finden Sie unter:
www.westermann.de/geschichte-linkliste

© 2015 Bildungshaus Schulbuchverlage
Westermann Schroedel Diesterweg Schöningh Winklers GmbH, Braunschweig
www.westermann.de

Das Werk und seine Teile sind urheberrechtlich geschützt. Jede Nutzung in anderen als den gesetzlich zugelassenen Fällen bedarf der vorherigen schriftlichen Einwilligung des Verlages. Hinweis zu § 52a UrhG: Weder das Werk noch seine Teile dürfen ohne eine solche Einwilligung gescannt und in ein Netzwerk eingestellt werden. Das gilt auch für Intranets von Schulen und sonstigen Bildungseinrichtungen. Auf verschiedenen Seiten dieses Buches befinden sich Verweise (Links) auf Internet-Adressen. Haftungshinweis: Trotz sorgfältiger inhaltlicher Kontrolle wird die Haftung für die Inhalte der externen Seiten ausgeschlossen. Für den Inhalt dieser externen Seiten sind ausschließlich deren Betreiber verantwortlich. Sollten Sie bei dem angegebenen Inhalt des Anbieters dieser Seite auf kostenpflichtige, illegale oder anstößige Inhalte treffen, so bedauern wir dies ausdrücklich und bitten Sie, uns umgehend per E-Mail davon in Kenntnis zu setzen, damit beim Nachdruck der Verweis gelöscht wird.

Druck A^1 / Jahr 2015
Alle Drucke der Serie A sind inhaltlich unverändert.

Redaktion: Thorsten Schimming, Christoph Meyer, Dorle Bennöhr
Typografie: Thomas Schröder
Satz: Ottomedien, Darmstadt
Druck und Bindung: westermann druck GmbH, Braunschweig

ISBN 978-3-14-**11 1680**-9

Inhalt

1. Längsschnitt: USA und Sowjetunion im 20. Jahrhundert ... 4

- Der Ursprung des Kalten Krieges ... 6
- Die Gründung der UNO ... 12
- Der Kalte Krieg in den 1950er-Jahren ... 16
- Kuba-Krise, Vietnamkrieg und „Prager Frühling" ... 22
- Zwischen Entspannung und Konfrontation ... 28
- Russland und die USA nach dem Kalten Krieg ... 32

Zusammenfassung ... 38
Seiten zur Selbsteinschätzung ... 40

2. Deutschland – Von der Teilung zur Wiedervereinigung ... 42

- Kriegsende in Deutschland ... 44
- Die „Zusammenbruchsgesellschaft" ... 48

Methode: Eine Ausstellung gestalten ... 52

- Die Entwicklung in den Besatzungszonen ... 54
- Die Entnazifizierung ... 60
- Die doppelte Staatsgründung ... 64
- Die Bundesrepublik in den Fünfzigerjahren ... 70
- Außenpolitik der BRD in den 1950er-Jahren ... 76

Vertiefung: Alltagsleben in der frühen Bundesrepublik ... 80

- Die DDR von der Gründung bis zum Mauerbau ... 84

Methode: Arbeiten im Archiv ... 90
Vertiefung: Alltagsleben in der DDR ... 92

- Die Bundesrepublik 1963–1990 ... 96
- Die DDR zwischen Mauerbau und Revolution ... 102

Methode: Zeitzeugen befragen ... 108

- Opposition und Widerstand in der DDR ... 110

Methode: Umgang mit Spielfilmen ... 116

- Die deutsche Einheit 1990 ... 120
- Das vereinte Deutschland ... 128

Zusammenfassung ... 134
Seiten zur Selbsteinschätzung ... 136

3. Die Welt nach dem Kalten Krieg ... 138

- Die europäische Einigung ... 140
- Der Zerfall der Sowjetunion ... 146
- Der Zerfall Jugoslawiens ... 152

Methode: Umgang mit Reden ... 156

- Die Welt nach dem 11. September 2001 ... 158

Zusammenfassung ... 164
Seiten zur Selbsteinschätzung ... 166

Minilexikon ... 168
Register ... 173
Bildnachweis ... 176

1. Längsschnitt: USA und Sowjetunion im 20. Jahrhundert

Gedenk- und Begegnungsstätte Point Alpha an der Straße zwischen Geisa (Thüringen) und Rasdorf (Hessen)

Aufstand in Ungarn 1956
Demonstranten verbrennen die sozialistische ungarische Flagge, Oktober 1956.

„Prager Frühling"
Demonstranten zwischen sowjetischen Panzern in Prag, 1968

Abwurf von Napalmbomben
Kinder während eines Angriffs südvietnamesischer Streitkräfte, Foto vom 8. Juni 1972

US-Präsident Reagan und Generalsekretär Gorbatschow am 28. Mai 1988 im Moskauer Kreml

In den Trümmern des World Trade Centers
13. September 2001

Der Ursprung des Kalten Krieges

Die Anfangsphase seit dem Ersten Weltkrieg

Die zweite Hälfte des 20. Jahrhunderts war durch den als „Kalter Krieg" bekannten Systemkonflikt zwischen den Weltmächten USA und UdSSR sowie ihren Verbündeten gekennzeichnet. Die Vorgeschichte dieser Konfrontation reicht bis zum Ersten Weltkrieg zurück. Im November 1917 hatten in Russland die Bolschewiki, eine radikale kommunistische Gruppierung um Lenin, durch einen revolutionären Umsturz die Macht an sich gerissen. Energisch und rücksichtslos errichteten sie eine Einparteienherrschaft und führten tiefgreifende Veränderungen in Staat und Gesellschaft durch. Nach außen propagierte die neue Regierung den internationalen Klassenkampf, der zu einer proletarischen Weltrevolution führen und den Kapitalismus überwinden sollte. Da sie zudem aus dem Kriegsbündnis mit den Westmächten ausscherten und im März 1918 einen Separatfrieden mit dem Deutschen Reich schlossen, waren ihre bisherigen Verbündeten in London, Paris und Washington aufs Höchste alarmiert. Um die antibolschewistischen Kräfte im gerade ausgebrochenen Bürgerkrieg zu unterstützen und Lenins Herrschaft zu beenden, schickten sie Truppen nach Russland, darunter auch 7 000 amerikanische Soldaten. Die Bolschewiki konnten zwar ihre Macht behaupten, doch war ihr Verhältnis zu den als „imperialistischer Aggressor" wahrgenommenen USA und den anderen westlichen Mächten nun schwer belastet.

Auch für die Vereinigten Staaten bedeutete 1917 ein Wendejahr. Im April setzten sie ihrer traditionell isolationistischen Außenpolitik ein Ende und traten in den Krieg gegen das Deutsche Reich ein. In seinen „14 Punkten" von Januar 1918 entwarf Präsident Wilson eine neue Weltordnung, die von der Freiheit des Individuums, dem Selbstbestimmungsrecht der Völker und freiem Welthandel geprägt war. Die Nachrichten von den Vorgängen in Russland und die Weltrevolutions-Propaganda der dortigen Regierung lösten in den USA in den Jahren 1919/20 ein Bedrohungsgefühl aus, das teilweise panikartige Ausmaße annahm (Red Scare). Aus Furcht vor kommunistischer Unterwanderung und Sabotage wurden Bürgerrechte eingeschränkt, über 6 000 Verdächtige zumeist ohne hinreichende Anhaltspunkte inhaftiert und Hunderte zwangsweise nach Russland deportiert.

Entstehung und Zerfall der Anti-Hitler-Koalition

In den folgenden Jahren entspannte sich das Verhältnis zwischen Washington und Moskau etwas und Präsident Franklin D. Roosevelt erkannte kurz nach seinem Amtsantritt 1933 das sowjetische Regime diplomatisch an. Der Hitler-Stalin-Pakt vom August 1939 wirkte dann wie ein Paukenschlag. Josef Stalin, der sich nach Lenins Tod 1924 an der Spitze der Bolschewiki durchgesetzt hatte, ließ nach dem deutschen Überfall auf Polen im September 1939 die Rote Armee in Absprache mit dem deutschen Diktator in den östlichen Teil Polens einmarschieren. Im Winter 1939/40 brach Moskau zudem einen Krieg gegen Finnland vom Zaun und annektierte im Sommer 1940 Estland, Lettland, Litauen und Teile Rumäniens. Diese offene Expansionspolitik führte zu einer politischen Eiszeit im Verhältnis zu Washington.

M 1 Lagebesprechung der „Weißen"
Die Gegner der Bolschewiki wurden im russischen Bürgerkrieg durch die USA und andere westliche Mächte unterstützt, Foto, um 1920.

M 2 „Bolsheviks hide under the Stars and Stripes"
Karikatur aus der Zeitung „Philadelphia Inquirer", 1919

M 3 **Die „Großen Drei"**
Churchill, Roosevelt und Stalin auf der Konferenz in Jalta, Februar 1945

Der überraschende Angriff der deutschen Wehrmacht auf die UdSSR im Juni 1941 änderte die Lage ein weiteres Mal von Grund auf. Noch im gleichen Jahr begannen die USA mit der Lieferung kriegswichtiger Güter an die UdSSR, die sich bis zum gemeinsamen Sieg über NS-Deutschland auf einen Wert von elf Milliarden Dollar beliefen. Die Anti-Hitler-Koalition, der auch Großbritannien angehörte, war trotz aller zur Schau gestellten Eintracht jedoch von gegenseitigem Misstrauen geprägt. Roosevelt hatte Stalin bereits im Mai 1942 die Errichtung einer zweiten Front im Westen zugesagt. Als sich die alliierte Landung in Nordfrankreich dann aber bis zum Juni 1944 hinzog, vermutete Stalin, Amerikaner und Briten wollten die Rote Armee im Kampf gegen die Wehrmacht nachhaltig schwächen. Erbost zog er daraufhin seine Botschafter aus Washington und London zurück.

Als entscheidender Streitpunkt, der schließlich zum Zerfall der Anti-Hitler-Koalition führte, erwies sich das Schicksal der Staaten Osteuropas nach dem zu erwartenden Sieg über NS-Deutschland. Als erstes Land Osteuropas befreite die Rote Armee dann 1944/45 Polen von der deutschen Besatzung. Stalin holte die in London wartende polnische Exilregierung jedoch nicht zurück, sondern setzte im Juli 1945 eigenmächtig eine neue, prosowjetische Regierung in Warschau ein. Auf einer Konferenz der „Großen Drei" im Februar 1945 in Jalta stimmte er zwar einer „Erklärung über das befreite Europa" zu, die zur Achtung des Selbstbestimmungsrechts der Völker und zur baldigen Abhaltung freier Wahlen aufrief. Tatsächlich hielt sich Stalin aber nicht an dieses Versprechen. Vielmehr verfolgte er das Ziel, im westlichen Vorfeld der UdSSR einen Gürtel von abhängigen Satellitenstaaten zu errichten, was er mit dem Sicherheitsinteresse seines Landes begründete. So übertrug er wie in Polen auch in den anderen von der Roten

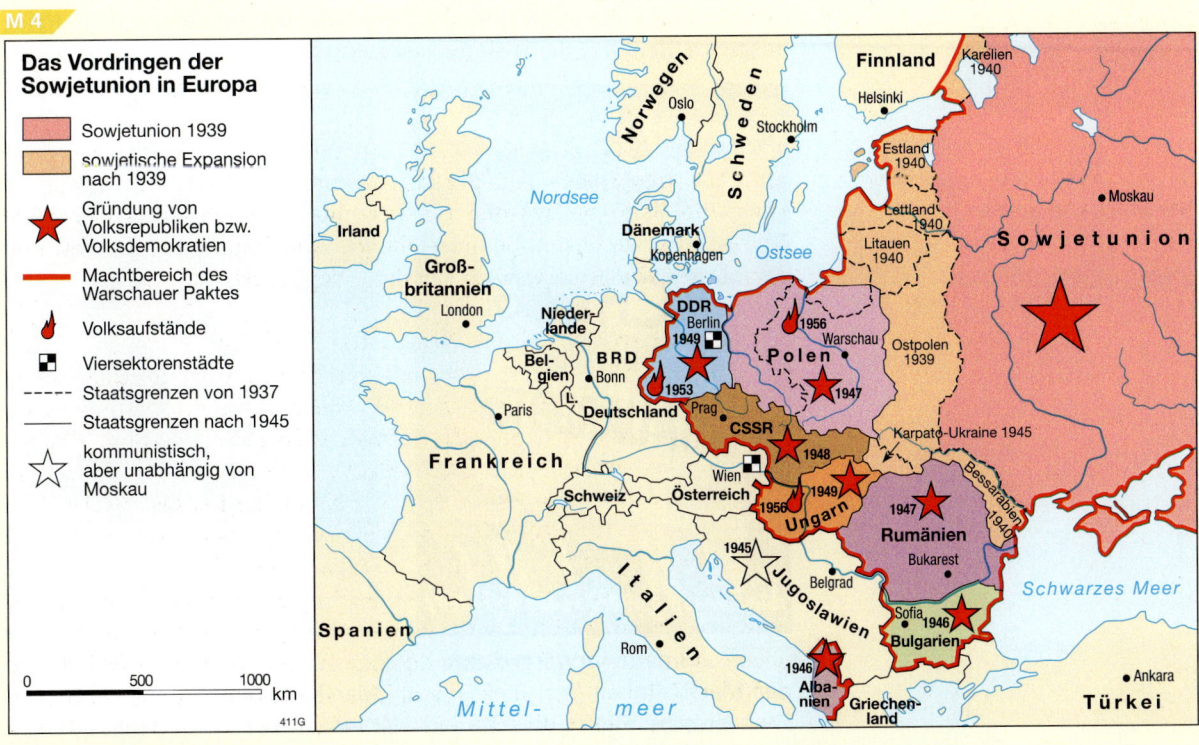

M 4 **Das Vordringen der Sowjetunion in Europa**

Armee mittlerweile besetzten Staaten Osteuropas moskautreuen Regierungen die politische Macht. Regimegegner wurden in den nach sowjetischem Muster gebildeten „Volksrepubliken" blutig verfolgt.

Die Formierung der Blöcke

Unter dem Eindruck dieser Ereignisse gab der neue US-Präsident Harry S. Truman die unentschlossene Politik seines Vorgängers gegenüber der Sowjetunion auf. Am 12. März 1947 verkündete er in einer Grundsatzrede vor dem Kongress die neue Linie der amerikanischen Außenpolitik (Truman-Doktrin): Künftig würden die USA alle freien Völker bei ihrem Kampf gegen kommunistische Bedrohungen unterstützen. Dieses Konzept der Eindämmung (Containment) ergänzte der amerikanische Außenminister George C. Marshall durch das „European Recovery Program" für das kriegszerstörte Europa. Der sogenannte Marshallplan umfasste Waren- und Rohstofflieferungen sowie Kredite im Umfang von mehr als 12 Milliarden Dollar. Die sowjetische Regierung verbot den Ländern Osteuropas die Teilnahme an diesem Wiederaufbauprogramm und kehrte die Truman-Doktrin propagandistisch um: Die wahre Gefahr für Europa gehe von den USA aus, da diese eine imperialistische Politik der Unterwerfung und Ausbeutung verfolgten.

Die neue Sicht auf die UdSSR als eine aggressive und expansionistische Macht hatte schließlich zur Folge, dass die USA im April 1949 zusammen mit zehn westeuropäischen Staaten sowie Kanada das militärische Verteidigungsbündnis NATO (North Atlantic Treaty Organization) gründeten. Sechs Jahre später zog die UdSSR nach und schuf mit den Ländern Osteuropas die Militärallianz Warschauer Vertrags-Organisation („Warschauer Pakt"). Zwischen den USA und der Sowjetunion sowie ihren jeweiligen Verbündeten war damit ein „kalter" Krieg ausgebrochen, der die Welt für Jahrzehnte spalten sollte.

M 5 Plakat zur NATO, 1952

M 6 „Es geht vorwärts durch den Marshallplan"
Westdeutsches Plakat, um 1949

M 7 „Wir brauchen keinen Marshall-Plan"
Ostdeutsches Plakat, 1948

Der Zerfall der Anti-Hitler-Koalition – Verschiedene Sichtweisen vergleichen

M 8 Das sowjetische Sicherheitsinteresse

Aufzeichnung eines Gesprächs zwischen Harry Hopkins, dem Sonderberater Präsident Trumans, und Stalin in Moskau am 26./27. Mai 1945:

Hopkins sagte, […] die Verschlechterung der amerikanischen öffentlichen Meinung im Hinblick auf unser Verhältnis zu der Sowjetunion [sei] vor allem durch unsere Unfähigkeit hervorgerufen worden, das Abkommen von Jalta über Polen in Kraft zu setzen. […]
Marschall Stalin antwortete, […] Hopkins möge die folgenden Faktoren in Betracht ziehen. Es möge seltsam erscheinen, dass, obwohl es anscheinend in amerikanischen Kreisen anerkannt werde und auch Churchill es in seinen Reden anerkenne, die sowjetische Regierung den Wunsch nach einem freundschaftlich gesinnten Polen habe. Im Laufe von 25 Jahren seien die Deutschen zweimal via Polen in Russland eingefallen. Weder das britische noch das amerikanische Volk hätten solche deutschen Invasionen erlebt, die zu ertragen schrecklich gewesen seien und deren Folgen nicht leicht zu vergessen seien. Deutschland habe dies tun können, weil Polen als ein Teil des „Cordon sanitaire" um die Sowjetunion angesehen worden sei, und es habe der früheren europäischen Politik entsprochen, dass polnische Regierungen Russland gegenüber feindlich sein müssten. Unter diesen Umständen sei Polen entweder zu schwach gewesen, den Deutschen Widerstand zu leisten, oder habe die Deutschen durchziehen lassen. […] Deshalb sei es für Russland von lebenswichtigem Interesse, dass Polen sowohl stark als auch freundschaftlich eingestellt sei. […] Polen würde unter einem parlamentarischen System leben, das dem der Tschechoslowakei, Belgiens und Hollands ähnlich sei, und jedes Gerede über eine Absicht, Polen zu sowjetisieren, sei Unsinn. […] Das Sowjetsystem [sei] nicht exportierbar – es müsse sich von innen heraus auf der Basis einer Reihe von Voraussetzungen entwickeln, die in Polen nicht gegeben seien. Alles, was die Sowjetunion wünsche, sei, dass Polen nicht in der Lage sein sollte, die Tore für Deutschland zu öffnen, und um dies zu verhindern, müsse Polen stark und demokratisch sein.

Ernst-Otto Czempiel und Carl-Christoph Schweitzer (Hg.), Weltpolitik der USA nach 1945. Einführung und Dokumente, Bonn 1989, S.47 f.

M 9 „Ein eiserner Vorhang"

Aus einem Telegramm Churchills an Präsident Truman vom 12. Mai 1945:

Die Lage in Europa beunruhigt mich zutiefst. […] Ich habe mich stets um die Freundschaft der Russen bemüht; aber ihre falsche Auslegung der Jalta-Beschlüsse, ihre Haltung gegen Polen, ihr überwältigender Einfluss auf dem Balkan bis hinunter nach Griechenland, die uns von ihnen in Wien bereiteten Schwierigkeiten, die Verkoppelung ihrer Macht mit der Besetzung und Kontrolle so ungeheurer und weiter Gebiete, die von ihnen inspirierte kommunistische Taktik in so vielen anderen Ländern und vor allem ihre Fähigkeit, lange Zeit große Armeen im Felde stehen zu lassen, beunruhigen mich ebenso sehr wie Sie. […] Ein Eiserner Vorhang ist vor ihrer Front niedergegangen. Was dahinter vorgeht, wissen wir nicht. Es ist kaum zu bezweifeln, dass der gesamte Raum östlich der Linie Lübeck-Triest-Korfu schon binnen Kurzem völlig in ihrer Hand sein wird. […] Damit werden uns russisch besetzte Territorien von vielen hundert Kilometern Tiefe wie ein breites Band von Polen abschneiden. […]

Wolfgang Lautemann und Manfred Schlenke (Hg.), Geschichte in Quellen. Weltkriege und Revolutionen 1914–1945. 5. Aufl., München 1995, S.574 f.

TROUBLE WITH SOME OF THE PIECES

M 10 Karikatur zur Konferenz von Jalta
aus der britischen Satirezeitschrift Punch, 7. Februar 1945

Der „Kalte Krieg" beginnt – Analyse von politischen Reden

M 11 Die „Truman-Doktrin"

Präsident Truman in einer Rede vor dem US-Kongress am 12. März 1947:

In jüngster Zeit wurden den Völkern einer Anzahl von Staaten gegen ihren Willen totalitäre Regierungsformen aufgezwungen. Die Regierung der Vereinigten Staaten hat immer wieder gegen den
5 Zwang und die Einschüchterung in Polen, Rumänien und Bulgarien protestiert, die eine Verletzung der Vereinbarungen von Jalta darstellen. Ich muss auch erwähnen, dass in einer Anzahl von anderen Ländern ähnliche Entwicklungen vor sich gehen.
10 Zum gegenwärtigen Zeitpunkt der Weltgeschichte muss fast jede Nation zwischen alternativen Lebensformen wählen. Nur zu oft ist diese Wahl nicht frei. Die eine Lebensform gründet sich auf den Willen der Mehrheit und ist gekennzeichnet
15 durch freie Institutionen, repräsentative Regierungsform, freie Wahlen, Garantien für die persönliche Freiheit, Rede- und Religionsfreiheit und Freiheit von politischer Unterdrückung.
Die andere Lebensform gründet sich auf den Wil-
20 len einer Minderheit, den diese der Mehrheit gewaltsam aufzwingt. Sie stützt sich auf Terror und Unterdrückung, auf die Zensur von Presse und Rundfunk, auf manipulierte Wahlen und auf den Entzug der persönlichen Freiheiten.
25 Ich glaube, es muss die Politik der Vereinigten Staaten sein, freien Völkern beizustehen, die sich der angestrebten Unterwerfung durch bewaffnete Minderheiten oder durch äußeren Druck widersetzen. Ich glaube, wir müssen allen freien
30 Völkern helfen, damit sie ihre Geschicke auf ihre eigene Weise selbst bestimmen können. Unter einem solchen Beistand verstehe ich vor allem wirtschaftliche und finanzielle Hilfe, die die Grundlage für wirtschaftliche Stabilität und
35 geordnete politische Verhältnisse bildet.

Geschichte in Quellen, Die Welt seit 1945, hrsg. von Wolfgang Lautemann und Manfred Schlenke, München 1980, S. 576 f.

M 12 „Zwei-Lager-Theorie"

Der Sekretär des ZK der KPdSU A. Schdanow in einer Rede auf einer Konferenz kommunistischer Parteien im September 1947 in Polen:

Während der Krieg im Gange war, marschierten die Alliierten im Kampfe gegen Deutschland und Japan zusammen und bildeten ein einziges Lager. Nichtsdestoweniger bestanden sogar während des
5 Krieges im alliierten Lager im Hinblick auf die Definition sowohl der Kriegsziele als auch der Aufgaben der Nachkriegsorganisation der Welt Meinungsverschiedenheiten. Die Sowjetunion und die demokratischen Länder sahen ihre hauptsächlichen
10 Kriegsziele in der Wiederherstellung und Konsolidierung der demokratischen Ordnung in Europa, in der Beseitigung des Faschismus und der Verhinderung der Möglichkeit einer neuen Aggression seitens Deutschlands und in der Herstellung einer allseitigen, dauerhaften Zusammenarbeit unter den
15 Nationen Europas. Die Vereinigten Staaten von Amerika – und Großbritannien im Einvernehmen mit ihnen – stellten sich ein anderes Kriegsziel: Sie wollten die Konkurrenten auf den Märkten – Deutschland und Japan – loswerden und ihre eige-
20 ne Überlegenheit sichern. Dieser Unterschied in der Definition der Kriegsziele und der Aufgaben der Nachkriegsregelung begann in der Nachkriegsperiode deutlich zu werden. Zwei entgegengesetzte Kurse der Politik nahmen Gestalt an: Auf der einen
25 Seite strebte die Politik der UdSSR und der demokratischen Länder nach der Überwindung des Imperialismus und der Konsolidierung der Demokratie. Auf der anderen Seite strebte die Politik der Vereinigten Staaten und Großbritanniens nach der
30 Stärkung des Imperialismus und der Abwürgung der Demokratie. Angesichts der Tatsache, dass die UdSSR und die Länder der neuen Demokratie die Verwirklichung der imperialistischen Pläne für den Kampf um die Weltvormachtstellung und um die
35 Vernichtung der demokratischen Bewegungen verhinderten, wurde eine Kampagne gegen die UdSSR proklamiert und von den eifrigsten imperialistischen Politikern in den USA und Großbritannien durch Drohungen verschärft.
40 So sind zwei Lager entstanden: das imperialistische, antidemokratische Lager, dessen Hauptziel darin besteht, die Weltvormachtstellung des amerikanischen Imperialismus zu erreichen und die Demokratie zu zerstören, und das antiimperialis-
45 tische, demokratische Lager, dessen Hauptziel es ist, den Imperialismus zu überwinden, die Demokratie zu konsolidieren und die Überreste des Faschismus zu beseitigen.

Geschichte in Quellen, Die Welt seit 1945, hrsg. von Wolfgang Lautemann und Manfred Schlenke, München 1980, S. 460 f.

Feindbilder – Die sowjetische und amerikanische Sicht auf den Anderen analysieren

M 13 „The Woodcutter"
Karikatur aus der New York Times, 20. August 1950

M 15 Sowjetische Karikatur
Die Aufschrift lautet „Westeuropa", 1950.

In seinem Acker liegt ein Stein …

M 14 „In seinem Acker liegt ein Stein …"
Karikatur aus der Frankfurter „Abendpost", 16.12.1948

M 16 Marshallplan-Europa
Karikatur der sowjetischen Zeitschrift „Krokodil"

Aufgaben

1. **Von der Anti-Hitler-Koalition zum Kalten Krieg**
   a) Erörtere die Gründe, die für Entstehen und Zerfall der Anti-Hitler-Koalition ausschlaggebend waren.
   b) Vergleiche die westlichen und sowjetischen Positionen in den Texten von 1945 und 1947 und nimm dazu Stellung.
   → Text, M8, M9, M11, M12

2. **Feindbilder analysieren**
   a) Beschreibe die vier Karikaturen und erkläre ihre Grundaussagen.
   b) Erläutere die Sichtweise auf die UdSSR bzw. die USA, die sie zum Ausdruck bringen.
   c) Arbeite die Feindbilder heraus, die das Plakat zur NATO und das gegen den Marshallplan enthalten. → M5, M7, M13–M16

Längsschnitt: USA und Sowjetunion im 20. Jahrhundert

M 1 „Schwerter zu Pflugscharen"
Die Statue von Jewgeni Wutschetitsch ist ein Geschenk der Sowjetunion und steht seit 1959 im Park der Vereinten Nationen in New York.

M 2 „Non-Violence"
Diese Skulptur wurde vom schwedischen Künstler Carl Fredrik Reuterswärd in den 1980er-Jahren entworfen und befindet sich seit 1988 ebenfalls im Park der Vereinten Nationen in New York.

Die Gründung der UNO

Die Vorgeschichte
Heute sind fast alle Staaten Mitglieder der UNO, der „United Nations Organization". Als die „Vereinten Nationen" 1945 unter dem Eindruck des Zweiten Weltkriegs gegründet wurden, hatten sie 51 Mitglieder. Vorläufer war der 1920 eingerichtete Völkerbund, der ein neues Kapitel in den internationalen Beziehungen aufschlug. Die Idee eines friedlichen Zusammenlebens der Völker blieb auch über die Katastrophe des Zweiten Weltkriegs hinweg lebendig.

Lange vor Kriegsende berieten die Vereinigten Staaten und Großbritannien Grundsätze einer weltweiten Friedensordnung, die der Demokratie und den Menschenrechten zum Durchbruch verhelfen sollten. In der Atlantik-Charta von 1941 verkündeten US-Präsident Roosevelt und der britische Premierminister Winston Churchill, dass nach dem Sturz der nationalsozialistischen Diktatur eine Friedensordnung geschaffen werden sollte, die allen Nationen die Möglichkeit bietet, in gesicherten Grenzen zu leben und es den Menschen erlaubt, ihr Leben „frei von Furcht und Not" zu gestalten.

Das Selbstbestimmungsrecht der Völker sollte in einem doppelten Sinn berücksichtigt werden. Einerseits sollte es keine territorialen Veränderungen geben, die nicht den Wünschen der betroffenen Völker entsprechen. Andererseits sollten die Völker das Recht haben, ihre Regierungsform selbst zu bestimmen.

Am 24. Oktober 1945 kamen Vertreter von 51 Staaten in San Francisco zusammen und unterzeichneten die Charta der „Vereinten Nationen", die Satzung der neuen Weltorganisation UNO.

Grundsätze und Ziele
Grundsätze und Ziele der UNO basieren auf den Menschenrechten und dem Völkerrecht, das die Beziehungen zwischen den Staaten regelt. Die friedliche Schlichtung von Streitfällen, der Verzicht auf Gewaltanwendung und die Achtung des Selbstbestimmungsrechts der Völker sind wichtige Prinzipien, die den Weltfrieden sichern sollen. Ferner wird eine internationale Zusammenarbeit in wirtschaftlichen, sozialen und kulturellen Fragen angestrebt.

Die Instrumente der Vereinten Nationen
Im Unterschied zum Völkerbund sollte die neue Weltorganisation Instrumente besitzen, die in der Lage waren, Frieden stiftende Maßnahmen durchzusetzen. Diesem Zweck dient der Sicherheitsrat, dem fünf Staaten als ständige Mitglieder angehören: USA, Großbritannien, Frankreich, Russland (zuvor Sowjetunion) und die Volksrepublik China (seit 1972). Diese Länder besitzen ein Vetorecht, mit dem sie Beschlüsse blockieren können. So sind auch Mehrheitsentscheidungen gegen den Willen eines ständigen Mitglieds des Sicherheitsrats nicht durchsetzbar.

Zwischen 1945 und 1990 konnte auch die UNO über 150 Kriege in der Welt nicht verhindern. Und auch das Ende des Ost-West-Konflikts bedeutete nicht das Ende der Blockaden im Sicherheitsrat, die immer wieder von einzelnen ständigen Mitgliedern durch ihre Vetos herbeigeführt werden. Trotzdem konnte die UNO auch weiterhin Erfolge verbuchen, etwa bei der Beendigung der Besetzung Kuwaits durch den Irak (1991) und der Bekämpfung des Terrorismus.

Frieden sichernde Maßnahmen

Die deutliche Zunahme Frieden sichernder Maßnahmen belegt die gewachsene Bedeutung der Vereinten Nationen. Von den Mitgliedsländern gestellte Truppen versuchen in verschiedenen Regionen der Welt den Frieden zu erhalten. Vielfach hat allein die Präsenz der „Blauhelme" Aggressionen verhindert. Die Bilanz dieser Einsätze ist jedoch nicht nur positiv. In manchen Fällen wurden UNO-Truppen in Bürgerkriege hineingezogen und konnten ihre Aufgabe nicht erfüllen. Voraussetzungen für Frieden sichernde Maßnahmen sind:
- die Zustimmung der Konfliktparteien,
- die freiwillige Teilnahme von UN-Mitgliedstaaten,
- das Recht der teilnehmenden Mitgliedstaaten, sich jederzeit aus der Aktion zurückzuziehen,
- der Verzicht auf Waffengewalt außer zur Selbstverteidigung.

Sonderorganisationen der UNO

Die UNO hat sich auch verpflichtet, soziale, humanitäre und wirtschaftliche Probleme zu lösen. Für diese Aufgabe sind zahlreiche Sonderorganisationen entstanden, die in enger Zusammenarbeit mit den betroffenen Staaten Hilfe leisten, so z. B. die Weltgesundheitsorganisation (WHO), das Kinderhilfswerk UNICEF, das besonders in Entwicklungsländern in Not geratene Kinder unterstützt, oder die Welthandelsorganisation (WTO), die sich mit der Regelung internationaler Handels- und Wirtschaftsbeziehungen beschäftigt.

M 3 Hauptgebäude der UN
Seit 1959 Tagungsort der Generalversammlung und Sitz des Sicherheitsrates, New York

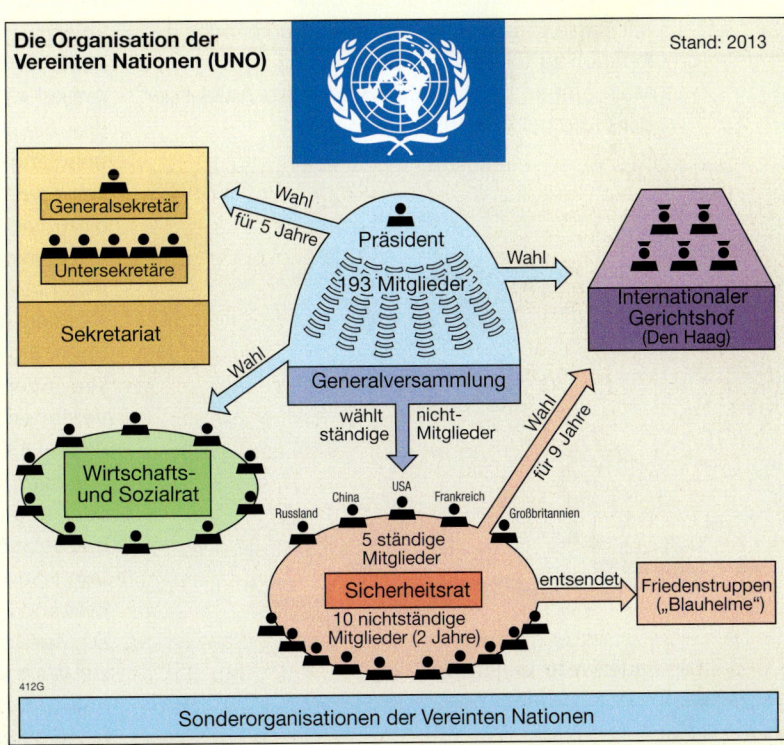

M 4

Längsschnitt: USA und Sowjetunion im 20. Jahrhundert

Grundsätze und Handlungsweisen der Vereinten Nationen

M 5 Charta der UNO

Auszug aus der Charta der Vereinten Nationen vom 26. Juni 1945:

Artikel 1: Die Vereinten Nationen setzen sich folgende Ziele:
• den Weltfrieden und die internationale Sicherheit zu wahren und zu diesem Zweck wirksame Kollektivmaßnahmen zu treffen, um Bedrohungen des Friedens zu verhüten und zu beseitigen, Angriffshandlungen und andere Friedensbrüche zu unterdrücken und internationale Streitigkeiten oder Situationen, die zu einem Friedensbruch führen könnten, durch friedliche Mittel nach den Grundsätzen der Gerechtigkeit und des Völkerrechts zu bereinigen oder beizulegen.
• freundschaftliche, auf der Achtung vor dem Grundsatz der Gleichberechtigung und Selbstbestimmung der Völker beruhende Beziehungen zwischen den Nationen zu entwickeln [...];
• eine internationale Zusammenarbeit herbeizuführen, um internationale Probleme wirtschaftlicher, sozialer, kultureller und humanitärer Art zu lösen und die Achtung vor den Menschenrechten und Grundfreiheiten für alle ohne Unterschiede der Rasse, des Geschlechts, der Sprache oder der Religion zu fördern und zu festigen [...]
Maßnahmen bei Bedrohung oder Bruch des Friedens und bei Angriffshandlungen:

Artikel 39: Feststellung der Gefahrsituation
Der Sicherheitsrat stellt fest, ob eine Bedrohung oder ein Bruch des Friedens oder eine Angriffshandlung vorliegt; er gibt Empfehlungen ab oder beschließt, welche Maßnahmen aufgrund der Artikel 41 und 42 zu treffen sind, um den Weltfrieden und die internationale Sicherheit zu wahren oder wiederherzustellen.

Artikel 40: Vorläufige Maßnahmen
Um einer Verschärfung der Lage vorzubeugen, kann der Sicherheitsrat, bevor er nach Artikel 39 Empfehlungen abgibt oder Maßnahmen beschließt, die beteiligten Parteien auffordern, den von ihm notwendig oder erwünscht erachteten vorläufigen Maßnahmen Folge zu leisten. [...]

Artikel 41: Der Sicherheitsrat kann beschließen, welche Maßnahmen – unter Ausschluss von Waffengewalt – zu ergreifen sind, um seinen Beschlüssen Wirksamkeit zu verleihen; er kann die Mitglieder der Vereinten Nationen auffordern, diese Maßnahmen durchzuführen. Sie können die vollständige oder teilweise Unterbrechung der Wirtschaftsbeziehungen, des Eisenbahn-, See- und Luftverkehrs, der Post-, Telegrafen- und Funkverbindungen sowie sonstiger Verkehrsmöglichkeiten und den Abbruch der diplomatischen Beziehungen einschließen.

Artikel 42: Ist der Sicherheitsrat der Auffassung, dass die in Artikel 41 vorgesehenen Maßnahmen unzulänglich sein würden oder sich als unzulänglich erwiesen haben, so kann er mit Luft-, See- oder Landstreitkräften die zur Wahrung oder Wiederherstellung des Weltfriedens und der internationalen Sicherheit erforderlichen Maßnahmen durchführen. Sie können Demonstrationen, Blockaden und sonstige Einsätze der Luft-, See- oder Landstreitkräfte von Mitgliedern der Vereinten Nationen einschließen.

Artikel 43: (1) Alle Mitglieder der Vereinten Nationen verpflichten sich, zur Wahrung des Weltfriedens und der internationalen Sicherheit dadurch beizutragen, dass sie [...] dem Sicherheitsrat auf sein Ersuchen Streitkräfte zur Verfügung stellen, Beistand leisten und Erleichterungen einschließlich des Durchmarschrechts gewähren, soweit dies zur Wahrung des Weltfriedens und der internationalen Sicherheit erforderlich ist.

Zit. nach: H. Siegler, Die Vereinten Nationen, Bonn 1966, S. 173 ff.

M 6 „Die Feuerwehr im Einsatz"
Deutsche Karikatur von Peter Leger zum Einsatz der UN, 1985

Die UNO – Arbeiten mit dem Internet

M 7 Organisationen der UNO

a) Auswahl von wichtigen Unterorganisationen der UNO:

UNICEF: United Nations International Children's Emergency Fund (Kinderhilfswerk), gegründet 1946, Sitz: New York.

UNHCR: United Nations High Commissioner for Refugees (Hoher Flüchtlingskommissar der Vereinten Nationen), gegründet 1951, Sitz: Genf.

UNCTAD: United Nations Conference on Trade and Development (Welthandelskonferenz), gegründet 1964, Sitz des Sekretariats: Genf.

UNIDO: United Nations Industrial Development Organization (Organisation für industrielle Entwicklung), gegründet 1966, Sitz: Wien.

UNDP: United Nations Development Program (Entwicklungsprogramm der UN), gegründet 1965, Sitz: New York.

b) Darüber hinaus bestehen folgende Sonderorganisationen, d. h. eigenständige, mit Organen der UNO durch Abkommen verbundene Organisationen:

UNESCO: United Nations Educational Scientific and Cultural Organization (Organisation für Bildung, Wissenschaft, Kultur und Kommunikation), gegründet 1945, Sitz: Paris.

ILO: International Labour Organization (Internationale Arbeitsorganisation), gegründet 1946, Sitz: Genf.

FAO: Food and Agriculture Organization (Ernährungs- und Landwirtschaftsorganisation), gegründet 1945, Sitz: Rom.

WHO: World Health Organization (Weltgesundheitsorganisation), gegründet 1948, Sitz: Genf.

IMF: International Monetary Fund, deutsch: **IWF:** Internationaler Währungsfonds, gegründet 1945, Sitz: Washington (D. C.).

IBRD: International Bank for Reconstruction and Development (Internationale Bank für Wiederaufbau), deutsch: Weltbank, gegründet 1945, Sitz: Washington (D. C.).

UPU: Union Postale Universelle (Weltpostverein): gegründet 1948, Sitz: Bern.

WTO: World Trade Organization (Welthandelsorganisation), gegründet 1994, Sitz: Genf.

IAEA: International Atomic Energy Agency (Internationale Atomenergie-Behörde), gegründet 1957, Sitz: Wien.

Aufgaben

1. **Die UNO und ihre Aufgaben**
   a) Stelle den Gründungsprozess der UNO dar.
   b) Erläutere mithilfe des Schaubilds den Aufbau der UNO.
   c) Nenne die zentralen Ziele, die in der UN-Charta niedergelegt sind.
   d) Beurteile die Eingreifmöglichkeiten der UNO im Konfliktfall und bestimme dabei die Rolle des Sicherheitsrates.
   e) China, Frankreich, Großbritannien, Russland und die USA verfügen über ein Veto-Recht im UN-Sicherheitsrat. Erkläre die Hintergründe und nimm dazu Stellung.
   → Text, M4, M5, M6

2. **Die UNO – Arbeit mit dem Internet**
   a) Informiere dich über eine Unterorganisation der UNO und über deren aktuelle Aufgaben. Nutze dazu das Internet. Stelle deine Ergebnisse in einem Referat vor.
   b) Suche ein weiteres aktuelles Beispiele für einen UN-Friedenseinsatz und präsentiere deine Ergebnisse in Form eines Schaubildes.
   c) Beurteile an einem aktuellen Beispiel folgenden Satz: „Die Effektivität der UNO wird oft durch Sonderinteressen einzelner Staaten beeinträchtigt."
   → M7, Internet

Längsschnitt: USA und Sowjetunion im 20. Jahrhundert

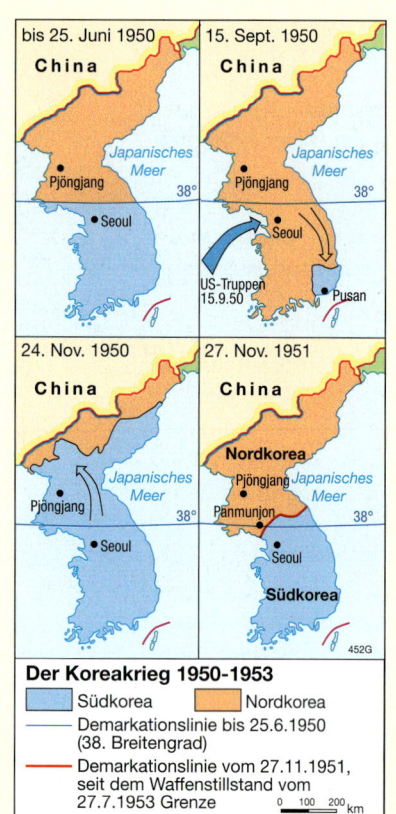

M 1 Der Koreakrieg 1950–1953

Der Kalte Krieg in den 1950er-Jahren

Soldat in Korea – aus Versehen
In seiner Autobiografie „Neger, Neger, Schornsteinfeger" berichtet Hans J. Massaquoi, der 1926 als Sohn eines Liberianers und einer Deutschen geboren wurde und die Zeit des Nationalsozialismus in Deutschland überlebte, wie er 1950 amerikanischer Soldat wurde. Obwohl es sich um einen Irrtum der Bürokratie handelte, akzeptierte er die Einberufung, da er sich Vorteile für einen Antrag auf amerikanische Staatsbürgerschaft versprach. So kam er als Soldat nach Korea und kämpfte dort für die Amerikaner. Wie kamen jedoch amerikanische Truppen überhaupt nach Korea?

Der Koreakrieg
Nach der Kapitulation Japans 1945 besetzten sowjetische Truppen den Norden Koreas, amerikanische Einheiten den Süden des Landes. Die Grenze zwischen beiden Einflusssphären bildete der 38. Breitengrad. Der Kalte Krieg verhinderte jedoch eine Einigung der Besatzungsmächte über die Strukturen eines unabhängigen demokratischen Koreas.

So entstand im Süden mit der Republik Korea ein autoritäres Militärregime unter dem Schutz der USA, im Norden hingegen eine kommunistische Volksrepublik, die von der UdSSR und China Unterstützung erhielt. Beide Teilstaaten – Südkorea und Nordkorea – beanspruchten die Herrschaft über das gesamte Land.

Nach dem Abzug der Amerikaner überschritten nordkoreanische Truppen im Juni 1950 den 38. Breitengrad. Die USA sahen darin einen Beweis für die aggressive Politik des Kommunismus und entschlossen sich zum militärischen Eingreifen. Auch der Sicherheitsrat der UNO verurteilte Nordkorea als Aggressor und beschloss die Aufstellung einer UNO-Streitmacht. Die USA trugen die militärische Hauptlast und stellten mit General MacArthur den Oberbefehlshaber. 15 weitere Nationen entsandten Truppenkontingente.

Als US-Verbände in einer See- und Landoffensive den 38. Breitengrad überschritten und zur chinesischen Grenze vorstießen, griffen 200 000 chinesische „Freiwillige" zugunsten Nordkoreas ein. Als diese

M 2 **Koreakrieg**
Amerikanischer Nachschub, Foto um 1950

„Warschauer Pakt"
Die sowjetische Delegation auf der Warschauer Konferenz, wo sie und Vertreter Albaniens, Bulgariens, der DDR, Polens, Rumäniens, der Tschechoslowakei und Polens am 14. Mai 1955 den „Vertrag über Freundschaft, Zusammenarbeit und gegenseitigen Beistand" unterzeichneten.

Gegenoffensive Erfolge erzielte, forderte General MacArthur sogar den Einsatz von Atomwaffen gegen China. Eine solche Eskalation lag jedoch nicht im Interesse der US-Regierung unter Präsident Truman. Sie hätte ein Eingreifen der Sowjetunion wahrscheinlich gemacht und damit die Gefahr eines globalen Konflikts heraufbeschworen. Außerdem hätte eine Konzentration der USA auf Asien ihre Position in Europa geschwächt. So beendete im Juli 1953 ein Waffenstillstandsabkommen die militärische Auseinandersetzung und bestätigte den 38. Breitengrad als Demarkationslinie. Der Konflikt forderte etwa zwei Millionen Opfer unter Zivilisten und Soldaten und vertiefte die Furcht vor einem Militärschlag in Ost und West. Korea ist bis heute geteilt.

Die Gründung des östlichen Militärbündnisses

Als die Bundesrepublik 1955 dem Verteidigungsbündnis der NATO beitrat, reagierte die Sowjetunion mit der Gründung eines östlichen Militärbündnisses, das in der DDR als „Warschauer Vertragsorganisation", im Westen dagegen als „Warschauer Pakt" bezeichnet wurde – letzterer Begriff wird heute vorrangig in der Geschichtswissenschaft benutzt. Dem Warschauer Pakt gehörten bis zu seiner Auflösung 1991 neben der UdSSR auch deren Satellitenstaaten an – so bezeichnete man die von der Sowjetunion beherrschten osteuropäischen Staaten. Das Militärbündnis ermöglichte der UdSSR nicht nur eine Stationierung sowjetischer Truppen in allen Mitgliedsstaaten, sondern auch deren Kontrolle und notfalls ein militärisches Eingreifen.

Der Ungarnaufstand 1956

Das bekam Ungarn im Jahr 1956 zu spüren. Aus Studentendemonstrationen in Budapest entwickelte sich Ende Oktober ein Volksaufstand gegen das stalinistische Regime, der selbst vor der Polizei und Armee nicht zurückschreckte. Auf großen Demonstrationen forderten viele Ungarn bürgerliche Freiheitsrechte, soziale Verbesserungen, eine neue Regierung und den Abzug sowjetischer Truppen.

Längsschnitt: USA und Sowjetunion im 20. Jahrhundert

Nach ersten bewaffneten Auseinandersetzungen zogen sich die sowjetischen Truppen aus Budapest zurück. Der ungarische Politiker Imre Nagy löste die Geheimpolizei auf, verkündete die Einführung eines Mehrparteiensystems und bildete eine unabhängige Regierung. Das Land sollte zwar sozialistisch bleiben, aber frei von sowjetischer Bevormundung sein. So trat Ungarn aus dem Warschauer Pakt aus.

Das konnte die Sowjetunion nicht dulden, ohne ihre Machtposition in Osteuropa aufs Spiel zu setzen. Deshalb schlug sie mit aller Härte zu. Panzer rollten durch die Stadt. Es kam zu schweren Straßenkämpfen. Die politische Führung wurde verhaftet, Imre Nagy nach einem Schauprozess 1958 hingerichtet. Andere Aufständische erhielten langjährige Gefängnisstrafen. 20 000 Ungarn waren in den Kämpfen getötet worden, 200 000 flohen ins westliche Ausland.

Der Westen griff nicht ein, obwohl Imre Nagy ihn verzweifelt dazu aufgerufen hatte. Angesichts des gewaltigen Arsenals an Atomwaffen fürchtete der Westen die Gefahr eines Atomkriegs. Ungarn blieb bis 1989 sozialistisch, auch wenn unter Parteichef János Kádár (1956–1988) vorsichtige Wirtschaftsreformen erfolgten.

Die Vertiefung des Ost-West-Gegensatzes

Der Koreakrieg und der Ungarnaufstand hatten gezeigt, dass sich die Militärblöcke unversöhnlich gegenüberstanden. In der Folgezeit verschärfte sich die machtpolitische und ideologische Auseinandersetzung zwischen West und Ost. Erst nach der Kuba-Krise, die die Welt 1962 an die Schwelle eines Atomkriegs führte, entspannte sich die Lage zwischen der USA und der UdSSR zumindest vorübergehend.

M 4 Die Welt im Ost-West-Konflikt nach 1949

Der Koreakrieg – Deutungen untersuchen

M 5   Rechtfertigung des Koreakrieges

Aus einer Rede des amerikanischen Präsidenten Harry S. Truman zum Koreakrieg von 1950:

Wir glauben an die Freiheit aller Nationen im Fernen Osten. Das ist einer der Gründe, warum wir für die Freiheit Koreas kämpfen. Russland hat niemals irgendein Territorium freiwillig aufgegeben,
5 das es sich im Fernen Osten angeeignet hat – es hat noch keinem zur Unabhängigkeit verholfen, der unter seine Kontrolle geraten war.
Wir treten nicht nur für die Freiheit der Völker Asiens ein, sondern wir wollen ihnen auch helfen, sich
10 bessere Verhältnisse in Bezug auf Gesundheit, Ernährung, Bekleidung und Wohnen zu sichern und ihnen die Möglichkeit geben, ihr eigenes Dasein in Frieden zu führen. Wir rüsten lediglich für die Verteidigung gegen die Aggression. Wenn wir
15 und die anderen freien Völker stark, geschlossen und geeint sind, kann der kommunistische Imperialismus, obgleich er nicht an den Frieden glaubt, von einer neuen Aggression abgeschreckt werden.

Aus einer Rundfunkansprache am 01.09.1950, nach: Die Vereinigten Staaten von Amerika als Weltmacht, bearb. von E. Angermann, Stuttgart 1987, S. 56 f.

M 6   „America at its best"

Aus der Rede des amerikanischen Präsidenten Bill Clinton anlässlich des 50. Jahrestags des Kriegsausbruchs auf dem Gelände des „Korean War Memorial" 2000:

All across our nation today, our fellow citizens are coming together to say to men and women who fought for freedom half a century ago, half a world away, we will never forget your bravery, we
5 will always honor your service and your sacrifice. As we meet today, we are blessed to live, as Secretary Cohen said, „in a world where, for the first time, over half the people on the globe live under governments of their own choosing." It has
10 happened so rapidly that we may fall into the trap of thinking that it had to happen, that communism's fall and freedom's victory was inevitable. But 50 crowded years ago, the world we know today was anything but inevitable. Hitler was
15 gone, but Stalin was not. Berlin was divided. A revolution across the Pacific began a fierce debate here at home over the question: Who lost China? In 1949, the Soviet Union had detonated its first atomic bomb. As we struggled to rebuild Europe and Japan, the free nations of the world watched
20 and wondered when and where would the Cold War turn hot, and would America meet the test. […] The truth is, the leaders of the communist nations did not believe America would stand up for South Korea. After all, Americans didn't want
25 another war; the blood still hadn't dried from World War II. Nobody wanted more rationing, nobody wanted more Western Union boys riding up with telegrams from the War Department. Americans wanted to start families. They wanted to see gold
30 stars on report cards, not gold stars in windows. But from the moment Harry Truman heard the news at home, on his first trip to Missouri since Christmas the year before, he knew this was a moment of truth. If an invasion was permitted to
35 triumph in Korea without opposition from the free world, no small nation again would have the courage to resist aggression. He knew American boys didn't fight and die to stop Nazi aggression only to see it replaced by communist aggression.
40 So Korea wasn't just a line on a map. It was where America drew the line in the sand on the Cold War; and where, for the first time, the nations of the whole world, together at the then newly-created United Nations, voted to use armed force
45 to stop armed aggression. […] There is no question: Korea was war at its worst. But it was also America at its best.

Homepage des Amerikanischen Verteidigungsministeriums (http://www.js.pentagon.mil/dpmo/news/2000/000625_white_house_president_kor_war_mem.htm).

M 7   „Korean War Memorial" in Washington D.C. von 1995

Ungarn-Aufstand – Eine Chronologie erarbeiten

M 8   Aufstand in Ungarn 1956
Demonstranten verbrennen die sozialistische ungarische Flagge, Oktober 1956.

M 9   Der Aufstand in Ungarn

Aus verschiedenen Quellen ist im Folgenden eine Chronologie des Aufstandes zusammengestellt.
a) Gordon Brook-Shepherd berichtet in der englischen Zeitung „Daily Telegraph" über Sonnabend, den 27. Oktober 1956:

Der ungarische Aufstand hat nun sein drittes und vielleicht blutigstes Stadium erreicht. Vor etwa einer Woche begann er mit den Demonstrationen unbewaffneter Studenten. Als sich größere
5 Tumulte daraus entwickelten, schloss sich eine Militärrevolte an, die wahrscheinlich seit langem innerhalb gewisser Einheiten der regulären ungarischen Armee geplant gewesen war. Soweit Budapest in Betracht kommt, scheint diese halbor-
10 ganisierte militärische Aktion von sowjetischen Panzern unterdrückt worden zu sein. [...]
Die Russen benutzen ihre schweren Panzer als Ausrottungsmaschinen. Sie rollen von einem Bezirk zum anderen und machen jedes Haus dem Erdbo-
15 den gleich, wenn auch nur ein einziger Heckenschütze darin sitzt oder darin vermutet wird. [...]
G. Brook-Shepherd, „Daily Telegraph", 29.10.1956, London.

b) Imre Nagy spricht im Sender Kossuth Rádió am Dienstag, den 30. Oktober 1956, 14.28 Uhr:

Hier spricht Imre Nagy:
Ungarische Arbeiter, Soldaten, Bauern und Intellektuelle! Die Revolution [...] und die gewaltige Bewegung der demokratischen Kräfte haben es mit sich gebracht, dass unsere Nation jetzt am 5
Scheideweg angelangt ist.
Im Interesse einer weiteren Demokratisierung des politischen Lebens [...] hat das Kabinett das Einparteiensystem abgeschafft und beschlossen, zu einer Regierungsform zurückzukehren, die auf 10
der demokratischen Zusammenarbeit der Koalitionsparteien beruht. [...]
Kossuth Rádió, 30.10.1956, 14.28 Uhr.

c) Imre Nagy veröffentlicht am Donnerstag, den 1. November 1956, folgende Erklärung in der ungarischen Nachrichtenagentur:

Ministerpräsident Imre Nagy hat das folgende Telegramm an die Regierung der UdSSR gerichtet: „Die Regierung der Ungarischen Volksrepublik wünscht sofortige Verhandlungen über den

Abzug der sowjetischen Truppen aus ungarischem Gebiet. Unter Bezugnahme auf die jüngste Erklärung der sowjetischen Regierung, […] sie sei bereit, mit den Regierungen Ungarns und der anderen Mitgliedstaaten des Warschauer Pakts über den Abzug der sowjetischen Truppen aus Ungarn zu verhandeln, ersucht die ungarische Regierung die Regierung der Sowjetunion eine Abordnung zu benennen, damit die Gespräche so bald als möglich beginnen können. Sie bittet die sowjetische Regierung, hierfür Zeit und Ort zu bestimmen. […]

Gezeichnet Imre Nagy, Ungarische Nachrichtenagentur.

d) Imre Nagy spricht im Kossuth Rádió am Sonntag, den 4. November 1956, 5.16 Uhr:

Achtung! Achtung! Achtung! Achtung! Ministerpräsident Nagy wendet sich jetzt an das ungarische Volk:

„Hier spricht Ministerpräsident Imre Nagy. Sowjetische Truppen haben im Morgengrauen zu einem Angriff auf unsere Hauptstadt angesetzt, mit der eindeutigen Absicht, die gesetzmäßige demokratische Regierung der Ungarischen Volksrepublik zu stürzen. Unsere Truppen stehen im Kampf. Die Regierung ist auf ihrem Platz. Ich bringe diese Tatsachen unserem Land und der ganzen Welt zur Kenntnis.

Freier Sender Kossuth Rádió, 4.11.1956, 5.16 Uhr.

e) Der „Freie Sender Rádió Petöfi" sendet am Sonntag, den 4. November 1956, um 14.34 Uhr folgende Nachricht:

Völker der Welt! Hört uns – helft uns! Nicht mit Erklärungen, sondern mit Taten, mit Soldaten, mit Waffen! Vergesst nicht, dass es für die Sowjets bei ihrem brutalen Ansturm kein Halten gibt. Wenn wir untergegangen sind, werdet ihr das nächste Opfer sein. Rettet unsere Seelen! Rettet unsere Seelen! […]

Völker der Welt! Im Namen der Gerechtigkeit, der Freiheit und des verpflichtenden Prinzips der tatkräftigen Solidarität, helft uns! Das Schiff sinkt, das Licht schwindet, die Schatten werden von Stunde zu Stunde dunkler über der Erde Ungarns. Hört den Schrei, Völker der Welt, und handelt. Reicht uns Eure brüderliche Hand.
SOS! SOS! Gott sei mit Euch!

Freier Sender Rádió Petöfi [14.34 Uhr].

f) „Radio Moskau" sendet am Sonntag, den 4. November 1956, um 21.05 Uhr folgende Nachricht:

Heute morgen sind die Kräfte der reaktionären Verschwörung gegen das ungarische Volk zerschlagen worden. Eine neue ungarische Revolutionsregierung der Arbeiter und Bauern wurde von Ministerpräsident János Kádár gebildet. Die Regierung hat das ungarische Volk aufgerufen, alle Kräfte zur Verteidigung der Errungenschaften des volksdemokratischen Systems einzusetzen und die reaktionären Verschwörer, an deren Spitze ehemalige Horthy-Offiziere aus der Hitler-Wehrmacht stehen, endgültig zu vernichten.

Radio Moskau, 21:05 Uhr.

g) Der Sender Kossuth Rádió sendet am Dienstag, den 6. November 1956:

Wir grüßen die Sowjetunion, die zum zweitenmal das ungarische Volk befreit hat. […]

Kossuth Rádió, 6. November.

Zusammengestellt aus: Die ungarische Revolution. Die Geschichte des Oktoberaufstandes nach Dokumenten, Meldungen, Augenzeugenberichten und dem Echo der Weltöffentlichkeit. Ein Weißbuch, hrsg. v. M. J. Lasky und G. Löwenthal, Colloquium Verlag, Berlin 1958.

Aufgaben

1. **Der Koreakrieg**
   a) Erschließe mithilfe der Karte den Verlauf des Koreakriegs.
   b) Beurteile die Bedeutung des Koreakriegs für die politische Entwicklung in Europa.
   c) Bewerte die Auffassung Trumans, durch Aufrüstung Aggressionen verhindern und so den Frieden sichern zu wollen.
   d) Fasse die Rede Bill Clintons zusammen und nimm dazu Stellung.
   → Text, M1, M5, M6

2. **Der Ungarnaufstand 1956**
   a) Erarbeite anhand der Quellen den Ablauf des Ungarnaufstands.
   b) Verfasse einen Kommentar für eine Tageszeitung zum Thema: „Der ungarische Aufstand von 1956".
   → Text, M9

Längsschnitt: USA und Sowjetunion im 20. Jahrhundert

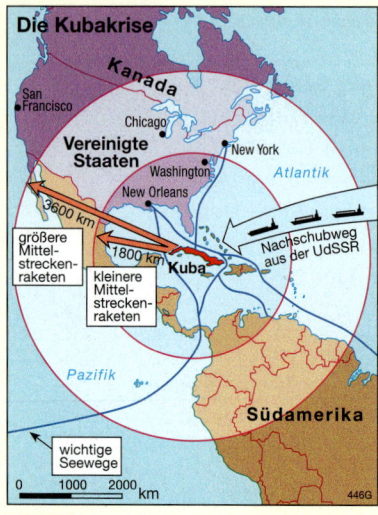

M 1

Kuba-Krise, Vietnamkrieg und „Prager Frühling"

Die Welt am Abgrund: Die Kuba-Krise und die Folgen

Im Oktober 1962 hielt die Welt den Atem an. Nach der Stationierung sowjetischer Mittelsteckenraketen auf Kuba drohte eine militärische Konfrontation zwischen den USA und der Sowjetunion, d.h. ein neuer Weltkrieg.

Vorangegangen war 1959 der Sturz des kubanischen Diktators Batista durch den Revolutionär Fidel Castro. Unmittelbar nach seiner Machtübernahme begann Castro mit grundlegenden gesellschaftlichen Reformen. Die neue kubanische Regierung war den USA ein Dorn im Auge und ein umfangreiches Handelsembargo war die Folge. Diese Entwicklung begriff die Sowjetunion als Chance, ein festes Bündnis mit einem Staat einzugehen, der nur 150 Kilometer vor der US-amerikanischen Küste liegt. Im Mai 1962 begann der sowjetische Regierungschef Nikita Chruschtschow heimlich Mittelstreckenraketen auf Kuba zu stationieren. Als die USA die sowjetischen Raketenbasen auf Luftbildaufnahmen entdeckten, versetzte Präsident John F. Kennedy (1917–1963) die Streitkräfte in Alarmbereitschaft und forderte die Sowjetunion ultimativ zum Abbau ihrer Raketenstellungen auf. Zugleich verhängten die USA eine Seeblockade, um den sowjetischen Nachschub zu stoppen. Planungen der US-Regierung sahen die Bombardierung und Invasion Kubas vor, was wohl einen Atomkrieg ausgelöst hätte. Lediglich das Nachgeben Chruschtschows und das Zugeständnis der USA, Atomraketen in der Türkei abzubauen, verhinderten einen dritten Weltkrieg.

Der Schreck, nur knapp einem Atomkrieg entronnen zu sein, führte zu einem Wendepunkt. Die beiden Supermächte installierten einen „heißen Draht", eine direkte Telefonleitung zwischen Washington und Moskau. Bei krisenhaften Entwicklungen sollten die Verantwortlichen jederzeit miteinander sprechen können, um die Gefahr eines globalen Atomschlags zu vermeiden.

Darüber hinaus bemühten sich beide Mächte um eine Rüstungskontrolle. Der erste Schritt war 1963 ein Atomtest-Vertrag, der Atomversuche „in der Atmosphäre, im Weltraum und unter Wasser" verbot. Der Atomwaffen-Sperrvertrag von 1968 verpflichtete die Staaten, die damals im Besitz von Atomwaffen waren, diese nicht an andere Staaten weiterzugeben.

Der kostspielige Rüstungswettlauf und das Risiko eines Atomkriegs veranlassten beide Supermächte zu einer Politik der Entspannung. Der Kalte Krieg sollte entschärft werden. Daran änderte auch das militärische Eingreifen der USA in Vietnam 1964–1973 und der Einmarsch der Sowjetunion in die Tschechoslowakei 1968 nichts.

Der Vietnamkrieg

1954 scheiterten Frankreichs Bemühungen, sein Kolonialreich in Indochina zurückzuerobern. Während Laos und Kambodscha nach dem Indochinakrieg ihre Unabhängigkeit erlangten, wurde Vietnam entlang des 17. Breitengrads geteilt. Damit entstand ein sozialistisches Nordvietnam unter Präsident Ho Chi Minh (1954–1969), das unter dem Schutz Chinas stand. In Südvietnam bildete sich hingegen eine

M 3 Abwurf von Napalmbomben
Kinder während eines Angriffs südvietnamesischer Streitkräfte, die bei der Eroberung des Dorfs Trang Bang Napalm einsetzen. Die Männer im Hintergrund sind Kriegsberichterstatter und Fotografen, Foto vom 8. Juni 1972.

antikommunistische Diktatur, die von den USA wirtschaftliche und militärische Unterstützung erhielt.

In der Bevölkerung fand das autoritäre System des Südens wenig Rückhalt, da es unter Korruption und Misswirtschaft litt. Als Reaktion bildeten Oppositionsgruppen die „Nationale Front Südvietnams" (FNL), die neben einer Wiedervereinigung sozialistische Forderungen erhob und aus Nordvietnam Unterstützung erhielt.

Nach der führenden kommunistischen Gruppe wurde diese Freiheitsbewegung auch als „Vietcong" bezeichnet. Der Vietcong besaß beträchtlichen Einfluss auf die Bevölkerung und kontrollierte bald große Teile Südvietnams. Das schürte in den USA die Furcht, ganz Vietnam und später Asien könnten sozialistisch werden.

1965 landeten amerikanische Bodentruppen in Südvietnam und die US-Luftwaffe begann mit der systematischen Bombardierung militärischer und wirtschaftlicher Ziele in Nordvietnam. Doch obwohl die USA in den nächsten Jahren 540 000 Soldaten einflogen und die Luftwaffe 7 Millionen Tonnen Bomben abwarf, waren die im Dschungel verborgenen Guerillakämpfer des Vietcong nicht zu besiegen.

Schockierende Bilder und Berichte über Gräueltaten an der Zivilbevölkerung bewirkten weltweite Proteste der Jugend gegen den Vietnamkrieg. So kam es 1973 zum Waffenstillstand und die USA zogen sich aus Vietnam zurück. Der Krieg ging jedoch weiter und endete erst 1975 mit dem Einmarsch sozialistischer Truppen in Saigon. Auch Kambodscha und Laos wurden sozialistisch.

Der Vietnamkrieg diskreditierte das Ansehen der USA für viele Jahre und rief ein nationales Trauma hervor. Den mindestens 2 Millionen vietnamesischen Opfern stehen 58 000 tote US-Soldaten sowie viele Tausend amerikanische Kriegsversehrte gegenüber.

M 4 „Domino-Theorie"
Amerikanische Karikatur, um 1970

M 5 „Prager Frühling"
Demonstranten zwischen sowjetischen Panzern in Prag, 1968

Der „Prager Frühling" und sein gewaltsames Ende

Seit 1960 befand sich die sozialistische Tschechoslowakei in einer wirtschaftlichen und gesellschaftlichen Krise. So konnte sich 1967 eine Gruppe von Reformern durchsetzen, an deren Spitze Alexander Dubček stand. Nach seiner Wahl zum Parteichef 1968 schaffte er die Pressezensur ab, garantierte Meinungsfreiheit und erlaubte Auslandsreisen. Ferner leitete er Wirtschaftsreformen ein und versuchte die Rolle der Kommunistischen Partei in der Gesellschaft neu zu bestimmen. Dieser „Sozialismus mit menschlichem Antlitz" fand in der Bevölkerung eine breite Anhängerschaft. Der „Prager Frühling" schien die Eiszeit des Kommunismus zu beenden.

Die Sowjetunion empfand die Entwicklung als Bedrohung ihrer Machtposition. Deshalb rückten in der Nacht vom 20. auf den 21. August 1968 Truppen des Warschauer Pakts in Prag ein. Der sowjetische Parteichef Leonid Breschnew rechtfertigte das mit der Behauptung, die Ostblockstaaten hätten nur eine „eingeschränkte Souveränität" (Breschnew-Doktrin).

Gegen passiven Widerstand der Bevölkerung beendeten Panzer den „Prager Frühling". Dubček und seine Anhänger wurden verhaftet, die Reformen zurückgenommen. Damit war der Weg eines „demokratischen Sozialismus" gescheitert. Seine Ideale wirkten jedoch fort und trugen zur Auflösung des Ostblocks im Jahr 1989 bei.

Die Entschärfung des Kalten Kriegs

Trotz dieser Rückschläge entspannte sich die Lage nach der Kuba-Krise 1962/63. Die von den Supermächten mit Vorsicht und Misstrauen betriebene Entspannungspolitik führte dazu, dass lokale Konflikte nicht mehr automatisch die Gefahr eines Weltkriegs heraufbeschworen. Vielmehr wurden nun Möglichkeiten eines Ausgleichs und einer Zusammenarbeit zwischen Ost und West ernsthaft geprüft.

Die „Breschnew-Doktrin" – Arbeiten mit Karikaturen und Textquelle

M 6 „Sag, dass du mich gerufen hast!"
Westdeutsche Karikatur von Peter Leger zum
Prager Frühling, 1968

M 7 „Auf dem Tugendpfad"
Westdeutsche Karikatur, 1968

M 8 Die „Breschnew-Doktrin"

Aus der Rede Leonid Breschnews auf dem V. Parteitag der Polnischen Vereinigten Arbeiterpartei, 12. November 1968:

Die sozialistischen Staaten setzen sich für die strikte Beachtung der Souveränität aller Länder ein, und wir wenden uns nachdrücklich gegen die Einmischung in die inneren Angelegenheiten anderer Staaten, gegen die Verletzung ihrer Souveränität.
Für uns Kommunisten sind dabei von besonders großer Bedeutung die Festigung und der Schutz der Souveränität der Staaten, die den Weg des sozialistischen Aufbaus beschritten haben. Die Kräfte des Imperialismus und der Reaktion trachten danach, die Völker einmal des einen und dann des anderen sozialistischen Landes ihres erkämpften souveränen Rechts zu berauben, den Aufstieg ihres Landes, das Wohlergehen und das Glück der breiten Massen der Werktätigen durch die Errichtung einer von jeder Unterdrückung und Ausbeutung freien Gesellschaft zu sichern. [...]
Es ist bestens bekannt, dass die Sowjetunion manches für die reale Stärkung der Souveränität und Selbstständigkeit der sozialistischen Länder getan hat. Die KPdSU setzte sich immer dafür ein, dass jedes sozialistische Land die konkreten Formen seiner Entwicklung auf dem Wege zum Sozialismus unter Berücksichtigung der Eigenart seiner nationalen Bedingungen selbst bestimmte. Aber bekanntlich, Genossen, gibt es auch allgemeine Gesetzmäßigkeiten des sozialistischen Aufbaus, und ein Abweichen von diesen Gesetzmäßigkeiten könnte zu einem Abweichen vom Sozialismus im Allgemeinen führen. Und wenn innere und äußere dem Sozialismus feindliche Kräfte die Entwicklung eines sozialistischen Landes zu wenden und auf eine Wiederherstellung der kapitalistischen Zustände zu drängen versuchen, wenn also eine ernste Gefahr für die Sache des Sozialismus in diesem Lande, eine Gefahr für die Sicherheit der ganzen sozialistischen Gemeinschaft entsteht – dann wird dies nicht nur zu einem Problem für das Volk dieses Landes, sondern auch zu einem gemeinsamen Problem, zu einem Gegenstand der Sorge aller sozialistischen Länder.
Begreiflicherweise stellt militärische Hilfe für ein Bruderland zur Unterbindung einer für die sozialistische Ordnung entstandenen Gefahr eine erzwungene, außerordentliche Maßnahme dar. Sie kann nur durch direkte Aktionen der Feinde des Sozialismus im Landesinnern und außerhalb seiner Grenzen ausgelöst werden, durch Handlungen, die eine Gefahr für die gemeinsamen Interessen des sozialistischen Lagers darstellen. [...]

Europa-Archiv, XXIV. Jahrgang, (1969), Folge 11, 10. Juni 1969, S. D 257 ff.

Der Vietnamkrieg – Perspektiven erfassen

M 9 Eine Rechtfertigung

a) Rede des amerikanischen Präsidenten Lyndon B. Johnson (1908–1973) vom 7. April 1965:

Warum mussten wir diesen schmerzhaften Weg wählen? Warum musste diese Nation ihre Ruhe, ihre Interessen und ihre Macht für das Heil eines so fernen Volkes aufs Spiel setzen? Wir kämpfen, weil wir kämpfen müssen, wenn wir in einer Welt leben wollen, in der jedes Land sein eigenes Schicksal bestimmen kann, und nur in einer solchen Welt wird unsere eigene Freiheit endgültig sicher sein. Diese Welt wird nie durch Bomben und Granaten errichtet werden. Doch die menschlichen Schwächen sind solcher Art, dass Gewalt oft der Vernunft, die Verwüstung des Krieges den Werken des Friedens vorangehen muss. Wir wünschen, dass dies nicht so wäre. Wir müssen die Welt so nehmen, wie sie ist, wenn wir sie je so haben wollen, wie wir sie wünschen.

Die Welt in Asien ist kein heiterer und friedlicher Ort. Die erste Realität ist, dass Nordvietnam die unabhängige Nation Südvietnams angegriffen hat. Das Ziel ist die totale Eroberung. Natürlich unterstützen einige Südvietnamesen den Angriff auf ihre eigene Regierung. Aber ausgebildete Männer, Nachschub, Befehle und Waffen fließen unaufhörlich von Nord nach Süd. Diese Unterstützung ist der Lebensstrom des Krieges. Und es ist ein Krieg von unvergleichlicher Brutalität. Einfache Bauern sind Opfer von Mord und Verschleppung. Frauen und Kinder werden bei Nacht erwürgt, weil ihre Männer ihre Regierung unterstützen. Hilflose Dörfer werden durch heimtückische Überfälle verwüstet. Umfangreiche Angriffe und Terror beherrschen die Zentren der Städte.

Die konfuse Natur dieses Konflikts kann die Tatsache nicht überdecken, dass es sich um das neue Gesicht eines alten Feindes handelt. Über diesem Krieg – und über ganz Asien – hängt der dunkle Schatten des kommunistischen China. Die Regierung in Hanoi wird gelenkt von Peking. [...] Es ist eine Nation, die den Mächten der Gewalt in fast allen Kontinenten Hilfe leiht. [...]

Warum sind wir in Südvietnam? Wir sind dort, weil wir ein Versprechen zu halten haben. Seit 1954 hat jeder amerikanische Präsident dem Volk von Südvietnam Hilfe angeboten. Wir haben geholfen aufzubauen, wir haben geholfen zu verteidigen.

Durch viele Jahre hindurch haben wir versprochen, Südvietnams Unabhängigkeit verteidigen zu helfen. Und ich beabsichtige, dieses nationale Versprechen zu halten.

b) In einer Antwort auf den Friedensappell Papst Pauls VI. (1897–1978) vom 8. Februar 1967 formuliert der Politiker Ho Chi Minh (1890–1969) am 13. Februar 1967 die nordvietnamesische Position:

Unser Volk liebt den Frieden aufrichtig und wünscht, unser Land in Unabhängigkeit und Freiheit aufzubauen. Die US-Imperialisten haben jedoch eine halbe Million Soldaten aus den USA und ihren Satellitenstaaten geschickt und mehr als 600 000 „Marionetten-Soldaten" benutzt, um Krieg gegen unser Volk zu führen. Sie haben monströse Verbrechen begangen. Sie haben die furchtbarsten Waffen wie Napalm, chemische Produkte und toxische Gase benutzt, um unsere Landsleute zu töten und unsere Dörfer, Pagoden, Kirchen, Krankenhäuser und Schulen niederzubrennen. Ihre Aggressionsakte haben die Genfer Vereinbarungen von 1954 über Vietnam grob verletzt und ernsthaft den Frieden in Asien und der Welt bedroht.

Um seine Unabhängigkeit und seinen Frieden zu verteidigen, kämpft das vietnamesische Volk entschlossen gegen die Aggressoren. Sie vertrauen darauf, dass die Gerechtigkeit triumphieren wird. Die US-Imperialisten müssen ihre Aggression gegen Vietnam beenden, bedingungslos und endgültig der Bombardierung und allen anderen Kriegshandlungen gegen die Demokratische Republik von Vietnam ein Ende setzen, von Südvietnam alle amerikanischen und Satelliten-Truppen zurückziehen, die Nationale Front zur Befreiung Südvietnams anerkennen und das vietnamesische Volk seine Angelegenheiten selbst bestimmen lassen. Nur unter solchen Bedingungen kann der Friede in Vietnam wiederhergestellt werden.

Ich hoffe, dass Eure Heiligkeit im Namen der Menschlichkeit und Gerechtigkeit Ihren großen Einfluss nutzen wird, um die US-Regierung zu drängen, die nationalen Rechte des vietnamesischen Volkes zu beachten, namentlich Frieden, Unabhängigkeit, Souveränität, Einheit und territoriale Integrität, wie sie in den Genfer Vereinbarungen von 1954 über Vietnam anerkannt sind.

Geschichte in Quellen, Die Welt nach 1945, hrsg. von Wolfgang Lautemann und Manfred Schlenke, München 1980, S. 601 f.

M 10 „Nach Vietnam ist alles anders"

Unter diesem Titel zog Josef Riedmiller in der „Süddeutschen Zeitung" vom 27.1.1973 eine weltpolitische Bilanz des Vietnamkrieges:

Es ist keine Übertreibung, den zu Ende gehenden Vietnamkrieg als eine Folge des Zweiten Weltkriegs zu charakterisieren. In politischer, weniger in militärischer Hinsicht war und ist der Indochina-
5 konflikt eine vorentscheidende Auseinandersetzung zwischen Amerika, Russland und China, die zunächst noch keinen Verlierer kennt. Seine Bedeutung liegt weniger in territorialen Gewinnen oder Verlusten, als in einer weltweiten Mobi-
10 lisierung und Sensibilisierung der Geister, in einem neuen politischen und sozialen Engagement breiter Schichten, wobei Fehlleistungen natürlich nicht ausgeschlossen sind.
Eine schonende Deutung der amerikanischen Ver-
15 strickung in den Vietnamkrieg meint, die USA seien in ihn „hineingestolpert", eigentlich wider Willen. Rein militärisch mag diese Deutung bis zu einem gewissen Grade zulässig sein, doch hat der „Fauxpas" [Fehltritt] auch seine tieferen Ursa-
20 chen, wobei der Übermut, der Glaube an das jederzeit Machbare nicht an letzter Stelle steht.
Wer die Vereinigten Staaten zu Beginn der 60er Jahre unter die Lupe nahm, musste, trotz Kennedy, betroffen sein über das geradezu idyllische
25 Selbstverständnis der damals stärksten Weltmacht, die, gefesselt durch das rationale Kalkül der Nuklearstrategie, dennoch darauf brannte, der ständigen und den Steuerzahler verdrießenden Schwierigkeiten im Ausland mit der Kraft
30 der Muskeln Herr zu werden. Die Bereitschaft, den „gordischen Knoten" zu durchschlagen, sich nicht länger an der Nase herumführen zu lassen, war immens. Das allein hätte als Impuls zur Tat freilich noch nicht genügt, wäre nicht die Überzeugung
35 hinzugetreten, dass die amerikanische Lebensart die beste aller möglichen sei, jener missionarische Eifer, der auf ganz naive Weise Gutes tun, die Welt beglücken will […].
Für die Sowjetunion war der Vietnamkrieg wirtschaftlich eine Belastung, insgesamt aber hat er
40 ihr Vorteile gebracht. Sie hat die Möglichkeiten, die sich aus der weltweiten Schwächung nicht nur der politischen, sondern mehr noch der moralischen Position Amerikas ergaben, zu nutzen verstanden. Die Bindung der amerikanischen Mittel
45 in Vietnam gestattete es Moskau, das Gleichgewicht der Kräfte im strategischen Bereich mit den USA herbeizuführen und damit endgültig zur gleichrangigen Weltmacht aufzusteigen.

Süddeutsche Zeitung vom 27.1.1973.

M 11 „Korrektur", Karikatur von Walter Hanel

Aufgaben

1. **Die Kuba-Krise**
   a) Stelle den Verlauf der Kuba-Krise dar.
   b) Nimm Stellung zu folgender Behauptung: „Die Kuba-Krise war ein Resultat der unnachgiebigen Politik der Supermächte." → Text

2. **Der „Prager Frühling"**
   a) Erläutere die Gründe für den Einmarsch der Truppen des Warschauer Paktes in die Tschechoslowakei.
   b) Arbeite die Aussage der Karikaturen heraus.
   c) Erläutere die „Breschnew-Doktrin". → M6–M8

3. **Der Vietnamkrieg**
   a) Skizziere den Verlauf des Vietnamkriegs.
   b) Beurteile die Argumentation des amerikanischen Präsidenten Johnson zum Einsatz in Vietnam.
   c) Vergleiche die Argumentation Ho Chi Minhs mit der Johnsons.
   d) Fasse die Beurteilung des Vietnamkriegs durch Josef Riedmiller zusammen.
   e) Gib die Grundaussage der Karikatur wieder.
   → Text, M2, M9, M10, M11

Zwischen Entspannung und Konfrontation

Bemühungen um das Ende des Wettrüstens
Ein Atomkrieg zwischen den beiden Weltmächten war nicht ausgeschlossen – das hatte die Kuba-Krise gezeigt. Die USA und die Sowjetunion bemühten sich darum seit den 1960er-Jahren – nicht zuletzt wegen der gewaltigen Rüstungsausgaben – das Wettrüsten zu beenden. 1969 begannen die sogenannten SALT-Verhandlungen (Strategic Arms Limitation Talks), die 1972 zu einem Abkommen über die Begrenzung atomarer Waffensysteme führten. Eine zweite Vereinbarung von 1979 trat nie in Kraft. Daran wird erkennbar, dass das Bemühen um Abrüstung nur phasenweise erfolgreich war.

Die KSZE – Sicherheit für Europa
Parallel dazu kam es in Helsinki zu einer „Konferenz über Sicherheit und Zusammenarbeit in Europa" (KSZE), an der alle europäischen Staaten sowie die beiden Supermächte und Kanada teilnahmen. Die 1975 verabschiedete „Schlussakte von Helsinki" enthielt Bestimmungen über die Einhaltung der Menschenrechte, die Unverletzbarkeit der europäischen Nachkriegsgrenzen sowie den Verzicht auf militärische Gewaltanwendung.

Wichtiger Bestandteil der Akte war ein Bereich, der Regelungen zur Verbesserung humanitärer Kontakte über Grenzen hinweg umfasste: Ein- und Ausreisemöglichkeiten, Familienzusammenführung und Besuchsreisen. Auf diesen Teil der Schlussakte von Helsinki beriefen sich nach 1975 Tausende von Bürgern der DDR, wenn sie Ausreiseanträge stellten oder mehr Reisefreiheit forderten. Auch in anderen sozialistischen Staaten verwiesen Bürgerrechtsgruppen immer wieder auf die Schlussakte, um ihren Forderungen nach Meinungs- und Pressefreiheit Nachdruck zu verleihen. Dennoch gaben die Regierungen der Ostblockstaaten meist nicht nach, verurteilten viele Bürgerrechtler zu Gefängnisstrafen oder wiesen sie aus.

M 1 Unterzeichnung der Schlussakte von Helsinki
Bundeskanzler Helmut Schmidt und der DDR-Staatschef Erich Honecker beim Unterzeichnen des Schlussdokuments am 1. August 1975. Der DDR ging es vor allem um die Nichteinmischung in ihre inneren Angelegenheiten und den Status quo in Europa. Die Bundesrepublik erhoffte sich hingegen Reiseerleichterungen zwischen beiden Staaten und eine Ausweitung der humanitären Kontakte.

Der NATO-Doppelbeschluss

Seit 1976 begann die Sowjetunion mit der Aufstellung moderner Mittelstreckenraketen, die Westeuropa bedrohten. Darauf reagierte die NATO 1979 mit dem sogenannten „Doppelbeschluss": Sie erklärte sich bereit, Verhandlungen über einen Abbau dieser Waffensysteme aufzunehmen. Sollten die Verhandlungen scheitern, wollte die NATO eigene Raketen aufstellen, um das Gleichgewicht zu wahren.

Da die Verhandlungen zu keinem Ergebnis führten, wurden 1983 neue amerikanische Mittelstreckenraketen in Europa stationiert, was in vielen Ländern zu heftigen Protesten und Demonstrationen von Friedensbewegungen führte. In der Bundesrepublik unterstützte die sozialliberale Regierung (Koalition aus SPD und FDP) unter Bundeskanzler Helmut Schmidt den NATO-Doppelbeschluss, obwohl es darüber zu einer Zerreißprobe innerhalb der SPD kam und sich eine breite Friedensbewegung dagegen formierte.

In dieser Phase einer neuen Eiszeit zwischen Ost und West wählten die Amerikaner 1981 Ronald Reagan zum Präsidenten. Er leitete als Reaktion auf die Rüstungsanstrengungen der Sowjetunion und ihren Einmarsch in Afghanistan ein umfassendes Aufrüstungsprogramm ein: Die „Strategische Verteidigungsinitiative" (SDI) sah einen satellitengestützten Schutzschild für die USA vor.

Auf dem Weg zum Ende des Kalten Kriegs

Eine politische Wende vollzog Michail Gorbatschow, der 1985 Staatschef der Sowjetunion wurde. Den einzigen Ausweg aus der Wirtschaftskrise, in die die UdSSR geraten war, sah er in einer Beendigung des Wettrüstens, und er fand in US-Präsident Reagan einen gesprächsbereiten Verhandlungspartner. 1987 vereinbarten beide Staatschefs die Verschrottung aller Mittelstreckenraketen. Dies bedeutete erstmals eine echte Abrüstung.

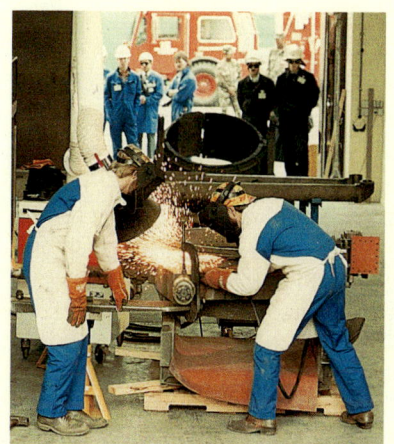

M 2 Verschrottung von Raketen
In Anwesenheit sowjetischer Beobachter werden in Deutschland stationierte Pershing II-Raketen zerstört, Foto von 1988.

M 3 US-Präsident Reagan und Generalsekretär Gorbatschow
Erstes Gespräch beider Staatschefs im Moskauer Kreml am 28. Mai 1988

Längsschnitt: USA und Sowjetunion im 20. Jahrhundert

Strategien der NATO – Arbeiten mit Schaubild und Texten

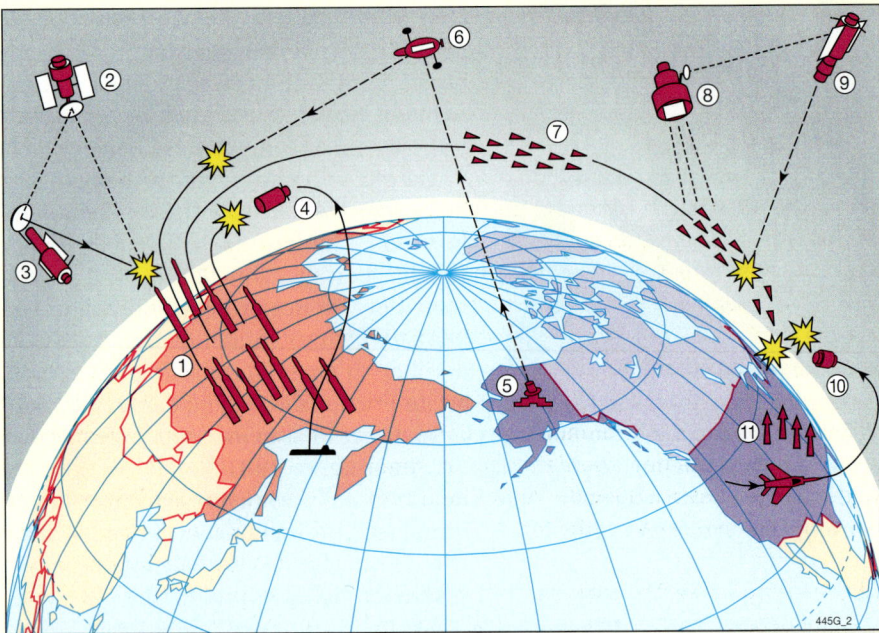

"Star Wars" - Skizze zum SDI-Projekt der USA

In Sibirien stationierte sowjetische Nuklearraketen ① werden gezündet.
Ein Überwachungssatellit ② meldet den Angriff an eine Kampfstation im Weltraum ③. Diese vernichtet Raketen mit Laserstrahl gleich nach dem Start. Weitere Raketen werden vernichtet durch Laserwaffen, die von U-Booten aus gestartet werden ④ und durch Laser-Kanonen ⑤, deren Strahl von Weltraumspiegeln ⑥ gelenkt wird.
Die noch nicht zerstörten Angreifer setzen Schwärme von Sprengkörpern frei ⑦. Diese werden von einem zweiten Überwachungssatelliten ⑧ geortet und dann einzeln zerstört durch Weltraumlaser ⑨, Jagdflugzeuge ⑩ oder Antiraketenwaffen ⑪.

M 4

M 5 Die Strategie der NATO

Bundesverteidigungsministerium (1979):

Die Militärstrategie der NATO hat zum Ziel, Krieg durch Abschreckung zu verhüten. Abschreckung ist dann glaubwürdig, wenn die Bündnisstaaten fähig und willens sind, sich gemeinsam zu vertei-
5 digen. [...]
Für jeden Aggressor muss das Risiko seines Angriffs unkalkulierbar sein. Mögliche Erfolge des Angreifers dürfen in keinem tragbaren Verhältnis zu seinen Verlusten und Schäden stehen. [...]
10 Die NATO hält Nuklearwaffen für Abschreckung und Verteidigung bereit, nicht weil sie damit einen Nuklearkrieg, sondern jeden Krieg verhüten will. Die am Ende unberechenbare Zerstörungskraft nuklearer Waffen soll davor abschrecken,
15 den Krieg noch als Mittel der Politik zu begreifen.

Weißbuch des Bundesverteidigungsministeriums 1979, S. 123 f.

M 6 SDI-Projekt der USA

In seiner Ansprache vom 23.03.1983 begründete US-Präsident Reagan das futuristische SDI-Projekt:

Was wäre, wenn freie Menschen in dem Bewusstsein leben könnten, dass ihre Sicherheit nicht von der Drohung eines amerikanischen Vergeltungsschlags zur Abschreckung eines sowjetischen Angriffs abhängt – dass wir Interkontinentalrake-
5 ten abfangen und vernichten können, noch ehe sie unser Gebiet oder das unserer Verbündeten erreichen? Angesichts dieser Überlegungen rufe ich die Wissenschaftler, die uns die Atomwaffen bescherten, dazu auf, ihre Talente in den Dienst
10 des Weltfriedens zu stellen und uns Mittel an die Hand zu geben, die diese Atomwaffen wirkungslos und überflüssig machen.

Zitiert nach: Aus Politik und Zeitgeschichte, B 48/1984, S. 31.

Die KSZE-Schlussakte – Arbeiten mit einem Vertragstext

M 7 Die KSZE-Schlussakte von Helsinki

Auszüge aus dem Schlussdokument vom 1.8.1975:

I. Souveräne Gleichheit
Die Teilnehmerstaaten werden gegenseitig ihre souveräne Gleichheit achten, einschließlich des Rechts eines jeden Staates auf territoriale Integrität sowie auf Freiheit und politische Unabhängigkeit. Sie werden das Recht jedes Teilnehmerstaats achten, sein politisches, soziales, wirtschaftliches und kulturelles System frei zu wählen.

II. Enthaltung von der Androhung von Gewalt
Die Teilnehmerstaaten werden sich in ihren gegenseitigen Beziehungen der Androhung oder Anwendung von Gewalt enthalten.

III. Unverletzlichkeit der Grenzen
Die Teilnehmerstaaten betrachten gegenseitig alle ihre Grenzen als unverletzlich und werden deshalb jetzt und in der Zukunft keinen Anschlag auf diese Grenzen verüben.
[…]

V. Friedliche Regelung von Streitfällen
Die Teilnehmerstaaten werden Streitfälle zwischen ihnen mit friedlichen Mitteln auf solche Weise regeln, dass der internationale Frieden nicht gefährdet wird. Sie werden bestrebt sein, im Geiste der Zusammenarbeit eine gerechte Lösung auf der Grundlage des Völkerrechts zu erreichen.

VI. Nichteinmischung in innere Angelegenheiten
Die Teilnehmerstaaten werden sich ungeachtet ihrer gegenseitigen Beziehungen jeder Einmischung in die inneren oder äußeren Angelegenheiten enthalten.

VII. Achtung der Menschenrechte und Grundfreiheiten, einschließlich der Gedanken-, Gewissens-, Religions- oder Überzeugungsfreiheit
Die Teilnehmerstaaten werden die Menschenrechte und Grundfreiheiten ohne Unterschied der Rasse, des Geschlechts, der Sprache oder der Religion achten. Sie werden die wirksame Ausübung der zivilen, politischen, wirtschaftlichen, sozialen, kulturellen sowie der anderen Rechte und Freiheiten, die sich aus der dem Menschen innewohnenden Würde ergeben, fördern und ermutigen.

Zusammenarbeit in humanitären Bereichen
a) Kontakte auf Grundlage familiärer Bindungen:
Um die weitere Entwicklung von Kontakten auf der Grundlage familiärer Bindungen zu fördern, werden die Teilnehmerstaaten Gesuche auf Reisen wohlwollend prüfen.
b) Familienzusammenführung:
Die Teilnehmerstaaten werden in positivem und humanitärem Geist Gesuche von Personen behandeln, die mit Angehörigen ihrer Familie zusammengeführt werden möchten.
[…]
d) Reisen aus persönlichen o. beruflichen Gründen:
Die Teilnehmerstaaten beabsichtigen, Möglichkeiten für umfassenderes Reisen ihrer Bürger aus persönlichen oder beruflichen Gründen zu entwickeln.

Schlussakte der Konferenz über Sicherheit und Zusammenarbeit in Europa vom 1. August 1975.

Aufgaben

1. **Abrüstungsgespräche und NATO-Strategie**
    a) Erläutere die Gründe für die Abrüstungsgespräche der beiden Supermächte.
    b) Erkläre die NATO-Strategie.
    c) Beschreibe das SDI-Programm und erkläre die Ziele Ronald Reagans.
    → Text, M4, M5, M6

2. **Die KSZE-Schlussakte**
    a) Fasse die wesentlichen Bestimmungen der KSZE-Schlussakte zusammen.
    b) Erläutere die Bedeutung der KSZE-Schlussakte für Oppositionsgruppen in den sozialistischen Staaten.
    → Text, M7

Längsschnitt: USA und Sowjetunion im 20. Jahrhundert

Russland und die USA nach dem Kalten Krieg

Das Ende des sowjetisch-amerikanischen Gegensatzes
Das 20. Jahrhundert war geprägt vom Gegensatz zweier Großmächte: den Vereinigten Staaten von Amerika und der Sowjetunion. Während sich die USA als Schutzmacht von Demokratie und freier Marktwirtschaft verstanden, war mit der Sowjetunion ein sozialistischer Staat entstanden. Nach dem Ende des Zweiten Weltkriegs stiegen beide Länder zu Supermächten auf. Die USA standen an der Spitze des westlichen Bündnisses, während die UdSSR den Ostblock anführte. Das Ende des Kalten Kriegs stellte beide Führungsmächte vor die Aufgabe, ihre jeweiligen Rollen neu zu bestimmen.

Das Ende der Sowjetunion
Der Austritt der drei baltischen Staaten Litauen, Lettland und Estland bedeutete den Anfang vom Ende der Sowjetunion. Immer mehr Regionen strebten nach Souveränität und erklärten ebenfalls ihre Unabhängigkeit. Die frühere Supermacht zerfiel und wurde zum Jahresende 1991 offiziell aufgelöst. An die Stelle der „Union der sozialistischen Sowjetrepubliken" (UdSSR) trat die „Gemeinschaft Unabhängiger Staaten" (GUS). Mit Ausnahme der drei baltischen Republiken traten diesem Zusammenschluss souveräner Einzelstaaten alle ehemaligen Sowjetrepubliken bei. Als dominierende Macht in der GUS erwies sich jedoch schnell die Russische Föderation.

Eine neue Politik der Stärke
Im Inneren hatte sich der Streit um die Reformpolitik von Michail Gorbatschow zugespitzt. Zwar scheiterte der Versuch, ihn zu stürzen, doch er verlor immer mehr an Einfluss. Sein Nachfolger Boris Jelzin hatte am Beginn der Neunzigerjahre zu den radikalen Reformern gehört. Unter dem Eindruck der weiterhin bestehenden wirtschaftlichen Probleme wandte er sich aber zunehmend russisch-nationalen Positionen zu. Zum obersten Ziel des Regierungshandelns wurde in der Folge die Sicherung der territorialen Integrität und der politischen Stärke des Reiches. Um ein Auseinanderbrechen der Russischen Föderation zu verhindern, ging Jelzin mit aller Härte militärisch gegen die Kaukasusrepublik Tschetschenien vor, nachdem sich diese 1991 von Russland lossagen wollte. Zwischen 1994 und 1996 forderte ein erster Krieg mehr als 100 000 Tote. 1999 brach der Konflikt erneut auf und führte zur völligen Zerstörung Tschetscheniens. Trotz internationaler Proteste hielt auch der im März 2000 ins Amt gewählte russische Präsident Wladimir Putin am Krieg im Kaukasus fest.

Das Verhältnis zum Westen
Das Verhältnis Russlands zum Westen blieb auch nach dem Ende des Kalten Kriegs gespannt. Deutlich wurde dies, als schon unmittelbar nach dem Zusammenbruch des Warschauer Paktes einige osteuropäische Länder ihre Aufnahme in die NATO forderten. Russland stand dem sehr ablehnend gegenüber, konnte jedoch eine Erweiterung des westlichen Verteidigungsbündnisses nicht verhindern. Schon 1999 erreichten Polen, Tschechien und Ungarn ihren Beitritt. Fünf Jahre

M 1 **Boris Jelzin**
Erster Präsident Russlands
(1991–1999)

M 2 **Tschetschenienkrieg**
Nach schweren Gefechten geht ein tschetschenischer Kämpfer durch Grosny, 1995

M 3   Freunde oder Gegner?
US-Präsident George W. Bush und der russische Staatspräsident Wladimir Putin bei einem Treffen in Moskau, 15. November 2006.

später folgten weitere osteuropäische Staaten. Allerdings wurde parallel zur Erweiterung die Zusammenarbeit zwischen der NATO und Russland selbst ausgebaut, was im Jahr 2002 in der Einrichtung eines NATO-Russland-Rates mündete.

Zentrales Anliegen der russischen Außenpolitik unter Putin blieb die Abwehr amerikanischer Weltmachtansprüche. Zusammen mit wechselnden Bündnispartnern, nicht zuletzt aber mit der Europäischen Union und ihren Mitgliedsländern, versuchte Russland seine eigene Machtstellung zu festigen. So beispielsweise, als die USA sich anschickten, 2003 ohne UN-Mandat militärisch gegen den Irak vorzugehen. Zusammen mit Frankreich und Deutschland zählte Russland zu den Hauptgegnern eines Krieges gegen Saddam Hussein.

Innere Situation
Ökonomisch profitiert Russland, dessen Wirtschaft noch immer zu weiten Teilen in staatlichem Besitz ist, von seinem Rohstoffreichtum. Den Export von Öl und Gas in die westliche Welt nutzt das Land zunehmend, um seine politischen Interessen gegenüber dem Ausland durchzusetzen. Trotz der Exporterlöse bestehen enorme soziale Gegensätze im Land. Neben den superreichen Gewinnern der Privatisierung leben Millionen Russen an und unter der Armutsgrenze. Trotz der Einführung von Wahlen und einer Liberalisierung im Inneren sehen sich politisch Andersdenkende politischer Verfolgung ausgesetzt.

Die USA nach 1991: Die einzige verbliebene Supermacht
In den Vereinigten Staaten war die Ausgangslage nach dem Ende des Kalten Kriegs eine völlig andere. Man empfand sich als Sieger der Konfrontation und erhoffte sich einen Zugewinn an Stabilität und Sicherheit. Tatsächlich setzte auch der russische Präsident Boris Jelzin die von Gorbatschow begonnene Politik der militärischen Abrüstung fort. So wurden beispielsweise zu Beginn der Neunzigerjahre Obergrenzen für Waffen und Truppenstärken in Europa festgeschrieben.

M 4   Erdgasstation von Gazprom
Erdgaswerk des russischen Staatskonzerns in Weißrussland, 2006

Aufgrund der Schwäche Russlands schienen die USA nun die einzige Weltmacht zu sein.

Krieg am Persischen Golf

Dennoch bedeutete das Ende der Sowjetunion für die Vereinigten Staaten keine Zeit der äußeren Sicherheit, da sich zeitgleich am Persischen Golf ein neuer Konfliktherd anbahnte, nachdem der irakische Diktator Saddam Hussein am 2. August 1990 seinen Nachbarstaat Kuwait überfallen und besetzt hatte. Unter der Führung des US-Präsidenten George Bush sen. fanden sich 28 Staaten zusammen, um Kuwait, das über wichtige Erdölvorräte verfügt, zu befreien. Damit setzten sie eine Resolution des UN-Sicherheitsrats um. Der Militärschlag war durch die technische Überlegenheit der amerikanischen Truppen innerhalb weniger Wochen erfolgreich abgeschlossen.

Neue Konfliktherde

Der Golfkrieg hatte gezeigt, dass die Welt nach dem Ende des Kalten Krieges keineswegs sicherer geworden war. Im Gegenteil, die internationale Lage wurde unübersichtlicher und noch instabiler. An die Stelle des Ost-West-Konflikts traten regionale Konflikte. Die Tendenz in den USA, sich aus der Außenpolitik zu verabschieden und die Dinge den europäischen Partnern zu überlassen, scheiterte im Krieg in Bosnien. Während die Europäer den Konflikt nicht stoppen konnten, erreichten die US-Streitkräfte nach ihrem Eingreifen ein Ende der Kämpfe. Dies war ein klarer Hinweis darauf, wie wichtig die amerikanische Rolle auch in künftigen Sicherheitsfragen sein würde.

Innere Situation

Während der zweiten Hälfte der Neunzigerjahre und am Beginn des neuen Jahrtausends erlebte die amerikanische Wirtschaft einen bei-

M 5 Die USA als Global Player
Karikatur, 1992

spiellosen Aufschwung. Allein während der Präsidentschaft Bill Clintons (1993–2001) sank die Arbeitslosenquote auf unter fünf Prozent. Damit einher ging eine grundlegende Sanierung des Staatshaushaltes. Grundlage für diesen Erfolg waren neue Wachstumsbranchen, wie etwa die Computer- und Softwareindustrie, die Entwicklung des Internets sowie das Entstehen eines umfangreichen Dienstleistungssektors.

Schattenseite des ökonomischen Erfolgs war der Anstieg des Energiebedarfs. Kein anderes Land der Welt verbraucht pro Kopf so viel Energie, wie dies in den Vereinigten Staaten der Fall ist. Dem Klimawandel zum Trotz verweigerte sich Präsident Bill Clinton dem Klimaschutzbündnis von Kyoto, wonach der Ausstoß von Kohlendioxid unter dem Stand von 1990 verbleiben sollte. Ein langsames Umdenken in der US-Gesellschaft setzte erst ein, nachdem im August 2005 ein Wirbelsturm große Teile der Küstenstadt New Orleans verwüstet hatte.

Neben den ökologischen Problemen bestehen in den USA auch im 21. Jahrhundert große soziale Unterschiede. 20 Prozent der Bevölkerung verfügen über lediglich vier Prozent des gesamten Einkommens und zwischen den ethnischen Gruppen der Gesellschaft herrschen erhebliche Spannungen. Trotz der sozialen, ökologischen und politischen Unwägbarkeiten sahen sich die USA aber am Beginn des 21. Jahrhunderts vor einer Periode des wirtschaftlichen Erfolgs und der wachsenden Sicherheit.

Der 11. September 2001 verändert die Welt
Diese Überzeugung fand am frühen Vormittag des 11. September 2001 ein Ende, als bei mehreren Flugzeugattentaten auf das World Trade Center in New York und das Verteidigungsministerium in Washington Tausende Menschen getötet wurden. Der Angriff der islamistischen Terrorgruppe al-Qaida veränderte das Bewusstsein der amerikanischen Bevölkerung. Erstmals seit dem japanischen Angriff auf Pearl Harbor 1941 waren die USA auf eigenem Territorium angegriffen worden. Der als „9/11" bezeichnete Anschlag hatte erhebliche globale Auswirkungen und führte zu einer veränderten weltpolitischen Situation.

M 6 In den Trümmern des World Trade Centers
Feuerwehrleute und Rettungskräfte suchen am 13. September 2001 nach Überlebenden des Terroranschlags.

Längsschnitt: USA und Sowjetunion im 20. Jahrhundert

Das sowjetisch-amerikanische Verhältnis im Spiegel von Karikaturen

M 7 „Der heftige Streit"
Süddeutsche Zeitung, 1947

M 8 „Treffen der Schwergewichte"
Süddeutsche Zeitung, 1959

M 9 „Eine Frage der Geduld…"
Süddeutsche Zeitung, 1962

M 10 „Ohne Titel"
Süddeutsche Zeitung, 1989

M 11 „Osterweiterung"
Süddeutsche Zeitung, 1998

Aufgaben

1. **Russland und die USA nach dem Kalten Krieg**
   a) Beschreibe die innen- und außenpolitische Lage Russlands nach dem Zerfall der Sowjetunion.
   b) Erläutere die Veränderung der weltpolitischen Rolle der USA nach dem Ende des Kalten Krieges.
   c) Vergleiche die weltpolitischen Rollen beider Staaten und stelle deine Ergebnisse in einer Tabelle dar.
   d) Nimm Stellung zu der Behauptung: „Das Ende des Kalten Krieges machte die internationale Situation unsicherer." → Text

2. **In den Trümmern des World Trade Centers**
   a) Beschreibe das Foto und seine Wirkung.
   b) Das Bild erinnert an das berühmte Foto „Raising the Flag on Iwo Jima" und das Marine Corps War Memorial. Recherchiere die Hintergründe des Fotos und des Mahnmals.
   c) Erläutere die Wirkung, die das Foto von 2001 auf die amerikanische Öffentlichkeit haben sollte. → M6

3. **Karikaturen historisch einordnen**
   a) Gib die Grundaussagen der Karikaturen wieder.
   b) Verfasse zu einer der Karikaturen einen Kommentar.
   c) Zeichne eine eigene Karikatur zum sowjetisch-amerikanischen Verhältnis.
   → M7–M11

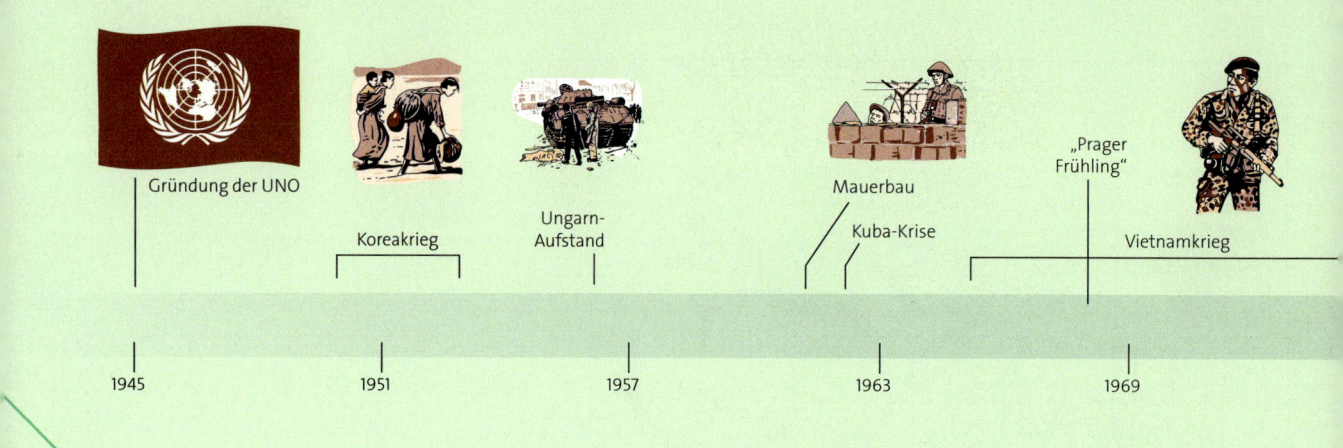

Längsschnitt: USA und Sowjetunion im 20. Jahrhundert

| 1945 | 1951 | 1957 | 1963 | 1969 |

- Gründung der UNO
- Koreakrieg
- Ungarn-Aufstand
- Mauerbau
- Kuba-Krise
- „Prager Frühling"
- Vietnamkrieg

Zusammenfassung

Nach dem Zweiten Weltkrieg erstrebten die Völker eine Organisation, die den Weltfrieden wahren und die internationale Sicherheit garantieren könnte. Dies führte 1945 zur Gründung der „Vereinten Nationen" (UNO). Neben der Sicherung des Friedens will die UNO zur Einhaltung der Menschenrechte beitragen und den sozialen Fortschritt fördern. Durch Frieden stiftende Maßnahmen wie die Entsendung von UNO-Truppen versuchte sie immer wieder zur Konfliktlösung und Kriegsvermeidung beizutragen.

Allerdings zeigten sich nach dem Zweiten Weltkrieg schon bald zwischen den USA und der Sowjetunion Gegensätze. Sie hatten zusammen gegen Hitler gekämpft; nun traten aber die politischen und wirtschaftlichen Gegensätze wieder deutlich hervor. Der aggressiven Ausbreitung des sowjetischen Machtbereichs begegnete die USA mit einer Eindämmungspolitik. Die Blockbildung fand schließlich ihren Niederschlag in der Bildung zweier gegensätzlicher militärischer Bündnisse, der 1949 gegründeten NATO (North Atlantic Treaty Organization) und der 1955 gegründeten Warschauer Vertragsorganisation.

Angesichts der Gefahr eines Atomkriegs vermieden die USA und die Sowjetunion eine direkte militärische Auseinandersetzung. Aber beide versuchten, ihre Einflusssphären auszuweiten, und es kam immer wieder zu Konflikten, bei denen die beiden Weltmächte auf verschiedenen Seiten standen. Beispiele sind der Koreakrieg und der Vietnamkrieg.

Die mit der Kuba-Krise (1962) verbundene unmittelbare Gefahr eines Atomkriegs zwang die USA und die Sowjetunion zu einer Wende: Entspannungsbemühungen lösten insbesondere in den 1970er-Jahren die Konfrontation ab. Allerdings sorgte die Sowjetunion mit militärischer Gewalt dafür, dass ihre Verbündeten keine Reformen durchführten oder gar die Warschauer Vertragsorganisation verließen. Sowjetische Truppen marschierten 1956 in Ungarn und 1968 in der Tschechoslowakei ein.

Erst der Zerfall des Ostblocks und der Sowjetunion beendete den Kalten Krieg. Die USA waren 1991/92 die einzig verbliebene Supermacht.

Timeline

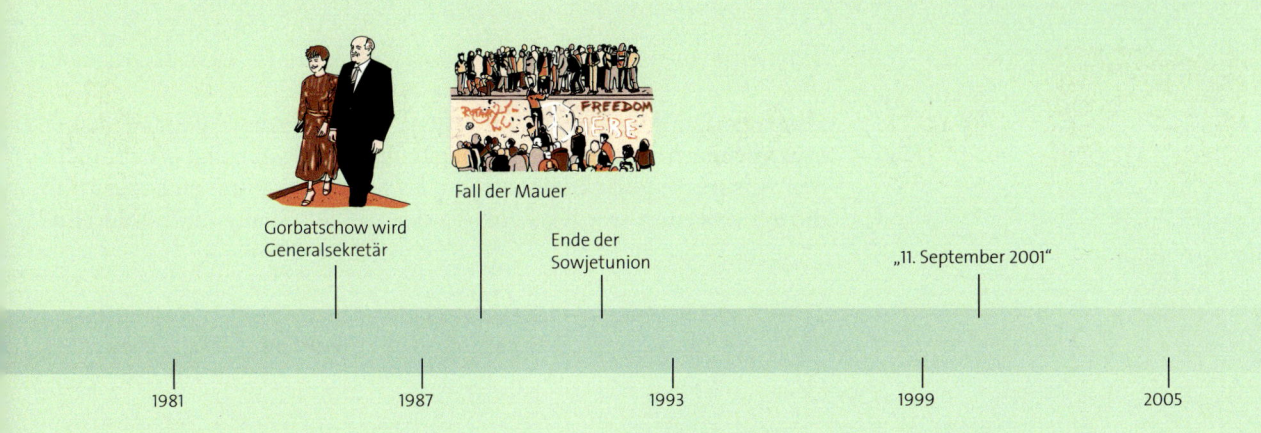

- 1981
- Gorbatschow wird Generalsekretär
- 1987
- Fall der Mauer
- Ende der Sowjetunion
- 1993
- „11. September 2001"
- 1999
- 2005

Daten

1945 Gründung der UNO

1956 Ungarn-Aufstand

1962 Kuba-Krise

1975 KSZE

1989 Umbruch im Ostblock

Begriffe

Kalter Krieg

NATO

Warschauer Vertrag

Vietnamkrieg

Personen

Josef Stalin

Harry S. Truman

Alexander Dubček

Leonid Breschnew

Michail Gorbatschow

Ronald Reagan

Tipps zum Thema: Die Welt nach 1945

Filmtipp

Thirteen Days,
Regie: Roger Donaldson,
USA 2000

Lesetipp

Michael G. Bauer:
Running Man, 2007

Museen

Gedenkstätte Point Alpha, Rasdorf

Deutsches Historisches Museum, Berlin

Museum am Checkpoint Charlie, Berlin

Kommentierte Links: www.westermann.de/geschichte-linkliste

Seiten zur Selbsteinschätzung

Thema: USA und Sowjetunion im 20. Jahrhundert

Hinweis: Die folgende Tabelle dient der Selbsteinschätzung deiner erworbenen Kenntnisse und Fähigkeiten. Die Auflistung erhebt nicht den Anspruch, vollständig zu sein. Es handelt sich um eine Auswahl, die ggf. erweitert werden kann. In der rechten Spalte findest du Hin-

Ich kann …	Ich bin sicher.	Ich bin ziemlich sicher.	Ich bin noch unsicher.	Ich habe große Lücken.
… den Prozess der Herausbildung der Anti-Hitler-Koalition erklären.				
… die Entstehung des Kalten Krieges erläutern.				
… die Aufgaben der UNO erklären.				
… die Funktionen einiger Unterorganisationen der UNO beschreiben.				
… den Verlauf und das Ergebnis des Koreakrieges erläutern.				
… die Ereignisse in Ungarn 1956 wiedergeben.				
… den Verlauf der Kuba-Krise erläutern.				
… den Verlauf des Vietnamkrieges und seine Folgen erklären.				
… über den „Prager Frühling" informieren.				
… die Bedeutung der Breschnew-Doktrin für die Staaten der Warschauer Vertragsorganisation darlegen.				
… die wichtigsten Beschlüsse der KSZE-Konferenz wiedergeben.				
… die Veränderung der weltpolitischen Lage nach dem Ende des Kalten Krieges erklären.				
…				
…				

weise, wie du eventuell vorhandene Lücken oder auch Unsicherheiten beseitigen kannst.

Bitte beachte: Solltest du über ein Leihexemplar dieses Lehrbuches verfügen, dann kopiere die Seiten, bevor du mit ihnen arbeitest.

Auf diesen Seiten kannst du in NNO nachlesen	Empfehlungen zur Übung, Wiederholung und Festigung
6/7	Nimm Stellung zu folgender Aussage: „Die Anti-Hitler-Koalition war ein Zweckbündnis."
7/8	Verfasse eine Darstellung zum Thema: „Das Ende der Anti-Hitler-Koalition und die Entstehung des Kalten Krieges."
12/13	Setze dich mit der Behauptung auseinander: „Die Gründung der UNO bedeutet eine neue Etappe des Völkerrechts."
13 15	Schreibe einen Lexikonartikel für dieses Lehrbuch über die UNESCO.
16/17	Verfasse einen Kommentar zum Thema: „Der Koreakrieg – ein Produkt des Kalten Krieges".
17/18	Dokumentiere in einem Schaubild die Ereignisse in Ungarn 1956.
22	Stelle in einem Zeitstrahl den Verlauf der Kuba-Krise dar.
22/23	Verfasse eine Darstellung zum Thema: „Die USA und der Vietnamkrieg."
24	Vergleiche den „Prager Frühling" mit den Ereignissen in Ungarn 1956.
24/25	Nimm Stellung zu folgender Behauptung: „Die Breschnew-Doktrin schränkte die Souveränität der sozialistischen Länder ein."
28 31	Begründe, dass die Umsetzung der Beschlüsse der KSZE-Konferenz den Frieden in Europa sicherer machte.
32–35	Erkläre die Rolle der USA in der Weltpolitik nach dem Ende des Kalten Krieges.

2. Deutschland – Von der Teilung zur Wiedervereinigung

Dresden, 1945

Bundeskanzler Willy Brandt vor dem Mahnmal des Warschauer Gettos, 1970

Das Brandenburger Tor in Berlin, 2013

| 1945 | 1950 | 1955 | 1960 | 1965 | 1970 | 1975 | 1980 | 1985 | 1990 | 1995 |

Mauerbau
am 13. 8. 1961 in Ostberlin

Der Fall der Mauer am 9. November 1989

43

Deutschland – Von der Teilung zur Wiedervereinigung

Kriegsende in Deutschland

Die „Stunde Null"?
Das Kriegsende bedeutete einen so tiefen Einschnitt, dass man in Deutschland von der „Stunde Null" sprach. Darin mischte sich Erleichterung über das Ende des Kriegs mit dem Wunsch nach einem völligen Neuanfang. Im Vordergrund stand jedoch die Sorge ums Überleben. Der Bombenkrieg hatte in Deutschland eine Trümmerlandschaft hinterlassen, doch herrschte auch in anderen Staaten Europas Not. Besonders in Osteuropa und in der Sowjetunion waren weite Landstriche durch die Feldzüge der Wehrmacht verwüstet.

Allgemeine Not in Deutschland
Als großes Problem erwies sich die Wohnungsnot. Da der Bombenhagel viele Städte zerstört hatte, fehlten Unterkünfte. Viele Menschen hausten in Ruinen oder lebten in beengten Notunterkünften. Bevor man an einen Wiederaufbau denken konnte, mussten die Trümmer beseitigt werden. Da viele Männer gefallen oder in Kriegsgefangenschaft waren, räumten Alte, Jugendliche und Frauen die Schuttberge weg. „Trümmerfrauen" vollbrachten damals Deutschlands erste Aufbauleistung.

Der Luftkrieg hatte nicht nur Wohnviertel zerstört, sondern auch Eisenbahnen, Straßen, Fabriken sowie die Wasser- und Energieversorgung. Vieles konnte nur notdürftig repariert werden, sodass zunächst Mangel und Chaos herrschten.

Ein weiteres brennendes Problem war der Hunger. Die Versorgung mit dem Allernötigsten gestaltete sich in unmittelbarer Nachkriegszeit äußerst schwierig. Lebensmittel wurden streng rationiert und waren nur mit Lebensmittelmarken erhältlich. Deshalb unternahmen die Menschen „Hamsterfahrten" aufs Land, wo sie bei den Bauern Wertsachen gegen Lebensmittel eintauschten.

Trotz Verbots und strenger Kontrolle entstanden Schwarzmärkte, auf denen man schwer erhältliche Waren kaufen konnte. Zigaretten dienten dabei oft als Tauschwährung.

M 1 Lebensmittelkarte
Januar 1950

M 2 Zerstörtes Dresden
Foto von 1945

M 3 „Trümmerfrauen" in **Magdeburg 1945**
Trotz ungewisser Zukunft, ihre Männer gefallen oder vermisst, vollbrachten die sogenannten Trümmerfrauen Deutschlands erste Aufbauleistungen.

Darüber hinaus fehlte es an allem: Uniformen oder Gardinen wurden zu ziviler Kleidung umgenäht; aus Helmen wurden Kochtöpfe und Siebe; Malzkaffee, Kunsthonig, Rübensirup und andere Stoffe ersetzten Nahrungs- und Genussmittel. Erst allmählich konnte wieder eine ausreichende Versorgung gesichert werden.

Hilfsprogramme des Auslands
Das bekannteste Hilfsprogramm der Nachkriegszeit waren CARE-Pakete. Eine Privatorganisation versorgte Deutsche mit Lebensmittelsendungen aus den USA, die nicht nur die schlimmste Not linderten, sondern neue Waren nach Deutschland brachten. Zudem erschienen die Amerikaner vielen Deutschen nun als mildtätige Helfer. Später trugen großzügige Finanzhilfen zur Ankurbelung der Wirtschaft bei.

Die Suche nach neuen Werten
Krieg und Diktatur hatten Tod und Zerstörung in unvorstellbarem Ausmaß bewirkt und bei vielen Menschen den Sinn des Lebens in Frage gestellt. Viele versuchten ihre oft traumatischen Erfahrungen zu bewältigen und eine neue Orientierung zu finden. Literatur und Kunst stießen deshalb auf großes Interesse. Einst als „entartet" bezeichnete Bücher fanden reißenden Absatz, Theater spielten Stücke ausländischer und früher verfemter Autoren, die das Publikum begierig aufnahm. Nachdem die Deutschen zwölf Jahre von der Welt abgeschnitten waren, weckte alles große Neugier. Gefüllt waren vor allem die Kirchen, in denen Menschen Beistand und Hilfe suchten.

Neuanfang und Kontinuität
Ob es wirklich eine „Stunde Null" gab, ist bis heute umstritten. Einerseits endete für Millionen Menschen das „alte" Leben und sie waren zu einem Neuanfang gezwungen. Andererseits konnten viele Täter und Mitläufer aus der NS-Zeit ihre gesellschaftliche Stellung behaupten, sodass man hier von einer gewissen Kontinuität sprechen kann.

M 4 **Schulspeisung in Hamburg**
Die Schulen teilten kostenlose Mahlzeiten aus, da die Kinder an Unterernährung litten, 1946.

Deutschland – Von der Teilung zur Wiedervereinigung

Nach dem Krieg – Berichte von Zeitzeugen analysieren

M 5 Erlebnisberichte aus der Nachkriegszeit

a) 1956 erinnerte sich eine Schülerin:

Dann kam der Umbruch. Ich entsinne mich noch genau, als wir von dem Einzug der Amerikaner hörten. Wir kamen von einem Spaziergang zurück. Mein Vater stürzte uns entgegen und sagte, dass es
5 soweit wäre, die Amerikaner ständen vor der Tür. Es war schrecklich für meine Eltern, denn meine beiden ältesten Brüder waren noch in einem Internat in Thüringen. Wie sollten sie in dieser Unordnung zu uns finden? Sie waren völlig auf sich
10 selbst angewiesen, wir konnten nichts für sie tun. Nach vier Tagen kamen sie dann endlich, und damit war die erste Sorge vorbei. […]
Im September zogen wir wieder in unser Haus. Am 29. Oktober, nachts um 11.00 Uhr, kamen unsere
15 Verwandten als Flüchtlinge aus Sachsen. Das letzte Mal hatte ich sie als Gutsbesitzer gesehen, stolz auf ihr kleines Reich, und nun kamen sie blass und abgehärmt von der langen Flucht und suchten, ähnlich wie wir damals bei ihnen, aber unter noch
20 viel ernsteren Umständen, Schutz in unserem Haus. Es kamen immer mehr Flüchtlinge, wir schliefen schon auf Matratzen, und immer noch suchten sie ein Obdach. Manchmal saßen 25 Personen an unserem Esstisch.
25 Dazu kam der Hunger. Meine Mutter wusste nicht mehr, wie sie die vielen Menschen sättigen sollte. Die Brotscheiben wurden auf einer Briefwaage abgewogen, und jeder bekam eine Kelle Steckrübensuppe. Einmal im Monat wurde uns aus Ame-
30 rika ein riesiges Carepaket geschickt; es war ein allgemeines Fest, wenn meine Mutter dieses öffnete. Einen Tag lang wurde dann gefeiert, es gab Kakao und Butter!
Die wirkliche Not dieser Zeit empfand ich als Kind
35 kaum. Dass das Brot so genau abgewogen wurde, fand ich lustig, und der Hunger störte mich wenig. Ich war froh über die vielen Kinder, die jetzt wieder da waren, und unser Tag bestand aus wunderbaren Spielen. Es ist seltsam, aber ich entsinne
40 mich nicht, dass wir jemals wieder Krieg gespielt haben, ich wusste jetzt, wie ernst er ist, und spürte wohl auch, dass man damit nicht spielen darf. […] Aber abends, wenn wir alle um den Tisch saßen und den Gesprächen der Erwachsenen lauschten,
45 kroch ein leiser Schauer meinen Rücken empor. Ich hörte von den Russen, von ihren Grausamkeiten und sah die ernsten Gesichter meiner Eltern. Dann begriff ich doch, dass es um unser Deutschland und um uns ernst stand.

Alexander von Plato, Almut Lehr, Ein unglaublicher Frühling. Erfahrene Geschichte im Nachkriegsdeutschland 1945–1948, Bonn 1997, S. 250.

b) Der 1931 geborene Klaus Gerber musste sich, gerade 14 Jahre alt, auf eigene Faust ins Ruhrgebiet nach Essen durchschlagen:

Zum Schluss waren wir in einem ehemaligen Kloster, einem alten Schloss, in Mährisch-Ostrau. Zu diesem Zeitpunkt war die Kinderlandverschickung schon ganz nationalsozialistisch aufgezogen. Aber da kamen uns als Schüler erste Zweifel. Wir 5
hatten erste Kontakte mit den Flüchtlingen aus dem Osten. […]
Wir durften nur unsere persönliche Habe mitnehmen, nur den Rucksack. […] Für mich bedeutsam war dann, dass wir in Zwiesel von den Amerikanern 10 in einem Gemeindesaal festgesetzt wurden. In der Zeit kamen dann die Meldungen davon, dass Konzentrationslager befreit wurden, und die Vorgänge wurden öffentlich. Das war Ende Mai, Anfang Juni. Bei uns herrschte eine große Enttäuschung über 15 das, was wir geglaubt hatten, denn der Nationalsozialismus war uns ja als einzig mögliche Herrschaftsform erschienen. Es kam uns langsam ins Bewusstsein, das stimmte nicht! Es war ein Schock; Alles war ganz anders, nichts war hehr und rein, sondern es 20 war ein verbrecherisches System. […]
Von Zwiesel aus ging es dann nach Niederbayern in die Nähe von Landshut. Es hieß dann, man müsse sich allein durchschlagen. Zunächst von Bayern mit dem Zug bis Gießen, da hat der Zug angehal- 25 ten, denn im Ruhrgebiet war Zuzugssperre. Einzelne blieben dann bei Bauern, andere sind abgehauen. Ich hatte Nachricht, zuletzt von Anfang 1945, dass meine Mutter bei Bekannten war, ich hatte auch die Adresse. Ich habe Leuten, die abge- 30 hauen sind, meine Adresse mitgegeben. Schließlich bin ich dann auch auf einem leeren Kohlenzug nach Essen gefahren, wurde mehrfach von englischen Truppen vom Zug geholt, habe eine Woche bis Essen gebraucht. Da ich aber schon jahrelang 35 im Lager war, war ich ziemlich selbstständig zu dieser Zeit, obwohl ich erst 14 Jahre alt war.

Alexander von Plato, Almut Lehr, Ein unglaublicher Frühling. Erfahrene Geschichte im Nachkriegsdeutschland 1945–1948, Bonn 1997, S. 209 f.

M 6 Berichte aus Mainz

a) Die Hausfrau Elisabeth E., Jahrgang 1902, erinnert sich:

Mein kleiner Sohn sagte manchmal: „Komm, Mama, hol doch deine Kochbücher, dann essen wir ein bisschen." Dann schlug er das Kochbuch auf, es war illustriert. Dann sagte er: „Mama, das
5 krieg ich aber, und das darfst du essen." So hat er sich ein bisschen von seinem Hunger abgelenkt. Also, wenn ich mir das heute überlege! Da kann man mal sehen, wie verzweifelt das Kind war und was das Essen für eine Bedeutung hatte.

Zit. nach: Anton Maria Keim/Alexander Link (Hg.), Leben in den Trümmern. Mainz 1945 bis 1948, Mainz 1985, S. 165–166.

b) Die Hausfrau Hildegard S., Jahrgang 1916, erinnert sich:

Ich bin mit meinem Sohn im Kinderwagen hamstern gegangen, alles zu Fuß, von Bauer zu Bauer. […] Wir waren glücklich, wenn wir nur ein paar Falläpfel, etwas Gemüse und vielleicht einen Salat
5 hatten. Nachts sind wir auch oft zusammen mit ein paar Frauen aus der Nachbarschaft raus auf die Felder gegangen, um etwas zu holen. Wenn man den Bauern kein Gold und Silber bringen konnte, dann waren die nicht willens, einem was
10 zu geben.

Zit. nach: Anton Maria Keim/Alexander Link (Hg.), Leben in den Trümmern. Mainz 1945 bis 1948, Mainz 1985, S. 169.

M 7 Berichte aus Magdeburg

Auszüge aus dem Tagebuch der Magdeburgerin Marianne Gutsche:

3. Mai 1945: Die weißen Fahnen sind gehisst auf öffentlichen Gebäuden. Aus einigen Häusern hängen an Hitlerfahnenstangen jetzt weiße Tücher. Ein altes Mütterchen am Brunnen strahlte, als es
5 sagte: „Das war eine schöne Nacht ohne Beschuss. Wir haben oben geschlafen." Jeder sehnt sich nach Ruhe. Aber noch immer weiß niemand, was wird.
5. Mai 1945: Die Russen stehen mit ihren mit Flieder geschmückten Panzern in Friedrichstadt auf 10 dem Heumarkt. […]
Von heute ab beginnt unser neues Leid: die quälende Ungewissheit, ob wir russisch oder amerikanisch werden. Machtlos stehen wir zwischen Kommunismus und Demokratie. Die Elbe trennt uns 15 vom Westen, dem wir uns viel mehr verbunden fühlen als dem Osten. Und so blicke ich mit wehmütigen Gefühlen hoch oben vom Hube'schen Silo auf unsere ausgebombte Stadt, die sich terassenförmig, kulissenartig über den Kai erhebt. 20 Amerik. Posten gehen am Ufer auf und ab. Die Strombrücke und die Hindenburgbrücke liegen zerborsten, umspült von reißenden Strudeln der Elbe. Durch ihren Fall ist Magdeburg in Mag. Ost und Mag. West geteilt. 25

Zit. nach: Manfred Wille, Der Krieg ist aus! Magdeburg 1945. Gudensberg-Gleichen 2005, S. 33 f.

Aufgaben

1. **Kriegsende in Deutschland**
   a) Stelle in einem Schaubild die Situation bei Kriegsende dar. Verwende dafür die folgenden Kategorien: politisch, ökonomisch, sozial, ideologisch und militärisch.
   b) Erläutere den Begriff „Stunde Null" und setze dich mit der Frage auseinander, ob dieser Begriff die Situation nach Kriegsende angemessen beschreibt.
   → Text
2. **Nach dem Krieg – Berichte von Zeitzeugen analysieren**
   a) Fasse die Erlebnisberichte der beiden Jugendlichen mit eigenen Worten zusammen.
   b) Nenne wesentliche Merkmale ihrer Erfahrungswelt.
   c) Vergleiche die Erfahrungen der beiden Jugendlichen.
   d) Die beiden Erlebnisberichte beruhen auf Erinnerungen. Erläutere die Schwierigkeiten bei der Auswertung solcher Quellen.
   → M5
3. **Berichte aus den Besatzungszonen**
   a) Vergleiche die Texte miteinander.
   b) Informiere dich über die Lebensmittelrationen in der sowjetisch besetzten Zone.
   c) Nimm Stellung zu der praktizierten Politik: „Wer nicht arbeitet, soll auch nicht essen."
   → M6, M7

Deutschland – Von der Teilung zur Wiedervereinigung

Die „Zusammenbruchsgesellschaft"

Verlorene Kinder

„Eltern suchen ihre verlorenen Kinder" – „Verlorene Kinder suchen ihre Eltern". Nach Kriegsende unternahmen das Rote Kreuz, Zeitschriften und Rundfunksender immer wieder solche Suchaktionen. Das zeigt, dass sich die zwischenmenschlichen Beziehungen und sozialen Verhältnisse während des Krieges und in unmittelbarer Nachkriegszeit grundlegend wandelten. Man bezeichnet diesen Sachverhalt mit dem Begriff „Zusammenbruchsgesellschaft".

Zerstörte Familien

Der Krieg riss die Familien auseinander. Kinder und Jugendliche wurden wegen des Bombenhagels evakuiert und in Lagern der „Kinderlandverschickung" (KLV) untergebracht. Die Männer dienten als Soldaten fern der Heimat, Millionen fielen oder galten als vermisst. Frauen und Kinder mussten die zerstörten Häuser verlassen und auf dem Land oder anderswo Zuflucht suchen.

In solchen Notunterkünften entstanden ganz neue soziale Konstellationen. Die chaotischen Verhältnisse bei Kriegsende erschwerten das Aufspüren vermisster Angehöriger. Doch selbst wenn alle zusammenfanden, blieb ein harmonisches Familienleben problematisch, da Kriegserlebnisse und Kriegsgefangenschaft den Männern die Rückkehr ins normale Leben erschwerten.

Die Ehefrauen hatten ihr Leben inzwischen selbst gemeistert und oft neue Beziehungen begonnen. Kinder und Jugendliche waren ganz auf sich gestellt. Sie mussten helfen, Nahrungsmittel heranzuschaffen und hatten – bis die Schulen wieder öffneten – viel Freiraum. Das traditionelle Gefüge der Generationen geriet dadurch aus den Fugen.

Flucht und Vertreibung

Als die Rote Armee im Oktober 1944 die deutsche Grenze in Ostpreußen überschritt, trieb die Angst vor Racheakten mehr als eine Million Menschen zur Flucht nach Westen. Der Terror, den das nationalsozialistische Deutschland entfesselt hatte, schlug auf die deutsche Bevölkerung zurück, und entlud sich in Plünderung, Vergewaltigung und Mord durch sowjetische Soldaten.

Der Beschluss der Alliierten, die deutschen Ostgebiete jenseits von Oder und Neiße polnischer Verwaltung zu unterstellen, löste erneut einen gewaltigen Strom von Vertriebenen aus. Auch im Sudetenland und anderen osteuropäischen Gebieten musste die deutsche Bevölkerung ihre Wohnsitze verlassen.

Bei der Vertreibung der Deutschen sind drei Etappen zu unterscheiden: Im Juni 1945 setzten die ersten „wilden Vertreibungen" unter dem Vorwand der Sicherung der künftigen polnischen Westgrenze ein. Die „Umsiedlung" nach dem Potsdamer Abkommen (August 1945) verlief unter Missachtung der vertraglichen Bestimmungen („in humaner Weise"). Schließlich folgten organisierte Zwangsausweisungen nach polnisch-britischen und polnisch-sowjetischen Vereinbarungen. Insgesamt wurden bis 1950 über 12 Millionen Deutsche umgesiedelt und vertrieben.

M 1 Kindersuchaktion
Plakate in Stuttgart, um 1946

M 2 Flüchtlinge in Pommern
Hunderttausende versuchten der sowjetischen Armee zu entkommen, Foto vom 18. Februar 1945.

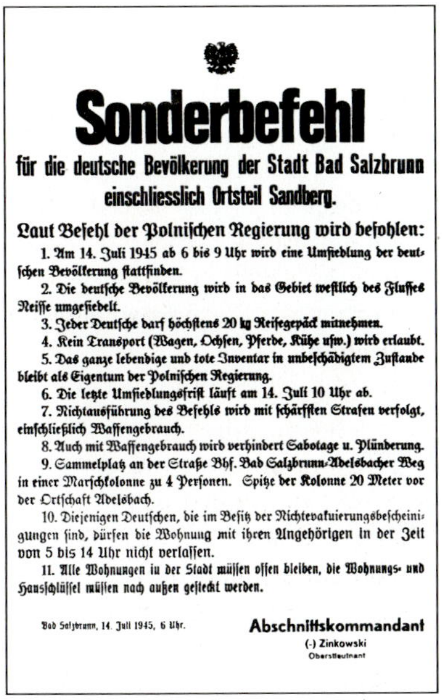

M 3 Sonderbefehl, 14. Juli 1945

M 4 Flucht vor der Roten Armee
Ostpreußen, Januar 1945

Eine neue Heimat

Die Ansiedlung der Flüchtlinge und Vertriebenen veränderte die soziale Zusammensetzung der Bevölkerung grundlegend: Protestanten siedelten sich in katholischen Gebieten an – und umgekehrt; Sitten und Gebräuche von Alteingesessenen und Neuankömmlingen stießen aufeinander. Nach anfänglichen Konflikten kam es aber meist zu einer schnellen Integration der Flüchtlinge.

Bei Kriegsende befanden sich 8–10 Millionen „displaced persons" in Deutschland. Das waren Ausländer, die aus Kriegsgründen nicht nach Hause zurückkehren konnten: ehemalige KZ-Häftlinge, Kriegsgefangene, Zwangsarbeiter und Flüchtlinge. Viele konnten oder wollten nicht zurück und suchten sich in Deutschland eine neue Heimat.

Gesellschaftliche Veränderungen

Die Bevölkerungsverschiebungen führten zu einem grundlegenden Wandel der Gesellschaftsstruktur. Wegen der vielen Kriegstoten änderte sich zunächst der Altersaufbau. Während Männer, vor allem im Alter von 20 bis 40 Jahren, fehlten, waren Frauen in der Überzahl. Die alten Führungsschichten hatten an Einfluss verloren. Sie waren, wenn sie mit den Nationalsozialisten zusammengearbeitet hatten, kompromittiert und oft ebenso besitzlos wie andere Gesellschaftsgruppen.

Ferner schritt die Mischung der Konfessionen voran. Auch die Trennung von Stadt und Land wurde schwächer. Regionale Sitten und Gebräuche veränderten sich. Angesichts der Not wandelten sich moralische Vorstellungen: Diebstahl aus Not galt nicht als verwerflich; das Zusammenleben ohne Trauschein erschien zeitweise hinnehmbar.

Diese neue „Zusammenbruchsgesellschaft" bildete die Grundlage für eine neue gesellschaftliche Ordnung in Deutschland.

M 5 Flüchtlingselend ab 1945
Besonders katastrophal war die Situation für Hunderttausende von Flüchtlingsfrauen, die, ihrer gesamten Habe beraubt, oft nur ihre Kinder in Sicherheit bringen konnten.

Deutschland – Von der Teilung zur Wiedervereinigung

Flucht und Vertreibung – Arbeiten mit Karte und Statistiken

M 6 – Stammbevölkerung und Flüchtlingsstrom (Stand: April 1947)

Zone	Britische	Amerikanische	Französische	Sowjetische
Bevölkerung 1939 (in Mio.)	19,8	14,2	6,1	19,5
Zuwanderung (in 1000) aus:				
Ostgebieten	2926	802	30	2762
Ausland	267	2102	20	1187
Westzonen	102	218	50	109
SBZ	626	260	15	–
Zuwanderung (in 1000)	3921	3382	115	4058
Abwanderung (in 1000)	251	132	96	901
Wanderungssaldo (in Mio.)	3,67	3,25	0,02	3,16

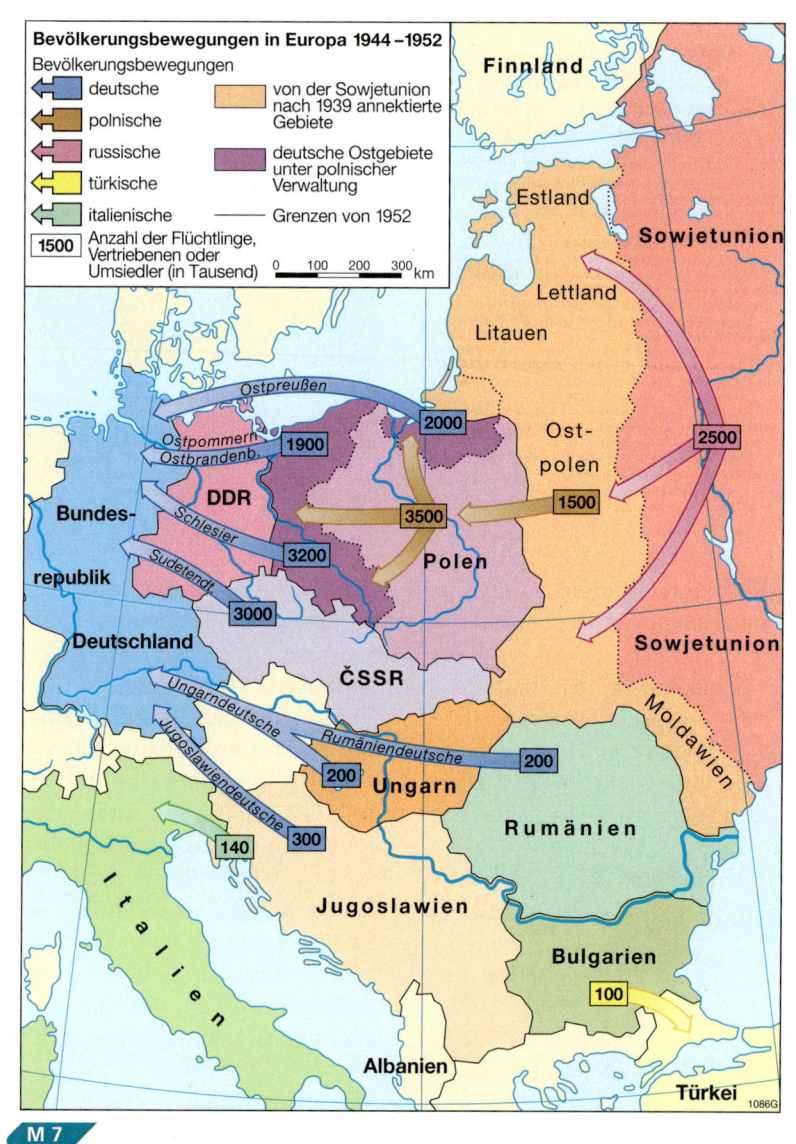

Nach: Christoph Kleßmann, Die doppelte Staatsgründung, Bonn 1986, S. 355.

M 7 – Bevölkerungsbewegungen in Europa 1944–1952

Bevölkerungsbewegungen:
- deutsche
- polnische
- russische
- türkische
- italienische

- von der Sowjetunion nach 1939 annektierte Gebiete
- deutsche Ostgebiete unter polnischer Verwaltung
- Grenzen von 1952

1500 = Anzahl der Flüchtlinge, Vertriebenen oder Umsiedler (in Tausend)

Zahlen auf der Karte: Ostpreußen 2000, Ostpommern/Ostbrandenb. 1900, Schlesien 3500, Sudetend. 3200, Bundesrepublik Deutschland, DDR, 3000, Ostpolen 1500, Sowjetunion 2500, Ungarndeutsche 200, Rumäniendeutsche 200, Jugoslawiendeutsche 300, 140, Bulgarien 100.

M 8 – Anteil der Entwurzelten an der Gesamtbevölkerung (nach Ländern)

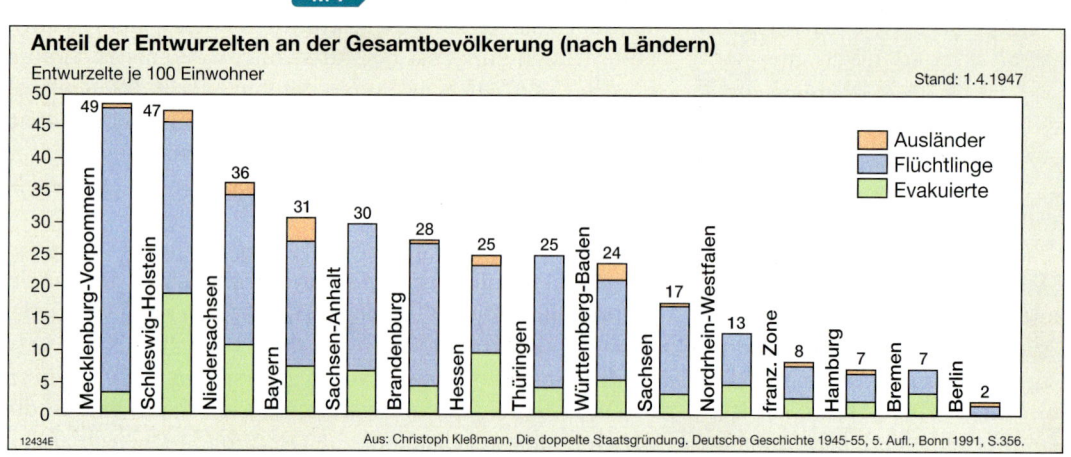

Entwurzelte je 100 Einwohner – Stand: 1.4.1947

Legende: Ausländer, Flüchtlinge, Evakuierte

Mecklenburg-Vorpommern	49
Schleswig-Holstein	47
Niedersachsen	36
Bayern	31
Sachsen-Anhalt	30
Brandenburg	28
Hessen	25
Thüringen	25
Württemberg-Baden	24
Sachsen	17
Nordrhein-Westfalen	13
franz. Zone	8
Hamburg	7
Bremen	7
Berlin	2

Aus: Christoph Kleßmann, Die doppelte Staatsgründung. Deutsche Geschichte 1945-55, 5. Aufl., Bonn 1991, S.356.

Die Situation der Frauen – Leserbriefe analysieren

M 9 „Constanze"

a) Frauen wendeten sich an die in Hamburg erscheinende Frauenzeitschrift „Constanze" und baten um Rat bei Lebensproblemen. Hier ein Auszug aus Heft 1 von 1948:

Frau B. schreibt: Können Sie gerecht sein? Auch gegen eine Frau? Dann möchte ich Ihnen mal eine Frage vorlegen: Nach fast fünf Jahren ist mein Mann aus der Gefangenschaft zurückgekommen.
5 Die ersten drei, vier Wochen waren wir sehr glücklich. Aber nun gibt es einen Streit nach dem anderen. Grund: Er kommandiert herum und ist mit allem unzufrieden. Ich hätte mich so verändert, sagt er, und ich wäre gar keine richtige Frau mehr.
10 Als wir heirateten, war ich 23. Jetzt bin ich 31. Von den acht Jahren war ich sechs Jahre allein und musste zusehen, wie ich durchkam. Jetzt müsste er mir doch eigentlich eine Hilfe sein. Aber er verlangt, dass ich den ganzen Haushalt (wir haben
15 zwei niedliche Kinder) besorgen soll, und er sitzt in der Ecke, liest Zeitung, schimpft und kommandiert. Haben die Männer denn noch nicht genug bekommen vom Kommandieren? Er meint, er hat ein gemütliches Heim zu fordern. Ich finde aber,
20 er hat gar nichts zu fordern. Wie soll das wieder in Ordnung kommen? Wer ist schuld?

Aus der Zeitschrift „Constanze", Heft 1/1948, S. 19.

b) Aus Heft 5 von 1948

Frage: 1944 habe ich geheiratet, habe aber meinen Mann seit der Hochzeit nicht mehr gesehen. Er kam in russische Gefangenschaft, und die erste Nachricht erhielt ich 1946 von ihm. Obwohl er
5 dann m. E. regelmäßig hätte schreiben können, kamen nur kurze, unpersönliche Karten von ihm. Ich habe ihn ursprünglich geliebt, aber sein Verhalten und die lange Wartezeit haben mich müde gemacht.
10 Nun kenne ich seit kurzem einen Mann, den ich heiraten möchte. Gibt es Fernscheidungen, wenn mein Mann damit einverstanden wäre?
(Frau J., Köln)

Antwort: Nein, es gibt keine Fernscheidungen.
15 Ihre Ehe kann ohne die Anwesenheit Ihres Mannes nur dann geschieden werden, wenn er einen Rechtsanwalt mit seiner Vertretung beauftragt, das heißt, ihm eine schriftliche Erklärung abgibt, nach der er mit der Scheidung einverstanden ist.
20 Falls Ihr Mann sich nicht entsprechend äußert, müssen Sie sich gedulden, bis er entweder zurückkommt oder nach vorschriftsmäßigem Zeitablauf für tot erklärt werden kann.

Aus der Zeitschrift „Constanze", Heft 5/1948, S. 17.

Aufgaben

1. **Die „Zusammenbruchsgesellschaft"**
   a) Erläutere den Begriff „Zusammenbruchsgesellschaft".
   b) Erläutere die Auswirkungen der Situation nach Kriegsende auf die Familien.
   → Text, M1

2. **Flucht und Vertreibung – Arbeiten mit Karten und Statistiken**
   a) Erläutere die Karte zu den Bevölkerungsbewegungen in Europa von 1944 bis 1952 und stelle die Informationen zusammen, die in der Karte enthalten sind.
   b) Erstelle eine Übersicht über die Herkunfts- und die Zielgebiete der Flüchtlinge und Vertriebenen.
   c) Werte die Statistiken aus und fasse die wichtigsten Informationen zusammen.
   d) Verfasse aus der Sicht eines Flüchtlings einen Bericht über die Schwierigkeiten, die ihn in seiner neuen „Heimat" erwartet haben.
   → M6–M8

3. **Die Situation der Frauen – Leserbriefe analysieren**
   a) Schildere die Probleme, die Frauen in der Nachkriegszeit bewegten.
   b) Beantworte den Brief von Frau B. Beachte dabei besonders die Lebensumstände des Mannes.
   → M9

Methode: Eine Ausstellung gestalten

M 1

(Diagramm: Konzeption – Inhaltliche Begründung des Themas; Umsetzung – Anordnung der Exponate; Durchführung – Finanzierung)

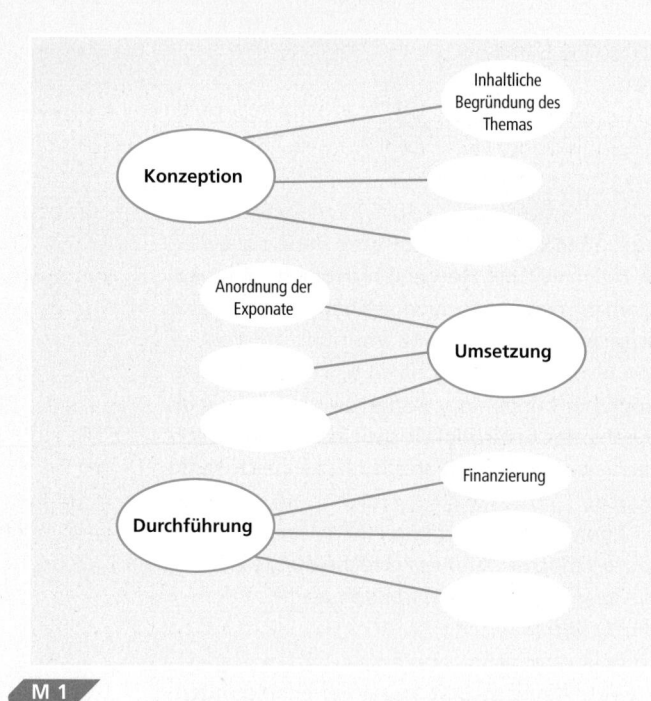

M 2 Eine Ausstellungskuratorin berichtet

Die Historikerin und freie Kuratorin Kristiane Janeke erklärt, worauf es bei der Planung und Durchführung einer Ausstellung ankommt (2007):

Am Anfang steht die Konzeption. Was selbstverständlich klingt, gehört noch lange nicht zur Arbeitspraxis in allen Museen. Mit dem Begriff der Konzeption verbinde ich zweierlei: Zunächst geht es um die
5 Erarbeitung einer inhaltlichen Begründung des Themas. Dabei erfolgt die Arbeit zunächst auf der Grundlage vorhandener wissenschaftlicher Literatur, verlangt also nicht primär eine eigene Forschungsleistung. Vielmehr geht es darum, die Ergeb-
10 nisse der Forschung zu nutzen und sie für die Umsetzung in einer Ausstellung zu bündeln. Zum Teil ergeben sich dabei weiterführende, von der bisherigen Forschung noch nicht gestellte Fragen, d.h. die Ausstellungsarbeit kann Impulsgeber für die For-
15 schung sein. Dies ist jedoch nicht das primäre Ziel bei der Konzeption und Umsetzung einer Ausstellung, die andere Ziele verfolgt als eine wissenschaftliche Studie. In jedem Fall ist ein ebenso sicherer wie freier Umgang mit den Werkzeugen der Geschichtswis-
20 senschaft die Voraussetzung dafür, ein Thema zu finden, das Interesse weckt und Anknüpfungspunkte für potenzielle Besucher bietet.
Zum anderen gehört zur Konzeption ein erster Leitfaden für die Umsetzung des Themas in das Medi-
25 um Ausstellung. [...] Daneben spielen der Raum und die Dreidimensionalität bei den konzeptionellen Überlegungen eine Rolle. Warum soll das Thema in eine Ausstellung umgesetzt werden – und nicht in ein Buch, einen Film, ein Theaterstück etc.? Von hier ist es nur ein Schritt zu den Objekten. Sind 30 sie der Ausgangspunkt für das gesamte Vorhaben oder sollen sie das Thema lediglich „illustrieren"? Ein dritter Aspekt kommt immer wieder – und gerade bei historischen Ausstellungen – zu kurz: die Vermittlung. Dabei geht es um eine breite Palette ver- 35 schiedener Instrumente der Kommunikation, angefangen von der Öffentlichkeitsarbeit über klassische Führungen und Vorträge sowie museumspädagogische Angebote für einzelne Zielgruppen bis hin zum Merchandising, also der kommerziellen Ver- 40 mittlung des Projekts. [...]
Der nächste Schritt ist die gestalterische Umsetzung der Konzeption. Gestaltung sei hier verstanden als Oberbegriff für den räumlichen Aspekt der Ausstellungs- und Museumstätigkeit. Er umfasst zum einen 45 den Umgang mit dem Objekt, zum anderen aber auch den Bereich der sinnlichen Wahrnehmung – wie den Einsatz von Medien und Licht, die haptische Erfahrung und Anordnung der Exponate im Raum insgesamt. Es ist dieser Bereich, an dem sich die Gei- 50 ster scheiden: Verfechtern eines vergnügungsorientierten „Disneylands" stehen, zugespitzt formuliert, Befürworter eines „begehbaren Lesebuches" gegenüber. Im Zentrum steht dabei das Original: Handelt es sich um ein historisches Zeugnis? Wenn 55 ja, wofür? Spricht es für sich, oder muss es in einen Kontext gebettet und durch Texte erläutert werden? Darf es durch eine Kopie, eine Replik, ein Faksimile, einen Nachbau oder gar eine computeranimierte Simulation ersetzt werden? [...] 60
Während die Gestaltung historischer Ausstellungen immer wieder Anlass zu kontroversen Debatten ist, sind die praktischen Aufgaben bei ihrer Realisierung höchstens Grund zur Klage. [...] Da ist zunächst das Geld. Die Kosten müssen ermittelt und die Finanzie- 65 rungswege geplant werden. Dabei ist die Recherche von Affinitäten zu potenziellen Sponsoren ebenso wichtig wie die Kenntnis und Einhaltung der öffentlichen Zuwendungsrichtlinien. Beginnt die Arbeit an einem Projekt ohne eine gesicherte Finanzierung – 70 wie es immer häufiger vorkommt –, ist Einfallsreichtum und Überzeugungskraft für die Rekrutierung von Personal erforderlich. In jedem Fall ist eine solide Planung und Organisation sowie ein permanentes Controlling unerlässlich. 75

Kristiane Janeke, „Nicht gelehrter sollen die Besucher eine Ausstellung verlassen, sondern gewitzter", in: Zeithistorische Forschungen, Online-Ausgabe, 4 (2007), H. 1+2, URL: http://www.zeithistorische-forschungen.de/16126041-Janeke-2-2007.

Eine Ausstellung gestalten

Jahrestage historischer Ereignisse, Schuljubiläen oder z. B. ein runder Geburtstag des Namensgebers der Schule bieten Anlässe für die Gestaltung einer Ausstellung. Austellungen leben von den ausgestellten Objekten, die Besucher ganz anders anzusprechen vermögen als dies ein Text in einem Buch kann.

Wichtig ist, zuerst eine umfassende Recherche und Ideensammlung durchzuführen. Gleichzeitig damit beginnt ein komplexer Prozess des Sammelns, Bewahrens und Erschließens verschiedenster Objekte, der am Ende schließlich in deren Ausstellung gipfelt.

„Am Anfang steht die Konzeption", so die erfahrene Ausstellungsmacherin Kristiane Janeke. Eine wichtige Rolle dabei spielen der Raum und die Dreidimensionalität der Objekte. Dürfen die Besucher Gegenstände berühren und sich zwischen ihnen bewegen oder hängt ein sichtbares oder unsichtbares Sperrband zwischen Besuchern und historischen Gegenständen? Gibt es einen festen „Parcours", den die Besucher zu absolvieren haben? Diese Fragen müssen, auch in Absprache mit den Unterstützern der Ausstellung – z. B. den Leihgebern der Gegenstände –, genau geklärt werden.

Auch Texte müssen für eine Ausstellung geschrieben werden. Diese können unterschiedliche Funktionen haben und müssen dementsprechend gestaltet sein. So können sie etwa als Hintergrundtexte den „roten Faden" der Ausstellung bilden oder Objekte erläutern.

Ein weiterer Aspekt ist die Vermittlung der Ausstellungsabsicht. Das kann die Öffentlichkeitsarbeit betreffen, denkbar sind aber auch Führungen durch die Ausstellung oder begleitende Vorträge.

M 3 Beispiel für eine von Schülern gestaltete Ausstellung
In Glauchau gestalten Schüler in dem Postenhäuschen einer ehemaligen Kaserne wechselnde regionalhistorische Ausstellungen.

Arbeitsschritte bei der Gestaltung einer Ausstellung

1. Vorarbeiten und Konzeption
a) Legt ein Thema für die Ausstellung fest.
b) Erstellt eine Mindmap für die notwendigen Arbeitsschritte.
c) Bildet verschiedene Gruppen für die Planung und Gestaltung der Ausstellung.
d) Erarbeitet eine Übersicht über notwendige Geldmittel und Sponsoren.

2. Erarbeitung der Ausstellung
a) Erstellt eine maßstabgerechte Skizze des Ausstellungsraumes mit den Plätzen für die Ausstellungsgegenstände.
b) Sammelt die notwendigen Ausstellungsstücke.
c) Führt, wenn möglich, Gespräche mit Zeitzeugen.
d) Gestaltet den Ausstellungsraum. Achtet dabei auf eine sachgerechte Erklärung eurer Exponate.
e) Überprüft, ob die Ausstellung euren inhaltlichen und gestalterischen Ansprüchen entspricht.
f) Erstellt einen Ablaufplan für die Ausstellungseröffnung.

3. Durchführung der Ausstellung
a) Führt inhaltliche Führungen für Besucher durch.
b) Achtet darauf, dass ihr die Besucherfragen beantwortet.
c) Besprecht regelmäßig entstandene Probleme bei der Durchführung der Ausstellung.

Deutschland – Von der Teilung zur Wiedervereinigung

Die Entwicklung in den Besatzungszonen

Die Alliierten in Deutschland
Schon während des Krieges hatten die Alliierten die Aufteilung Deutschlands in Besatzungszonen vereinbart. Ein Alliierter Kontrollrat in Berlin, der sich aus den Oberbefehlshabern der Besatzungsmächte zusammensetzte, hatte die Macht über das besetzte Deutschland. Er sollte insbesondere ein einheitliches Vorgehen bei allen Fragen gewährleisten, die Deutschland als Ganzes betrafen. Auch die Hauptstadt Berlin wurde von den Alliierten gemeinsam verwaltet und in vier Sektoren aufgeteilt. Das oberste Gremium hieß hier Alliierte Kommandantur. Politische Gegensätze ließen die Entwicklung in den westlichen Zonen und der sowjetischen Besatzungszone bald auseinanderlaufen. So zeichnete sich schon früh die deutsche Teilung ab.

Gemeinsame Politik der Alliierten
Zunächst betrieben die Sieger des Krieges noch eine gemeinsame Politik. Auf Schloss Cecilienhof in Potsdam trafen sich im Juli 1945 die drei Hauptalliierten, um ihr weiteres Vorgehen zu beraten: Truman (USA), Stalin (UdSSR) und Churchill (Großbritannien). Die Mächte einigten sich in Bezug auf das besiegte Deutschland auf folgende gemeinsame Ziele, die oft als „ 5 Ds" bezeichnet werden:

- Demilitarisierung,
- Demokratisierung,
- Demontage,
- Denazifizierung,
- Dezentralisierung.

M 1 Die großen Drei
Churchill, Truman und Stalin auf der Potsdamer Konferenz, die vom 17. Juli bis zum 2. August 1945 auf Schloss Cecilienhof in Potsdam stattfand.

Die deutschen Ostgebiete jenseits der Oder-Neiße-Linie kamen unter polnische bzw. sowjetische Verwaltung, wo sie bis zur endgültigen Regelung durch einen Friedensvertrag verbleiben sollten. Die deutsche Bevölkerung im Osten sollte „in ordnungsgemäßer und humaner Weise" in den Westen überführt werden. Davon konnte freilich keine Rede sein. War es bereits in der Endphase des Zweiten Weltkriegs zu einer Massenflucht gekommen, schwoll der Strom der Vertriebenen nun zu einer Völkerwanderung an.

Die Gründung der Länder
Innerhalb ihrer Besatzungszonen gründeten die Alliierten „Länder", auf die unsere heutigen Bundesländer zurückgehen. Regiert wurden sie von Politikern, die 1946 und 1947 aus ersten Landtags- und Kommunalwahlen hervorgegangen waren. Die Kontrolle übten jedoch weiterhin die Militärbehörden der jeweiligen Besatzungsmächte aus.

Die Entstehung von Parteien
Relativ schnell ließen die Alliierten in ihren Zonen Parteien und Organisationen zu. Dabei blieb das politische Spektrum, das bereits die Weimarer Republik geprägt hatte, weitgehend erhalten. Rechtsextreme Parteien waren natürlich verboten. SPD und KPD wurden wieder zugelassen. Die Liberalen organisierten sich in den Westzonen in der

FDP und in der sowjetischen Zone in der LDPD. In der CDU schlossen sich vor allem christliche Bürger beider Konfessionen zusammen, und die bayrische CSU orientierte sich stark an der Tradition des katholischen Zentrums. Ferner entstanden wieder Gewerkschaften sowie zahlreiche weitere Interessenverbände.

Das Erwachen des öffentlichen Lebens

Parallel zur politischen Entwicklung sorgten die Besatzungsmächte dafür, dass das öffentliche und kulturelle Leben wieder erwachte. Sie ließen Zeitungen und Zeitschriften zu, gaben Verlagen Lizenzen zum Buchdruck und sorgten für die Ausstrahlung von Radioprogrammen. Theater und Kinos nahmen wieder ihren Betrieb auf. Da die nationalsozialistische Diktatur die Deutschen von der kulturellen Entwicklung im Ausland abgeschnitten hatte, gab es großen Nachholbedarf. Bücher einst verfemter Autoren und ausländische Schriftsteller erzielten hohe Auflagen. Zuspruch erfuhren auch die Kirchen, die nach der Diktatur als sinnstiftende Institutionen erlebt wurden.

Vorgehen in den Westzonen

Zwischen den Alliierten gab es durchaus verschiedene Zielvorstellungen: Auf der einen Seite bestimmten die Amerikaner aufgrund ihrer politischen, wirtschaftlichen und militärischen Stärke die Entwicklung in den Westzonen. Nach einer intensiven Politik der Entnazifizierung sollte die neue Demokratie systematisch von unten nach oben aufgebaut werden. Wirtschaftliche Hilfen sollten später den Aufbau erleichtern. Dieser Politik schlossen sich die Briten und Franzosen nach und nach an. Insbesondere die Franzosen waren jedoch zunächst auf eine politische und wirtschaftliche Schwächung Deutschlands aus, gaben diese Politik aber zunehmend auf. So schlossen sich die drei Westzonen nach und nach erst zur amerikanisch-britischen Bizone und schließlich mit dem französisch besetzten Gebiet zur Trizone zusammen.

Vorgehen in der Ostzone

Demgegenüber verfolgte die Sowjetunion andere Ziele. Vordergründig sollte der Aufbau der neuen Ordnung von einem breiten Bündnis aller antifaschistischen Kräfte getragen werden. Doch nahmen die Kommunisten nach dem Grundsatz „Es muss demokratisch aussehen, aber wir müssen alles in der Hand haben" die entscheidenden Schlüsselstellungen ein.

Schon 1945 bildeten die in der sowjetischen Besatzungszone zugelassenen Parteien die „Einheitsfront der anti-faschistisch-demokratischen Parteien". Wegen der engen Verbindung von KPD und sowjetischer Besatzungsmacht konnten sich die übrigen Parteien kaum entfalten. Im Berliner Admiralspalast vereinigten sich im April 1946 schließlich SPD und KPD zur Sozialistischen Einheitspartei Deutschlands (SED). Dabei reichten sich der Kommunist Wilhelm Pieck und der Sozialdemokrat Otto Grotewohl symbolisch die Hände. Dieser Händedruck vor der roten Fahne der Arbeiterbewegung war von nun an das Zeichen der SED, die fortan eine beherrschende Stellung einnahm.

M 2 Wahlplakat der KPD aus der amerikanischen Besatzungszone

M 3 Besatzungsmächte (1945–1949)

Deutschland – Von der Teilung zur Wiedervereinigung

M 4 Bodenreform 1945
Das Bild zeigt die Zuteilung von Landparzellen des ehemaligen Rittergutes Helfensberg (bei Dresden) an Industriearbeiter, Herbst 1945.

„Junkerland in Bauernhand" – Die Bodenreform

Schon im September 1945 verkündete der KPD-Vorsitzende Wilhelm Pieck eine demokratische Bodenreform. Unter der Losung „Junkerland in Bauernhand" wurde jeder Grundbesitz über 100 Hektar entschädigungslos enteignet. Die Flächen wurden an Kleinbauern, Landarbeiter und Umsiedler verteilt. Maximal erhielt jeder Haushalt zehn Hektar. Die enteigneten Großgrundbesitzer, die nicht selten die Nationalsozialisten aktiv unterstützt hatten, wurden von Haus und Hof vertrieben, oft verhaftet und in sowjetische Internierungslager verbracht, anderen gelang die Flucht in den Westen. In kürzester Zeit hatte sich auf dem Land eine radikale soziale Umwälzung vollzogen. Durch die Bodenreform entstanden so 210 000 Neubauernstellen, die enteignete Fläche betrug 3,3 Millionen Hektar. Auch wenn diese Maßnahmen vielen eine neue Lebensgrundlage boten, waren sie wegen der geringen Betriebsgrößen wirtschaftlich nicht erfolgreich.

Währungsreformen und Berlin-Blockade

Da eine Inflation drohte, war eine Neuordnung des Währungssystems erforderlich: Am 21. Juni 1948 wurde in den Westzonen die Reichsmark im Verhältnis 10:1 abgewertet und durch die „Deutsche Mark" (DM) ersetzt. Am 23. Juni 1948 erfolgte auch in der Sowjetischen Besatzungszone eine Währungsreform. Damit war Deutschland politisch und wirtschaftlich gespalten.

Als die Westalliierten auch in den Berliner Westsektoren die D-Mark einführten, kam es zum Konflikt. Die Sowjetunion demonstrierte ihre Macht und sperrte am 24. Juni 1948 alle Straßen, Eisenbahnlinien und Wasserwege von Westdeutschland nach Westberlin. Damit war die Stadt auch von Stromlieferungen aus dem Osten und der Versorgung mit frischen Nahrungsmitteln abgeschnitten.

Auf diese Kampfansage reagierten Amerikaner und Briten mit einer Luftbrücke, denn die Benutzung der Luftkorridore war vertraglich abgesichert. Die Flugzeuge starteten im Minutentakt und transportierten während der elfmonatigen Blockade 1,5 Millionen Tonnen Lebensmittel, Baumaterialien und Kohle in die bedrängte Stadt. Am 12. Mai 1949 gaben die Sowjets die Blockade auf. Ihr Erpressungsversuch hatte sich als politischer Fehlschlag erwiesen.

M 5 „Gefährliche Passage"
Amerikanische Karikatur von 1948, in Deutschland abgedruckt im SPIEGEL vom 18.9.1948

Die Konferenz von Potsdam im Spiegel von Quellen

M 6 „Was bedeutet Deutschland jetzt?"

Aus dem Protokoll der Potsdamer Konferenz, die vom 17. Juli bis zum 2. August 1945 stattfand:

Churchill: Ich möchte nur eine Frage stellen. Ich bemerke, dass hier das Wort „Deutschland" gebraucht wird. Was bedeutet „Deutschland" jetzt? Kann man es in dem Sinne verstehen wie vor
5 dem Kriege?
Truman: Wie fasst die sowjetische Delegation diese Frage auf?
Stalin: Deutschland ist das, was es nach dem Kriege wurde. Ein anderes Deutschland gibt es
10 jetzt nicht. So verstehe ich diese Frage.
Truman: Kann man von Deutschland sprechen, wie es 1937, vor dem Kriege war?
Stalin: So wie es 1945 ist.
Truman: Es hat 1945 alles eingebüßt. Deutschland
15 existiert jetzt faktisch nicht.
Stalin: Deutschland ist, wie man bei uns sagt, ein geografischer Begriff. Wollen wir es vorläufig so auffassen! Man darf nicht von den Ergebnissen des Krieges abstrahieren.
20 **Truman:** Ja, aber es muss doch irgendeine Definition des Begriffes „Deutschland" erfolgen. Ich meine, das Deutschland von 1886 oder 1937 ist nicht dasselbe wie das Deutschland von heute, 1945.
25 **Stalin:** Es hat sich infolge des Krieges verändert, und so fassen wir es auf.
Truman: Ich bin damit völlig einverstanden, aber es muss trotzdem eine gewisse Definition des Begriffes „Deutschland" erfolgen.
30 **Stalin:** Denkt man beispielsweise daran, im Sudetengebiet der Tschechoslowakei die deutsche Verwaltung wieder einzusetzen? Das ist das Gebiet, aus dem die Deutschen die Tschechen vertrieben haben.
35 **Truman:** Vielleicht werden wir trotzdem von Deutschland, wie es vor dem Kriege, im Jahre 1937, war, sprechen?
Stalin: Formal kann man es so verstehen, in Wirklichkeit ist es nicht so. Wenn in Königsberg eine
40 deutsche Verwaltung auftauchen wird, werden wir sie fortjagen, ganz gewiss fortjagen.
Truman: Auf der Krim-Konferenz wurde vereinbart, dass die Territorialfragen auf der Friedenskonferenz entschieden werden müssen. Wie defi-
45 nieren wir nun den Begriff „Deutschland"?
Stalin: Lassen Sie uns die Westgrenzen Polens festlegen, und dann wird die deutsche Frage klarer werden. Es ist für mich sehr schwierig auszudrücken, was jetzt unter Deutschland zu verstehen ist. Das ist ein Land, das keine Regierung, das keine 50 fixierten Grenzen hat, weil die Grenzen nicht von unseren Truppen festgelegt werden. Deutschland hat überhaupt keine Truppen, Grenztruppen eingeschlossen, es ist in Besatzungszonen zerteilt. Und nun definieren Sie, was Deutschland ist! Es ist 55 ein zerschlagenes Land.

Quelle: Teheran, Jalta, Potsdam. Die sowjetischen Protokolle von den Kriegskonferenzen der „Großen Drei", hrsg. von Alexander Fischer, Köln 1973, S. 214 f.

M 7 Ergebnisse der Potsdamer Konferenz

Sie wurden am 2. August 1945 publiziert:

A. Politische Grundsätze [...]
3. Die Ziele der Besetzung Deutschlands, durch welche der Kontrollrat sich leiten lassen soll, sind:
(I) Völlige Abrüstung und Entmilitarisierung Deutschlands und die Ausschaltung der gesamten 5 deutschen Industrie, welche für eine Kriegsproduktion benutzt werden kann. [...]
(II) Das deutsche Volk muss überzeugt werden, dass es eine totale militärische Niederlage erlitten hat und dass es sich nicht der Verantwortung ent- 10 ziehen kann für das, was es selbst dadurch auf sich geladen hat, dass seine eigene mitleidlose Kriegsführung und der fanatische Widerstand der Nazis die deutsche Wirtschaft zerstört und Chaos und Elend unvermeidlich gemacht haben. [...] 15
6. Alle Mitglieder der nazistischen Partei, welche mehr als nominell an ihrer Tätigkeit teilgenommen haben, und alle anderen Personen, die den alliierten Zielen feindlich gegenüberstehen, sind aus den öffentlichen oder halb öffentlichen 20 Ämtern und von verantwortlichen Posten in wichtigen Privatunternehmungen zu entfernen. [...]
7. Das Erziehungswesen in Deutschland muss so überwacht werden, dass die nazistischen und militaristischen Lehrer völlig entfernt werden und 25 eine erfolgreiche Entwicklung der demokratischen Ideen möglich gemacht wird. [...]
9. Die Verwaltung Deutschlands muss in Richtung auf eine Dezentralisation [...] durchgeführt werden. 30

Zit. nach: R. Steininger, Deutsche Geschichte 1945–1961, Bd.1, Frankfurt/M. 1983, S. 75 ff.

Der Zusammenschluss von SPD und KPD – Unterschiedliche Sichtweisen

M 8 Gründung der SED

a) *Am 21. April 1946 erfolgte die Vereinigung der beiden Arbeiterparteien SPD und KPD zur SED. War es ein freiwilliger Zusammenschluss oder aber eine Zwangsfusion unter sowjetischem Druck? Das ist bis heute umstritten. Der Vorsitzende der West-SPD, Kurt Schumacher, äußerte sich im Beisein von Otto Grotewohl auf einer Konferenz von Sozialdemokraten aus allen Besatzungszonen in Wennigsen bei Hannover am 5. Oktober 1945:*

Wir deutschen Sozialdemokraten sind nicht britisch und nicht russisch, nicht amerikanisch und nicht französisch. Wir sind die Vertreter des deutschen arbeitenden Volkes und damit der deutschen Nation. […]
Im Sinne der deutschen Politik ist die Kommunistische Partei überflüssig. […]
Nachdem ihre Hoffnung, sich als führende Arbeiterpartei etablieren und zur einzigen Arbeiterpartei entwickeln zu können, von den Tatsachen so völlig unmöglich gemacht wird, muss sie nach dem großen Blutspender suchen. Das Rezept ist die Einheitspartei, die einen Versuch darstellt, der Sozialdemokratischen Partei eine kommunistische Führung aufzuzwingen.

Heinrich G. Ritzel, Kurt Schumacher, Reinbek 1972, S. 48.

b) *Im Dezember 1945 fand in Berlin eine gemeinsame Konferenz des Zentralausschusses der SPD und des Zentralkomitees der KPD mit Vertretern der beiden Parteien aus den Bezirken der SBZ statt, die folgende Entschließung verabschiedete:*

Es wird lebhaft begrüßt, dass die Wiedergeburt der politischen Freiheit in Deutschland nach dem Zusammenbruch des Hitlerregimes nicht unter dem verhängnisvollen Zeichen einer neuen Spaltung des schaffenden Volkes stand, sondern im hoffnungsfreudigen Zeichen der Zusammenarbeit zwischen den beiden Arbeiterparteien […].
Die während des ersten Weltkrieges offen zutage getretene Spaltung ist in den seither vergangenen drei Jahrzehnten zum größten Verhängnis für die Arbeiterbewegung geworden. Die Spaltung im antifaschistischen Lager hat den Machtantritt des Faschismus ermöglicht. Getrennt wurden die verschiedenen Flügel der Arbeiterbewegung geschlagen; und gespalten ging sie in die Illegalität. Alle Opfer des Hitlerterrors und alle Leiden und Schrecken des Hitlerkrieges wären umsonst gewesen, wenn nicht die Lehren aus der Vergangenheit gezogen und die Aktionseinheit aller antifaschistisch-demokratischen Kräfte hergestellt worden wäre. Eine Fortdauer der Spaltung hätte unvermeidlich zur Folge gehabt, dass sich die passiven Kräfte des schaffenden Volkes in gegenseitigem Hader erschöpften, statt auf die rasche Überwindung der Not, des Hungers und des Chaos gerichtet zu sein. […]

Gert Gruner und Manfred Wilke (Hg.), Sozialdemokraten im Kampf um die Freiheit, Die Auseinandersetzungen zwischen SPD und KPD in Berlin 1945/46, S. 193 ff.

c) *Der Sozialdemokrat Dieter Rieke beschreibt in seiner Autobiografie von 1999 einen Vorfall im Februar 1946. Dieter Rieke wurde 1948 vom sowjetischen Geheimdienst verhaftet, zu 25 Jahren Zwangsarbeit verurteilt und 1956 entlassen:*

An einem grauen Februartag saß ich zu Hause gerade beim Mittagessen, als ein Mann der Kriminalpolizei an unserer Haustür klingelte und mich aufforderte, zu einem Gespräch bei der Militärverwaltung mitzukommen. Wir gingen zu Fuß zu einem Gebäude […]. An der Wache wurde ich abgeliefert und zu einem Offizier im ersten Stock gebracht, der mich nicht sonderlich freundlich empfing und mich anwies, auf einem Stuhl mitten im Zimmer Platz zu nehmen.
Er begann in erstaunlich gutem Deutsch mit einem ausführlichen Verhör zu meiner Person, wobei ich spürte, dass der Major mit einem grünen Band an der Schirmmütze, also von der sowjetischen Geheimpolizei, über mich gut Bescheid wusste. Eher beiläufig fragte er mich zu meinen Bedenken in Sachen Einheitskampagne. Ich dachte, dass es jetzt für mich um Kopf und Kragen gehe, und versuchte, ihn mit den mir bekannten „Einheitsparolen" über Zweifel hinwegzutäuschen. […]
Am späten Nachmittag ließ er mich gehen. Ich hatte mich anfangs schon als Gefangener in den Kellern des NKWD/MWD [der sowjetischen Geheimpolizei] gesehen.
Benommen und dann doch etwas erleichtert ging ich nach Hause. Meine Frau empfing mich ganz aufgeregt; sie hatte schon meine Eltern alarmiert. Ich durfte ihr aber nichts über die Vernehmung erzählen und sagte nur, dass es um dienstliche

Belange gegangen sei. Das Gespräch mit dem Major steckte mir noch lange in den Knochen, und zum ersten Mal stellte ich fest, dass ich in einer schwierigen Situation meine tatsächliche Meinung verleugnen konnte. Ich fing an, mit doppeltem Boden zu denken und zu reden. Das hatte das kommunistische Regime leider schon geschafft.

Dieter Rieke, Geliebtes Leben. Erlebtes und Ertragenes zwischen den Mahlsteinen jüngster deutscher Geschichte, Berlin 1999, S. 81 f.

d) Aus einem Schreiben des Kreisvorstandes der SPD Osthavelland an den Zentralausschuss der SPD vom 25. März 1946:

Wir geben zu, dass auch wir und einzelne Ortsgruppen unseres Kreises im Anfangsstadium der Einheitsbestrebungen Misstrauen und Schwierigkeiten zu überwinden hatten, die sich aber bei näherer Betrachtung der Gründe für dieses Misstrauen in der Regel als persönliche und recht oft kleinliche Dinge herausstellten, welche nach offenherziger Aussprache in allen Fällen beseitigt werden konnten. Nach den bisher gemachten Erfahrungen mit unseren Freunden der KPD können wir mit Fug und Recht behaupten, dass auch sie mit anständigen und ehrlichen Absichten in diese Vereinigung gehen in der Erkenntnis, dass nur eine starke und geeinte Arbeiterschaft die Aufgabe erfüllen kann, die in der heutigen Zeit des Wiederaufbaus gefordert werden muss. […] Die Mitglieder des Kreises Osthavelland fordern den sofortigen Zusammenschluss der beiden Arbeiterparteien und werden in der heute Nachmittag stattfindenden gemeinsamen Delegiertentagung den Zusammenschluss für den Kreis Osthavelland beschließen, um damit den Berliner Zweiflern den Beweis zu erbringen, dass sie mit ihrer irreführenden Meinung allein dastehen.

Andreas Malycha, Auf dem Weg zur SED. Die Sozialdemokratie und die Bildung einer Einheitspartei in den Ländern der SBZ, S. 416.

M 9 „Wählt SED" Plakat der SED, nach 1946

Aufgaben

1. Die Konferenz von Potsdam
a) Erläutere die Rolle der Alliierten im Nachkriegsdeutschland.
b) Ermittle die Einstellungen Trumans und Stalins gegenüber Deutschland.
c) Fasse die aufgeführten Ergebnisse der Potsdamer Konferenz zusammen und ordne sie den „5 Ds" zu. → Text, M3, M6, M7

2. Die sowjetische Besatzungspolitik
a) Stelle die grundlegenden Ziele der sowjetischen Besatzungsmacht dar und vergleiche sie mit den Zielsetzungen der Amerikaner.
b) Beurteile den Erfolg der Bodenreform. Berücksichtige politische, wirtschaftliche und gesellschaftliche Aspekte. → Text, M4

3. Die Gründung der SED
a) Fasse die in den einzelnen Texten jeweils zum Ausdruck kommende Einstellung gegenüber der geplanten Vereinigung von KPD und SPD zur SED knapp zusammen.
b) Beurteile die Glaubwürdigkeit der Quellen.
c) Erläutere die einzelnen Elemente des Plakats.
d) Nimm Stellung zu folgender Behauptung: „Die Vereinigung von KPD und SPD war eine Zwangsvereinigung. Die Arbeiterschaft wollte keine Einheitspartei."
→ Text, M8, M9

Deutschland – Von der Teilung zur Wiedervereinigung

Die Entnazifizierung

Mit dem Begriff „Entnazifizierung" beschrieben die Alliierten ihr gemeinsames Ziel, autoritäre Traditionen und nationalsozialistische Überzeugungen der Deutschen und Österreicher auszulöschen. Erste Schritte waren das Verbot der NSDAP und ihrer Unterorganisationen sowie die Aufhebung von Gesetzen, die das nationalsozialistische Regime gestützt hatten. Alle NS-Symbole mussten aus der Öffentlichkeit verschwinden. Denkmale wurden abmontiert, Bücher geschwärzt, zahlreiche Straßen und Schulen umbenannt.

Die strafrechtliche Verfolgung von NS-Verbrechern konnte nur auf einer neuen rechtlichen Grundlage geschehen. Kriegsverbrechen, Verbrechen gegen den Frieden und die Menschlichkeit wurden von den Alliierten mit Todes-, Haft- Geld- oder Ehrenstrafen geahndet. Über konkrete Ziele der politische Umerziehung und Säuberung waren sich die Siegermächte uneins. Die Folge war ein unterschiedliches Vorgehen in den jeweiligen Besatzungszonen.

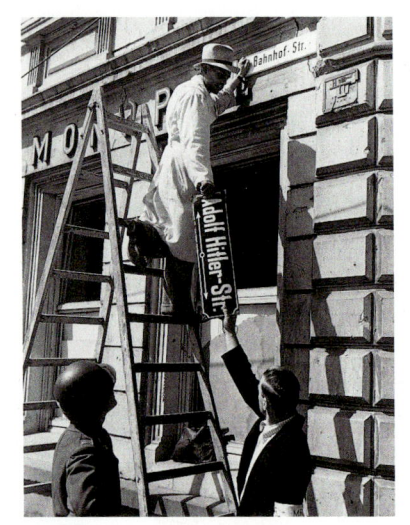

M 1 Entnazifizierung
Unter Aufsicht eines US-Soldaten erhält die Adolf-Hitler-Straße in Trier am 12. Mai 1945 wieder ihren ursprünglichen Namen.

Die Nürnberger Prozesse

Als erstes internationales Gericht nahm das internationale Militärtribunal (IMT) am 20. November 1945 in Nürnberg seine Arbeit auf. In einer Reihe von Prozessen, an denen alle vier Siegermächte beteiligt waren, wurden bis 1949 führende Nationalsozialisten und Führungseliten des NS-Regimes angeklagt. Der erste Prozess gegen 24 prominente NS-Hauptkriegsverbrecher erlangte eine breite mediale Aufmerksamkeit. Die Urteile wurden am 1. Oktober 1946 gefällt: Zwölf Todesurteile, sieben Haftstrafen zwischen lebenslänglich und zehn Jahren sowie drei Freisprüche. NS-Organisationen wie die SS, SD, Gestapo sowie Führungsämter der NSDAP wurden als verbrecherische Organisationen eingestuft. Dies galt nicht für die Wehrmachtsführung, deren Schuld in Einzelverfahren geprüft werden sollte. Der Mythos von einer „sauberen Wehrmacht" hatte hier seinen Ursprung, mit dem sich vielfach Wehrmachtsangehörige zu entlasten suchten.

M 2 Die Angeklagten vor dem Hauptkriegsverbrecherprozess
In den vorderen beiden Reihen die Verteidiger, in der Reihe dahinter von links: Hermann Goering, Rudolf Hess, Joachim v. Ribbentrop, Wilhelm Keitel, Ernst Kaltenbrunner, Alfred Rosenberg, Hans Frank, Wilhelm Frick, Julius Streicher, Walther Funk, Hjalmar Schacht; dahinter von links: Karl Dönitz, Erich Raeder, Baldur v. Schirach, Fritz Sauckel, Alfred Jodl, Franz v. Papen, Arthur Seyss-Inquart, Albert Speer, Konstantin Freiherr v. Neurath, Hans Fritzsche; Hitler und Goebbels hatten Selbstmord begangen, Nürnberg 1.10.1946.

M 3 „Justitia"
Karikatur zum Nürnberger Prozess von 1946

Vorgehen in den westlichen Besatzungszonen

Entnazifizierung und Umerziehung waren in der amerikanischen Zone im Vergleich zu den anderen Westzonen bis 1947 besonders umfassend. Für Verdächtige und Täter wurden in allen westlichen Zonen Internierungslager errichtet. Bei der Übergabe der Lager an die deutsche Verwaltung 1947 waren viele Internierte bereits entlassen.

Für alle Deutschen war ein schematisches Verfahren vorgesehen, das den Grad der Verstrickung in das NS-Regime sowie die persönliche Schuld mit Hilfe eines Fragebogens klären sollte. Auf der Grundlage von 13 Millionen Befragungen wurden Spruchkammerverfahren durchgeführt. Hier urteilten bis Ende 1949 deutsche Laien und unbelastete Juristen in über 2,5 Millionen Einzelfällen. Dabei gab es fünf Kategorien: Hauptschuldige, Belastete, Minderbelastete, Mitläufer und Entlastete. Unter zwei Prozent der Angeklagten wurden als Hauptschuldige und Belastete eingestuft. Mehr als die Hälfte galten als Mitläufer, in einem Drittel der Fälle wurde das Verfahren eingestellt. Die Verfahren waren umstritten, da hier im Gegensatz zur üblichen Rechtspraxis die Beschuldigten ihre Unschuld mit entlastenden Zeugenaussagen belegen mussten. Diese nannte der Volksmund „Persilscheine".

Neben die Bestrafung trat die „Reeducation": Die Deutschen sollten zu Demokraten „umgezogen" werden. Erstmals sahen Deutsche Filme über Konzentrationslager. Die abschreckende Wirkung der gezeigten Gräueltaten, Hoffnung auf eine bessere Zukunft an der Seite Amerikas und faszinierende kulturelle Angebote sollten die Deutschen für die Demokratie gewinnen. Ab 1947 gaben die Westalliierten den Versuch einer systematischen Bestrafung auf. Angesichts wachsender Spannungen zwischen den USA und der Sowjetunion galt Deutschland als künftiger Verbündeter, den man nicht unnötig brüskieren wollte.

Vorgehen in der Sowjetischen Besatzungszone (SBZ)

Die Entnazifizierung in der SBZ verfolgte unter dem Deckmantel des „antifaschistisch-demokratischen Staatsaufbaus" zwei Ziele: Die Bestrafung von NS-Tätern und die Ausschaltung politischer Gegner. Massenhafte Entlassungen von Beamten und Angestellten des öffentlichen Dienstes sollten NS-Eliten beseitigen, was gravierende personelle Engpässe zur Folge hatte. Den politischen Einfluss auf das Justiz- und Bildungswesen sicherte sich die Besatzungsmacht durch die Einstellung unbelasteter und politisch verlässlicher „Volksrichter" und „Neulehrer", die meist völlig unzureichend qualifiziert waren.

Auf dem Gebiet der SBZ errichtete der sowjetische Geheimdienst NKWD Speziallager. In Buchenwald und Sachsenhausen wurden dafür Gebäude ehemaliger Konzentrationslager genutzt. Zwischen 1945 und 1950 waren in der SBZ in diesen Lagern und Gefängnissen etwa 170 000 Menschen interniert. Aufgrund der katastrophalen Haftbedingungen starb ein Drittel. Im Unterschied zu den Westzonen wurden in den Speziallagern der SBZ neben tatsächlichen und vermeintlichen NS-Verbrechern auch politische Gegner interniert.

Obwohl die Staatsführung der 1949 auf dem Gebiet der SBZ gegründeten Deutschen Demokratischen Republik (DDR) den „antifaschistischen Neuanfang" immer als Erfolg darstellte, gelangten in beiden deutschen Staaten ehemalige NSDAP-Mitglieder in Spitzenämter.

M 4 Speziallager Buchenwald
Nummerierte Stelen aus Edelstahl erinnern an die Toten, Foto von 2012.

Das Entnazifizierungsverfahren gegen Richard Aeckerle – Eine Fallstudie

M 5 Meldebogen

Vorder- und Rückseite, von Richard Aeckerle aus Ludwigsburg in der amerikanischen Besatzungszone, 1947. Aeckerle war als Kreisleiter der Deutschen Arbeitsfront (DAF) u. a. 1941 an der Demütigung von Frauen beteiligt, die Beziehungen mit französischen Kriegsgefangenen geführt hatten und denen daraufhin „Rassenschande" vorgeworfen wurde.

M 6 Spruch einer Spruchkammer

gegen Richard Aeckerle, amerikanische Besatzungszone, 1948

Die Schuldfrage – Quellen vergleichen

M 7 **Plakat** aus der britischen und amerikanischen Besatzungszone

M 8 **Die Schuldfrage**

In einer Vorlesungsreihe setzte sich der Philosoph Karl Jaspers mit der „Schuldfrage" auseinander:

Jener Satz: „Das ist eure Schuld" kann bedeuten: Ihr haftet für die Taten des Regimes, das ihr geduldet habt – hier handelt es sich um unsere politische Schuld. Es ist eure Schuld, dass ihr darüber
5 hinaus dies Regime unterstützt und mitgemacht habt – darin liegt unsere moralische Schuld. Es ist eure Schuld, dass ihr untätig dabei standet, wenn die Verbrechen getan wurden – da deutet sich eine metaphysische Schuld an. Diese drei Sätze halte ich für wahr. […] 10
Weiter kann „Das ist eure Schuld" bedeuten: Ihr seid Teilnehmer an jenen Verbrechen, daher selbst Verbrecher. Das ist für die überwiegende Mehrzahl der Deutschen offenbar falsch.

Karl Jaspers, Die Schuldfrage, in: ders, Erneuerung der Universität. Reden und Schriften 1945/46, Heidelberg 1985, S. 151.

Aufgaben

1. **Die Entnazifizierung**
   a) Erläutere die Ziele, die die Alliierten mit der Entnazifizierung verbanden.
   b) Vergleiche die Entnazifizierungsmethoden in den Besatzungszonen. → Text, M7
2. **Eine Fallstudie**
   a) Untersuche Aeckerles Meldebogen und nenne die Angaben, die erfasst wurden.
   b) Arbeite den Eindruck heraus, den Aeckerle erwecken wollte.
   c) Erläutere die rechtliche Grundlage des Urteils der Spruchkammer und nimm dazu Stellung.
   d) Recherchiere die Bedeutung des Begriffs „Sühnemaßnahmen" und sammle weitere Informationen zum Fall Richard Aeckerle.
   → M5, M6, Internet: www.landesarchiv-bw.de/web/45248
3. **Die Schuldfrage – Quellen vergleichen**
   a) Erläutere die Absicht des Plakates.
   b) Erläutere die Aspekte von Schuld, die Karl Jaspers unterscheidet.
   c) Setze dich mit der Meinung von Karl Jaspers auseinander.
   → M7, M8

Die doppelte Staatsgründung

Zwei deutsche Staaten

„Es wächst zusammen, was zusammengehört." – Diese Worte des früheren Bundeskanzlers Willy Brandt nach dem Mauerfall 1989 bezogen sich auf die beiden deutschen Staaten: die Bundesrepublik Deutschland und die Deutsche Demokratische Republik. Denn der Kalte Krieg zwischen den USA und der Sowjetunion hatte in Deutschland unmittelbare Auswirkungen: In der Bundesrepublik entstand eine freiheitlich-demokratische Staatsordnung mit sozialer Marktwirtschaft. Die DDR hingegen errichtete eine Parteidiktatur und eine sozialistische Staats- und Gesellschaftsordnung. Wie kam es zu der doppelten Staatsgründung, obwohl Deutschland gemäß der Potsdamer Konferenz als politische Einheit behandelt werden sollte?

Wichtige Vorentscheidungen

Ehe es zur Gründung beider deutscher Staaten kam, fielen wichtige Vorentscheidungen. So herrschte in den drei Westzonen eine Marktwirtschaft mit gemeinsamer Währung. Die Sowjetzone hingegen leitete eine Bodenreform ein und verstaatlichte Industrie und Handel, was die Besitzverhältnisse in der Landwirtschaft und im industriellen Sektor entscheidend veränderte.

Schließlich offenbarte die Berlin-Blockade unüberbrückbare Gegensätze. Sie verstärkten bei den Westalliierten den Wunsch, ihr Besatzungsgebiet gegen die Sowjetzone abzugrenzen und einen westdeutschen Staat auf demokratischer Basis zu errichten. Entscheidende Impulse, die zur deutschen Teilung führten, kamen also von außen.

Auf dem Weg zum „Weststaat"

Im Frühjahr 1948 beschloss die Londoner Sechs-Mächte-Konferenz, an der neben den Westalliierten auch die Benelux-Staaten teilnahmen, einen westlichen Teilstaat zu gründen. Die westdeutschen Ministerpräsidenten erhielten im Juli 1948 mit den „Frankfurter Dokumenten" den Auftrag, eine verfassunggebende Versammlung einzuberufen mit dem Ziel, eine demokratische Verfassung auszuarbeiten. Der Verfassungsentwurf sollte anschließend der westdeutschen Bevölkerung zur Abstimmung vorgelegt werden.

Die westdeutschen Ministerpräsidenten fürchteten, dass eine separate Staatsgründung die deutsche Teilung zementieren würde, und betonten, dass nur eine provisorische Staatsgründung möglich sei. Um dies zum Ausdruck zu bringen, wurde nur ein „Parlamentarischer Rat" eingesetzt, der aus Vertretern der westdeutschen Landtage bestand. Anstelle einer Volksabstimmung stimmten die Landtage über die künftige Verfassung ab, die man als Grundgesetz bezeichnete.

Die Erarbeitung des Grundgesetzes

Der Parlamentarische Rat tagte vom September 1948 bis Mai 1949 in Bonn und erarbeitete das „Grundgesetz der Bundesrepublik Deutschland". Von den 65 Mitgliedern gehörten jeweils 27 der CDU/CSU und SPD an. Ferner erhielten die Liberalen fünf, die Deutsche Partei, das Zentrum und die KPD je zwei Sitze.

M 1 Wahlplakate
Die Plakate stammen aus der Zeit zwischen 1945 und 1949.

M 2 „Alle wählen die Liste der Nationalen Front"
Plakat von 1953

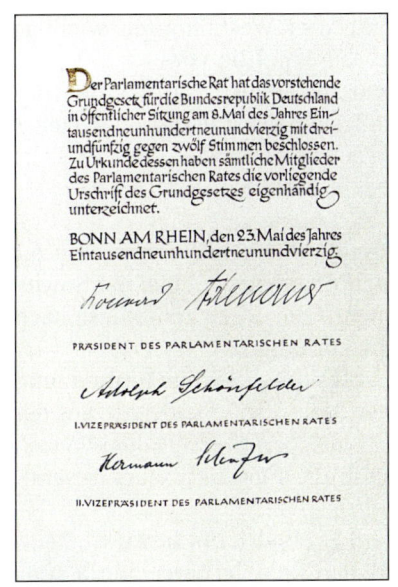

M 3 Das Grundgesetz
Letzte Seite der Urschrift

Als Grundlage der Beratungen diente ein Entwurf, den ein Verfassungskonvent auf der bayerischen Insel Herrenchiemsee erarbeitet hatte. Aufgrund der Erfahrung mit dem Nationalsozialismus stellte das Grundgesetz die Menschen- und Grundrechte an die Spitze. Sie gelten als Kern der Verfassung und dürfen nicht verändert werden. Dazu zählen auch die vier Grundprinzipien Demokratie, Föderalismus, Sozialstaat und Rechtsstaat.

Ausgehend von den negativen Erfahrungen der Weimarer Verfassung nahm der Parlamentarische Rat einige grundsätzliche Veränderungen vor. So wurde der Schutz vor Verfassungsfeinden gestärkt. Um eine unklare politische Situation zu verhindern, ist die Abwahl des Bundeskanzlers nur durch ein „konstruktives Misstrauensvotum", also die gleichzeitige Wahl eines neuen Regierungschefs, möglich. Der Bundespräsident hat im Gegensatz zum Reichspräsidenten der Weimarer Republik lediglich repräsentative Aufgaben und keine exekutive Macht. Es sollte also – anders als in Weimar – ein möglichst stabiles Regierungssystem entstehen.

Auch wenn Einigkeit darin bestand, dass die Bundesrepublik föderalistisch aufgebaut sein sollte, war umstritten, wie weit die Einflussnahme der Bundesländer auf die Bundesgesetzgebung und die Machtbefugnisse der Länder gehen sollte. Ein Beitritt der deutschen Ostgebiete wurde ausdrücklich offengehalten.

Die Gründung der Bundesrepublik Deutschland

Am 8. Mai 1949 stimmte der Parlamentarische Rat mit 53 gegen 12 Stimmen für die Annahme des Grundgesetzes, das anschließend von allen westdeutschen Landtagen außer dem bayerischen angenommen wurde. Nach seiner Verkündung am 23. Mai 1949 trat die provisorische westdeutsche Verfassung in allen drei Westzonen in Kraft. Dennoch erlangte die Bundesrepublik noch nicht die volle Souveränität.

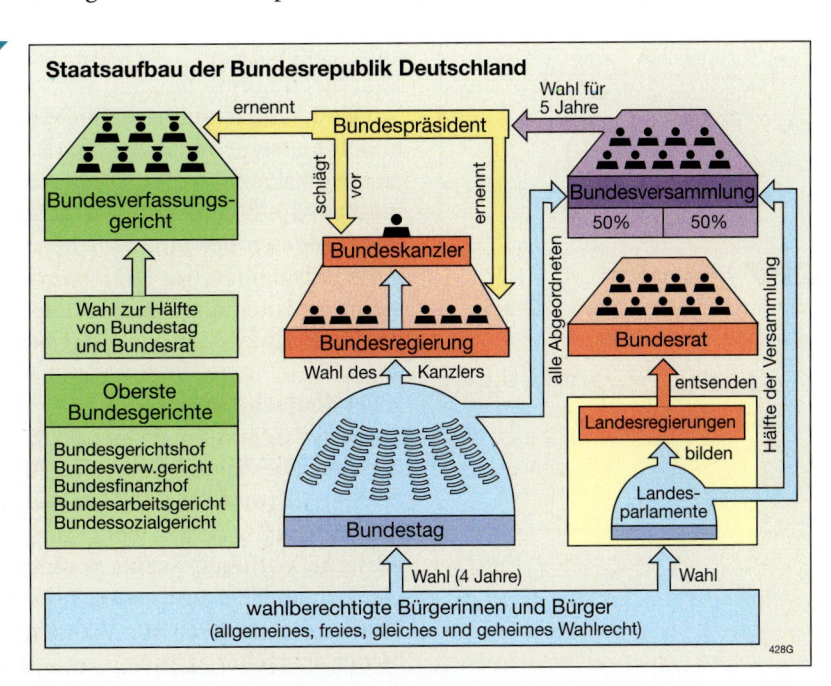

M 4 Staatsaufbau der Bundesrepublik Deutschland

Deutschland – Von der Teilung zur Wiedervereinigung

M 5 Stimmzettel zur Wahl des ersten Bundestags am 14.08.1949

M 6 Stimmzettel Wahl zum 3. Deutschen Volkskongress, 15./16.05.1949

Im Besatzungsstatut behielten sich die drei Westalliierten wichtige Zuständigkeiten wie zum Beispiel die Außenpolitik vor.

Nach der ersten Bundestagswahl am 14. August 1949 wurde Konrad Adenauer (CDU) zum ersten Bundeskanzler und Theodor Heuss (FDP) zum ersten Bundespräsidenten gewählt.

Auf dem Weg zum „Oststaat"

Angesichts des Ost-West-Konflikts entschloss sich die Sowjetunion zur Gründung eines zweiten deutschen Staates auf dem Gebiet der Sowjetischen Besatzungszone. Doch versuchte die SED zumindest nach außen, den Einheitsgedanken aufrechtzuerhalten.

Ende 1947 trat ein „Deutscher Volkskongress für Einheit und gerechten Frieden" in Berlin zusammen, dem 1551 Delegierte aus der Sowjetzone und 664 meist kommunistische Vertreter aus dem Westen angehörten. Dieser Volkskongress hatte die Funktion eines gesamtdeutschen Vorparlaments.

Ein zweiter Volkskongress setzte im Frühjahr 1948 einen „Deutschen Volksrat" ein, der im März 1949 den Entwurf einer „Verfassung für die Deutsche Demokratische Republik" (DDR) verabschiedete.

Die Verfassung der DDR

Die erste DDR-Verfassung lehnte sich stark an die Verfassung der Paulskirche von 1849 und die Weimarer Verfassung an. Insofern fanden sich in beiden deutschen Verfassungen Übereinstimmungen. Allerdings wich die Verfassungswirklichkeit in der DDR stark vom Verfassungstext ab. So konnten DDR-Bürger das verfassungsmäßig verbürgte Streik- und Demonstrationsrecht nicht ausüben.

Auch die Wahlen zum 3. Volkskongress im Mai 1949 waren nicht frei, da die SED alle Kandidaten der Parteien und Massenorganisationen selbst bestimmte. Die Parteien wurden gezwungen, sich zu einem „antifaschistischen Block" zusammenzuschließen. Zur Wahl stand nur eine „Einheitsliste", auf der die Wähler lediglich „Ja" oder „Nein" ankreuzen konnten.

Der 3. Volkskongress billigte die Verfassung am 29. Mai 1949 und bildete aus seinen Reihen einen 2. Volksrat, der sich am 7. Oktober 1949 zur „Volkskammer der DDR" erklärte. Die erste Volkskammerwahl fand am 15. Oktober statt. Daneben wurden eine Länderkammer mit Abgeordneten der fünf östlichen Länder und eine Regierung gebildet. Zum Präsidenten der DDR wurde Wilhelm Pieck gewählt, zum Ministerpräsidenten Otto Grotewohl, beide Mitglieder der SED. Damit war die DDR als zweiter deutscher Staat gegründet.

Zwei deutsche Staaten

Trotz der Gründung zweier deutscher Staaten blieb die Hoffnung auf die deutsche Einheit lebendig. Allerdings entwickelten sich die Bundesrepublik und die DDR im Zeichen des Ost-West-Konflikts und des Kalten Krieges immer weiter auseinander. Schon bald trennte sie der „Eiserne Vorhang" – eine waffenstarrende Grenze, die mitten durch Deutschland lief und jeden Kontakt verwehrte. Erst 40 Jahre später öffnete sich ein Weg zur Vereinigung und zum „Zusammenwachsen" beider deutscher Staaten.

„Männer und Frauen sind gleichberechtigt" – Die Entstehung eines Grundgesetzartikels

M 7 Eine Stellungnahme

a) Im Parlamentarischen Rat, der verfassungsgebenden Versammlung, befanden sich 61 Männer und 4 Frauen, darunter Elisabeth Selbert. In den Beratungen zu Artikel 3 GG führte sie im Dezember 1948 aus:

Es ist eine Selbstverständlichkeit, dass man […] den Frauen die Gleichberechtigung auf allen Gebieten geben muss. Die Frau soll nicht nur in staatsbürgerlichen Dingen gleichstehen, sondern muss auf allen
5 Rechtsgebieten dem Manne gleichgestellt werden. Die Frau, die während der Kriegsjahre auf den Trümmern gestanden und den Mann an der Arbeitsstelle ersetzt hat, hat heute einen moralischen Anspruch darauf, so wie der Mann bewertet zu wer-
10 den. […] Sollte der Artikel in dieser Fassung heute wieder abgelehnt werden, so darf ich Ihnen sagen, dass in der gesamten Öffentlichkeit die maßgeblichen Frauen wahrscheinlich dazu Stellung nehmen werden, und zwar derart, dass unter Umstän-
15 den die Annahme der Verfassung gefährdet ist. […] Alle ‚Aber' sollten hier ausgeschaltet sein, da mit den Stimmen der Frauen als Wählerinnen als denjenigen Faktoren gerechnet werden muss, die für die Annahme der Verfassung[1] ausschlaggebend
20 sind, nachdem wir in Deutschland einen Frauenüberschuss von 7 Millionen haben und wir auf 100 männliche Wähler 170 weibliche Wähler rechnen.

1 Das Abstimmungsverfahren war zu diesem Zeitpunkt noch in der Diskussion.

Zitiert nach: Böttger, Barbara, Das Recht auf Gleichheit und Differenz, Münster 1990, S. 184 f.

b) Nachdem der Selbert-Vorschlag zwei Mal abgelehnt worden war, verstärkten sich die Eingaben an den Parlamentarischen Rat. Folgende Eingabe stammt vom Betriebsrat der Firma Henschel in Kassel:

Hat man in Bonn die völlig veränderte Situation der heutigen Frauen übersehen? Glaubt der parlamentarische Rat vertreten zu können, dass eine verheiratete Frau und solche, die mit ihrer Hände Arbeit
5 ein neues Leben aus dem Chaos aufbauen, weniger Rechte besitzen soll als ein Jüngling von 21 Jahren? […] Sieht man in den Frauen nach all diesen Jahren der bitterer Erfahrung und der durchgestandenen Not ein unselbstständiges, urteilsloses Wesen?

Zitiert nach: Böttger, Barbara, a. a. O, S. 202.

M 8 Dr. Elisabeth Selbert
Rechtsanwältin, SPD-Politikerin, Mitglied des Parlamentarischen Rates, Foto von 1948/49

c) Für Artikel 3 GG standen im Parlamentarischen Rat folgende Formulierungen zur Diskussion: „Männer und Frauen haben dieselben staatsbürgerlichen Rechte und Pflichten", „Der Gesetzgeber muss Gleiches gleich, Verschiedenes in seiner Eigenart behandeln" sowie „Männer und Frauen sind gleichberechtigt". Das Ergebnis der Beratung liegt mit Artikel 3 GG vor:

Artikel 3
[Gleichheit vor dem Gesetz; Gleichberechtigung von Männern und Frauen; Diskriminierungsverbote]
(1) Alle Menschen sind vor dem Gesetz gleich.
5
(2) Männer und Frauen sind gleichberechtigt. Der Staat fördert die tatsächliche Durchsetzung der Gleichberechtigung von Frauen und Männern und wirkt auf die Beseitigung bestehender Nachteile hin.
10
(3) Niemand darf wegen seines Geschlechts, seiner Abstammung, seiner Rasse, seiner Sprache, seiner Heimat und Herkunft, seines Glaubens, seiner religiösen oder politischen Anschauungen benachteiligt oder bevorzugt werden. Niemand darf wegen 15 seiner Behinderung benachteiligt werden.

Grundgesetz für die Bundesrepublik, Artikel 3, Stand 1995.

Deutschland – Von der Teilung zur Wiedervereinigung

Regierungserklärungen – Arbeiten mit Textquellen

M 9 Konrad Adenauer und Otto Grotewohl

a) *Regierungserklärung des Bundeskanzlers Konrad Adenauer vor dem Deutschen Bundestag am 21. Oktober 1949:*

In der Sowjetunion wurden schon im Jahre 1945 im Gegensatz zu den drei anderen Zonen Zentralverwaltungen eingerichtet, die den unverkennbaren Zweck hatten, die ganze sowjetische Zone staatlich einheitlich zu organisieren. […]
Die wirtschaftliche und die politische Trennung der Sowjetzone von dem übrigen Deutschland wurde weiter gefördert durch die Einsetzung des sogenannten Ersten Volkskongresses am 6. Dezember 1947, die Einberufung des Zweiten Volkskongresses am 18. März 1948, die Schaffung eines Volksrats am gleichen Tag, die Erteilung des Auftrags an den Volksrat, eine Verfassung auszuarbeiten, und schließlich durch die Verabschiedung dieser Verfassung durch den Volksrat am 19. März 1949.
Diese Volkskongresse sind nicht aus Wahlen, das heißt aus freien Wahlen, an denen sich jeder hätte frei beteiligen können, hervorgegangen. Für den Dritten Volkskongress durfte nur eine Einheitsliste aufgestellt werden. Die in der vom Volksrat beschlossenen Verfassung vom 19. März 1949 vorgesehenen Wahlen für eine Volkskammer wurden nicht abgehalten. Der Volksrat etablierte sich am 7. Oktober 1949 im Widerspruch mit der von ihm selbst beschlossenen Verfassung als provisorische Volkskammer. Gleichzeitig wurde erklärt, dass Wahlen, die schon mehrfach in Aussicht gestellt waren, bis zum 15. Oktober 1950 verschoben würden. […]
Es wird niemand behaupten können, dass die nunmehr geschaffene Organisation der Sowjetzone auf dem freien Willen der Bevölkerung dieser Zone beruht.
Sie ist zustande gekommen auf Befehl Sowjetrusslands und unter Mitwirkung einer kleinen Minderheit ihm ergebener Deutscher. […]
Die Bundesrepublik Deutschland stützt sich dagegen auf die Anerkennung durch den frei bekundeten Willen von rund 25 Millionen stimmberechtigter Deutscher. Die Bundesrepublik Deutschland ist somit bis zur Erreichung der deutschen Einheit insgesamt die alleinige legitimierte staatliche Organisation des deutschen Volkes.

b) *Regierungserklärung von Ministerpräsident Otto Grotewohl am 12. Oktober 1949 vor der Provisorischen Volkskammer der DDR:*

Die Handlungen der Regierung werden durch nichts anderes bestimmt als durch die vom Deutschen Volksrat beschlossene, vom 3. Deutschen Volkskongress bestätigte und durch die Volkskammer in Kraft gesetzte Verfassung der Deutschen Demokratischen Republik. Die Regierung geht aus der ersten unabhängigen deutschen Volksbewegung hervor, sie ist damit die erste unabhängige deutsche Regierung. Durch ihre Herkunft aus dem deutschen Volke selbst unterscheidet sie sich schon von der aufgrund der Bonner Verfassung errichteten westdeutschen Separatregierung. Die Bonner Verfassung ist nur die Ausführungsbestimmung des Besatzungsstatuts der westlichen Alliierten. Der in Westdeutschland errichtete Verfassungszustand ist keineswegs als der Ausdruck einer eigenen deutschen politischen Willensbildung anzuerkennen. Der westdeutsche Sonderstaat ist nicht in Bonn, sondern in London entstanden. Bonn hat nur die Londoner Empfehlungen, die in Wahrheit Befehle der westlichen Alliierten waren, ausgeführt. Der nunmehr in die Volkskammer umgewandelte frühere Deutsche Volksrat hat wiederholt Vorschläge an die westdeutschen Politiker ergehen lassen, eine gemeinsame politische Plattform für eine demokratische Willensbildung in ganz Deutschland zu schaffen. Sie haben in Westdeutschland diesen demokratischen Weg abgelehnt und glauben, mit den Methoden einer maßlosen Hetze und Verleumdung gegen die Sowjetunion und gegen die sowjetische Besatzungszone weiterzukommen. […] Die westdeutschen Politiker, die westlichen Alliierten und darüber hinaus die Weltöffentlichkeit werden sich davon überzeugen müssen, dass nur dann, wenn dem deutschen Volke das Recht auf die staatliche Selbstbestimmung eingeräumt wird, das Deutschlandproblem gelöst werden kann. […]
Der westdeutsche Separatstaat weist schon in seiner Geburtsstunde alle Krankheitszeichen eines politischen Wechselbalges und einer Krisis auf, er kann darum vor dem Urteil der Geschichte nicht bestehen.

Aus: Weber, Jürgen, Die Gründung des neuen Staates 1949, München 1981, S. 292 ff.

Nationale Symbole

M 10 Die Flagge der Bundesrepublik
Die Farben – Schwarz, Rot, Gold – gehen auf die deutsche Nationalbewegung des 19. Jahrhunderts zurück. 1949 wurden diese Farben in die Nationalflagge der Bundesrepublik Deutschland und am 3. Oktober 1990 für das geeinte Deutschland übernommen.

M 11 Die Flagge der DDR
Bis 1959 waren die Flaggen der Bundesrepublik und der DDR identisch. Um die Eigenständigkeit der DDR zu betonen, wurde seit 1959 das Staatswappen der DDR in die Flagge eingesetzt. Der Ährenkranz repräsentiert die Bauern, der Hammer die Arbeiter, der Zirkel Industrie und Technik.

M 12 Die Nationalhymnen

a) Der Text der bundesdeutschen Nationalhymne entspricht der dritten Strophe des „Liedes der Deutschen", das August Heinrich Hoffmann von Fallersleben 1841 dichtete:

Einigkeit und Recht und Freiheit
für das deutsche Vaterland!
Danach lasst uns alle streben
brüderlich mit Herz und Hand!
Einigkeit und Recht und Freiheit
sind des Glückes Unterpfand.
Blüh' im Glanze dieses Glückes,
blühe, deutsches Vaterland!

b) 1. Strophe der DDR-Nationalhymne. Johannes R. Becher schrieb den Text, die Melodie komponierte Hanns Eisler. Ab 1973 wurde nur noch die Melodie gespielt:

Auferstanden aus Ruinen
und der Zukunft zugewandt,
lass uns dir zum Guten dienen,
Deutschland, einig Vaterland.
Alle Not gilt es zu zwingen
und wir zwingen sie vereint,
denn es muss uns doch gelingen,
dass die Sonne schön wie nie
über Deutschland scheint.

Aufgaben

1. **Die Gründung zweier deutscher Staaten**
   a) Erläutere den Weg der Gründung beider deutscher Staaten.
   b) Beurteile folgende Aussage: „Die Spaltung Deutschlands war ein Resultat des Kalten Krieges."
   → Text, M3, M4

2. **„Männer und Frauen sind gleichberechtigt"**
   a) Erläutere die Unterschiede der vorgeschlagenen Formulierungen für Art. 3 GG.
   b) Erkläre die Begründung des Vorschlags von Elisabeth Selbert.
   c) Beurteile die Resonanz der Diskussion in der Öffentlichkeit.
   → M7

3. **Regierungserklärungen – Arbeiten mit Textquellen**
   a) Vergleiche die Regierungserklärungen von Adenauer und Grotewohl und stelle die zentralen Aussagen in einer Übersicht dar.
   b) Beurteile die eingesetzten sprachlichen Mittel.
   → M9

Die Bundesrepublik in den Fünfzigerjahren

Die „Ära Adenauer"

Konrad Adenauer (1876–1967) gehörte zu einer Politikergeneration, die in ihrem Leben viele politische Umbrüche erlebt hat: Kaiserreich, Weimarer Republik, NS-Diktatur, Bundesrepublik Deutschland.

In der ersten deutschen Demokratie zwischen 1919 und 1933 besaß Adenauer bereits politischen Einfluss, war er doch Oberbürgermeister von Köln und zugleich Präsident des Preußischen Staatsrates. Nach dem Zusammenbruch des Naziregimes zählte er zu den Mitbegründern der CDU im Rheinland. Im Alter von 73 Jahren wurde er 1949 erster Bundeskanzler der Bundesrepublik und behielt das Amt bis 1963, also 14 Jahre lang.

In dieser Zeit festigte sich die Demokratie und die Bundesrepublik erlebte einen enormen wirtschaftlichen Aufschwung, der auf einer Sozialen Marktwirtschaft basierte. Außenpolitisch gelang es Adenauer, die Bundesrepublik fest in der westlichen Staatenwelt zu verankern: wirtschaftlich in der EWG und militärisch in der NATO. Weil er diese Phase der Bundesrepublik entscheidend prägte, werden die Fünfzigerjahre auch als „Ära Adenauer" bezeichnet.

„Kanzlerdemokratie"

Aus der ersten Bundestagswahl im August 1949 ging die CDU/CSU knapp vor der SPD als Sieger hervor. Adenauer bildete eine Koalition aus CDU/CSU, FDP und DP. Vier Jahre später benötigte er nur noch die FDP als Koalitionspartner. 1957 errang die CDU/CSU unter Adenauer sogar die absolute Mehrheit im Bundestag.

Ausschlaggebend für diesen Erfolg waren Adenauers starke Persönlichkeit, sein Regierungsstil und seine Politik. Sie beruhte auf einem Machtverständnis, das sich auf einen autoritären Führungsstil stützte. So nutzte Adenauer als Bundeskanzler die im Grundgesetz festgelegte Richtlinienkompetenz, um wichtige Entscheidungen auch gegen seine Minister durchzusetzen. Das Kanzleramt wurde unter seiner Führung zur Machtzentrale ausgebaut. Daher spricht man auch von einer Kanzlerdemokratie.

Nach den Erfahrungen mit der instabilen Weimarer Republik fand dieser Regierungsstil breite Zustimmung in der Bevölkerung.

Herrschaft der Parteien

In den Fünfzigerjahren entwickelte sich die CDU/CSU zu einer Volkspartei, die alle Wählerschichten ansprach. Bei der SPD führten die Wahlniederlagen der Fünfzigerjahre zu einer Umorientierung – weg von einer sozialistisch geprägten Arbeiterpartei, hin zu einer reformorientierten sozialen Volkspartei. Dieser neue Kurs schlug sich 1959 im Godesberger Programm nieder.

Zur Etablierung eines Drei-Parteien-Systems im Bundestag trug die Einführung einer 5-Prozent-Hürde bei. Auch gab es die Möglichkeit, verfassungsfeindliche Parteien vom Bundesverfassungsgericht verbieten zu lassen, wie 1952 die SRP und 1956 die KPD. Entscheidenden Anteil an der Akzeptanz der Parteien hatten aber die wirtschafts- und sozialpolitischen Weichenstellungen, die von der Bundesregierung in den Fünf-

M 1 „Keine Experimente" Wahlplakat der CDU von 1957

zigerjahren getroffen wurden. Sie trugen wesentlich dazu bei, dass sich in Westdeutschland eine funktionierende Demokratie entfalten konnte.

Das „Wirtschaftswunder"

CDU/CSU bekannten sich zur Sozialen Marktwirtschaft, die Wirtschaftsminister Ludwig Erhard unter dem Motto „Wohlstand für alle" propagierte. Diese sich selbst regulierende Marktwirtschaft sollte in eine soziale Gesellschaftspolitik eingebettet sein, die in der Lage war, eine gleichmäßigere Einkommensverteilung zu fördern und den Schutz sozial schwacher Schichten zu gewährleisten.

Die westdeutsche Wirtschaft erlebte im folgenden Jahrzehnt ein so genanntes Wirtschaftswunder: Die Industrieproduktion stieg rasant und mit ihr stiegen das Bruttosozialprodukt und die Nettoeinkommen. Dafür waren verschiedene Faktoren verantwortlich.

Der Krieg hatte viele Industrieanlagen zerstört, andere fielen der Demontage zum Opfer. Somit mussten die Unternehmer neue Fabriken errichten, was eine rationale Produktion ermöglichte und international Wettbewerbsvorteile brachte. Günstig war zudem, dass die Westalliierten der Bundesrepublik Reparationszahlungen erließen, wodurch die Kreditwürdigkeit stieg. Für den Aufbau erhielt die Wirtschaft Kredite aus dem Marshallplan.

International betrachtet hatte die Bundesrepublik ein relativ niedriges Lohnniveau und gut ausgebildete Arbeitskräfte. Die Nachfrage nach Erzeugnissen der Elektroindustrie, der chemischen Industrie und des Maschinenbaus bewirkte einen gewaltigen Boom. Produkte „made in Western Germany" waren bald weltweit gefragt und galten als hochwertig und preisgünstig.

Dies alles hatte einen Strukturwandel der westdeutschen Wirtschaft zur Folge: Während Industrie und Handel zentrale Bedeutung erlangten, büßte die Landwirtschaft ihren einstigen Stellenwert ein.

M 2 Wirtschaftswunder
Bundeswirtschaftsminister Ludwig Erhard, Karikatur von 1959

M 3 „1 Million"
Feierstunde im Volkswagenwerk Wolfsburg anlässlich der Fertigstellung des millionsten Volkswagens, Foto vom 8. Mai 1955

Der Ausbau des Sozialstaats

Trotz des Wirtschaftsaufschwungs blieben die Kriegsfolgen ein großes Problem. Neben dem Wiederaufbau zerstörter Wohnungen und Industrieanlagen galt es, 12 Millionen Vertriebene und Flüchtlinge aus den deutschen Ostgebieten zu integrieren.

Der Wirtschaftsboom ermöglichte der Bundesregierung den Ausbau des Sozialstaats. An erster Stelle stand der soziale Wohnungsbau: Von 1950 bis 1955 entstanden etwa zwei Millionen Wohnungen. Bedeutsam war auch das Versorgungsgesetz, das Kriegsopfern eine Rente zugestand; ferner der Lastenausgleich, der Vertriebene und Flüchtlinge, die Hab und Gut verloren hatten, finanziell unterstützte. Diese Maßnahmen linderten die Not und ermöglichten einen Neuanfang. Die Dynamisierung der Rente brachte ihre Anpassung an die aktuelle Lohn- und Preisentwicklung.

Dieser Ausbau des Sozialstaats in den Fünfzigerjahren konnte aber nur in Zeiten einer glänzenden Wirtschaftslage funktionieren.

Der soziale Friede begünstigte den wirtschaftlichen Aufstieg der Bundesrepublik. Im Gegensatz zur Weimarer Republik hatten sich die meisten Gewerkschaften im „Deutschen Gewerkschaftsbund" (DGB) zusammengeschlossen, der mit den Unternehmern die Lohnverhandlungen führte. Das sorgte für einheitliche Tarife und wenige Streiks. 1951 führte die Montan-Industrie sogar die paritätische Mitbestimmung ein, d.h. ein gleichberechtigtes Stimmrecht von Arbeitnehmer- und Kapitalvertretern in den Aufsichtsräten.

Die sozialpolitischen Maßnahmen der Bundesregierung milderten die materielle Not aus Kriegsschäden und Vertreibung und entschärften soziale Spannungen. Ab Mitte der Fünfzigerjahre herrschte nahezu Vollbeschäftigung. In einigen Bereichen wurden Arbeitskräfte derart knapp, dass man so genannte Gastarbeiter aus südeuropäischen Ländern ins Land holte. So entstand im Lauf der Jahre eine moderne Gesellschaft von großer sozialer Mobilität.

M 4 Gastarbeiter

Ankunft der ersten italienischen VW-Werksarbeiter in Wolfsburg 1962. Im Laufe der 60er-Jahre stieg die Anzahl der in der niedersächsischen Stadt lebenden Italiener auf über 6000. Noch heute (2014) ist – nach einer zumeist als gelungen angesehenen Integration – die Stadt merklich von Menschen italienischer Abstammung geprägt.

Parteien in der BRD und „Kanzlerdemokratie"

Jahr	1949	1953	1957	1961	1965	1969	1972	1976	1980	1983	1987	1990	1994	1998	2002	2005	2009	2013
Wahlbeteiligung	78,5	86,0	87,8	87,7	86,8	86,7	91,1	90,7	88,6	89,1	84,3	77,8	79,0	82,2	79,1	77,7	70,8	71,5
CDU/CSU	31,0	45,2	50,2	45,3	47,6	46,1	44,9	48,6	44,5	48,8	44,3	43,8	41,1	35,1	38,5	35,2	33,8	41,5
SPD	29,2	28,8	31,8	36,2	39,3	42,7	45,8	42,6	42,9	38,2	37,0	33,5	36,4	40,9	38,5	34,2	23,0	25,7
FDP	11,9	9,5	7,7	12,8	9,5	5,8	8,4	7,9	10,6	7,0	9,1	11,0	6,9	6,2	7,4	9,8	14,6	4,8
Bündnis 90/Grüne	–	–	–	–	–	–	–	1,5	5,6	8,3	5,1	7,3	6,7	8,6	8,1	10,7	8,4	
PDS/Linke	–	–	–	–	–	–	–	–	–	–	–	2,4	4,4	5,1	4,0	8,7	11,9	8,6
NPD	–	–	–	–	2,0	4,3	0,6	0,3	0,2	0,2	0,6	0,3	–	0,3	0,4	1,6	1,5	1,3
Republikaner	–	–	–	–	–	–	–	–	–	–	–	2,1	1,9	1,8	0,6	0,6	0,4	0,2
KPD/DKP	5,7	2,2	–	–	–	0,3	0,3	0,2	0,2	–	–	–	–	–	–	–	0,0	–
Gesamtdeutscher Block (BHE)	–	5,9	4,6	–	–	–	–	–	–	–	–	–	–	–	–	–	–	–
DP	4,0	3,3	3,4	–	–	–	–	–	–	–	–	–	–	–	–	–	–	–
Bayernpartei	4,2	1,7	–	–	0,2	–	–	–	–	0,1	0,1	0,1	0,1	0,0	0,1	0,1	0,1	
Sonstige	14,0	3,5	2,4	5,7	1,6	1,0	0,1	0,2	0,1	0,1	0,6	1,7	1,7	3,7	2,0	1,7	4,0	9,5

Quelle: www.wahlrecht.de/ergebnisse/bundestag.htm (06.05.2014)

M 5 Ergebnisse der Bundestagswahlen von 1949 bis 2013 (Zweitstimmen in Prozent)

M 6 Kanzlerdemokratie

Der Historiker Edgar Wolfrum schreibt (2006):

Integrationskraft und Autorität weit über die Reihen der eigenen Parteifreunde hinaus sind die herausragenden Bestandteile der besonders wichtigen personellen Dimensionen der Kanzlerdemokratie: Adenauer scheint der Psyche der Nachkriegswestdeutschen entgegengekommen zu sein. Nach der Hyperideologisierung, der tiefen Verwirrung, der radikalen Desillusionierung und der Angst, die die Deutschen durchlitten hatten, wirkte Adenauer als Beruhigungsfaktor. „Er gewöhnte die Deutschen an den Gedanken", so drückte es Sebastian Haffner treffend aus, „dass Autorität und Demokratie nicht unvereinbar sind. Er versöhnte sie sozusagen allmählich mit der Demokratie." In Verbindung mit seiner gelassenen Willenskraft, seinem rheinischen Naturell und seinem hohen Alter wirkte Adenauers autoritärer Regierungsstil altväterlich. Er stiftete Vertrauen, und das Vertrauen, das viele Menschen in seine Person setzten, sollte sich rasch auf die Bundesrepublik übertragen. Niemals ist dies sinnfälliger geworden als im höchst erfolgreichen Wahlkampfmotto der CDU/CSU „Keine Experimente" unter dem Konterfei des Bundeskanzlers aus dem Jahr 1957. Adenauer stand bald synonym für eine Bundesrepublik, die Kurs nach Westen hielt und sich eines wachsenden Wohlstands erfreute, für das Neue, das aus Altem hervorging – wer Adenauer anerkannte, erkannte auch die Bundesrepublik an. Geholfen hat ihm auch seine zumeist einfache Redeweise, die Gut und Böse, Wichtiges und Nebensächliches auf innen- und außenpolitischem Gebiet klar unterschied – und die jeder verstand.

Edgar Wolfrum, Die geglückte Demokratie. Geschichte der Bundesrepublik Deutschland von den Anfängen bis zur Gegenwart, Stuttgart 2006, S. 53 f.

Deutschland – Von der Teilung zur Wiedervereinigung

Die Soziale Marktwirtschaft und das Wirtschaftswunder

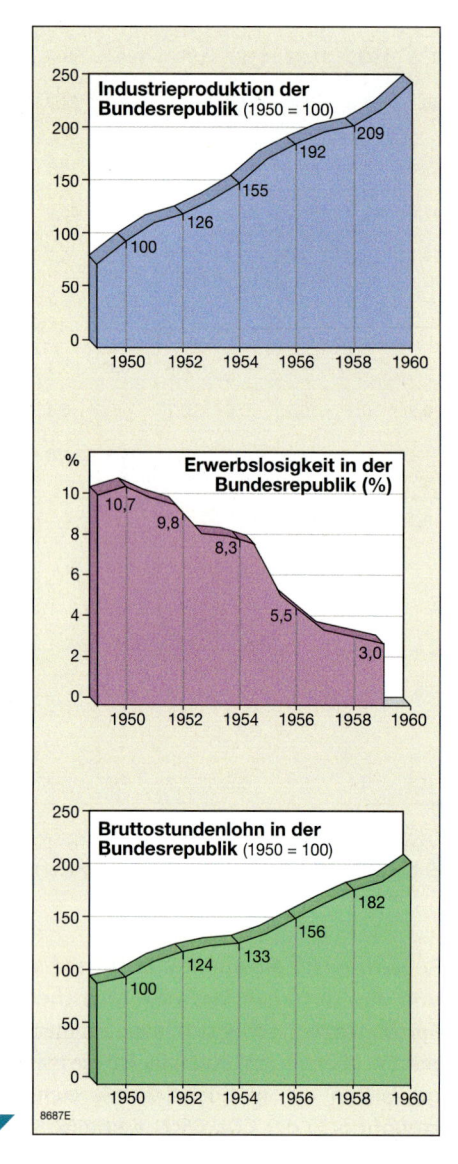

Industrieproduktion der Bundesrepublik (1950 = 100)
- 1950: 100
- 1952: 126
- 1954: 155
- 1956: 192
- 1958: 209 (ca.)
- 1960: ca. 240

Erwerbslosigkeit in der Bundesrepublik (%)
- 1950: 10,7
- 1952: 9,8
- 1954: 8,3
- 1956: 5,5
- 1960: 3,0

Bruttostundenlohn in der Bundesrepublik (1950 = 100)
- 1950: 100
- 1952: 124
- 1954: 133
- 1956: 156
- 1958: 182
- 1960: ca. 200

M 7

M 8 Soziale Marktwirtschaft

Der Wirtschaftswissenschaftler Alfred Müller-Armack gilt als einer der Begründer der Sozialen Marktwirtschaft:

Die Lage unserer Wirtschaft zwingt uns zu der Erkenntnis, dass wir uns in Zukunft zwischen zwei grundsätzlich voneinander verschiedenen Wirtschaftssystemen zu entscheiden haben, nämlich
5 dem System der antimarktwirtschaftlichen Wirtschaftslenkung und dem System der auf freie Preisbildung, echten Leistungswettbewerb und soziale Gerechtigkeit gegründeten Marktwirtschaft.

Alle Erfahrungen mit wirtschaftlichen Lenkungssysteme verschiedenster Schattierungen haben 10 erwiesen, dass sie unvermeidlich zu einer mehr oder weniger weitgehenden Vernichtung der Wirtschaftsfreiheit des Einzelnen führen, also mit demokratischen Grundsätzen unvereinbar sind […]. Die angestrebte moderne Marktwirtschaft 15 soll betont sozial ausgerichtet und gebunden sein. Ihr sozialer Charakter liegt bereits in der Tatsache begründet, dass sie in der Lage ist, eine größere und mannigfaltigere Gütermenge zu Preisen anzubieten, die der Konsument durch seine Nach- 20 frage entscheidend mitbestimmt und die durch niedrige Preise den Realwert des Lohnes erhöht und dadurch eine größere und breitere Befriedigung der menschlichen Bedürfnisse erlaubt.
Durch die freie Konsumwahl wird der Produzent 25 gezwungen, hinsichtlich Qualität, Sortiment und Preis seiner Produkte auf die Wünsche der Konsumenten einzugehen, die damit eine echte Marktdemokratie ausüben. […]
Um den Umkreis der Sozialen Marktwirtschaft 30 ungefähr zu umreißen, sei folgendes Betätigungsfeld künftiger sozialer Gestaltung genannt:
1. Schaffung einer sozialen Betriebsordnung, die den Arbeitnehmer als Mensch und Mitarbeiter wertet, ihm ein soziales Mitgestaltungsrecht ein- 35 räumt, ohne dabei die betriebliche Initiative und Verantwortung des Unternehmers einzuengen.
2. Verwirklichung einer als öffentliche Aufgabe begriffenen Wettbewerbsordnung, um dem Erwerbsstreben der Einzelnen die für das Gesamt- 40 wohl erforderliche Richtung zu geben.
3. Befolgung einer Anti-Monopolpolitik zur Bekämpfung möglichen Machtmissbrauches in der Wirtschaft.
4. Durchführung einer konjunkturpolitischen 45 Beschäftigungspolitik mit dem Ziel, dem Arbeiter im Rahmen des Möglichen Sicherheit gegenüber Krisenrückschlägen zu geben. […]
5. Marktwirtschaftlicher Einkommensausgleich zur Beseitigung ungesunder Einkommens- und 50 Besitzverschiedenheiten, und zwar durch Besteuerung und durch Familienzuschüsse, Kinder- und Mietbeihilfen an sozial Bedürftige. […]

A. Müller-Armack, Vorschläge zur Verwirklichung der sozialen Marktwirtschaft, in: Genealogie der Sozialen Marktwirtschaft, Bern 1974, S. 96 ff.

Wirtschaftswunder – Arbeiten mit Werbung

M 9 „4711 – Mein liebstes Geschenk" Werbeanzeige von 1950

M 10 Werbung für Edelstahl-Kochtöpfe, 1958

Aufgaben

1. **Parteien und Ergebnisse der Bundestagswahlen**
   a) Fertige zu der Tabelle eine Grafik an.
   b) Stelle die wichtigsten übergreifenden Entwicklungen zusammen, die in den Wahlergebnissen erkennbar sind.
   → Text, M5

2. **Die „Kanzlerdemokratie"**
   a) Erläutere den Begriff „Kanzlerdemokratie".
   b) Arbeite die Rolle Adenauers im Rahmen der „Kanzlerdemokratie" heraus.
   → Text, M6

3. **Soziale Marktwirtschaft / Wirtschaftswunder**
   a) Fasse die Definition des Nationalökonomen Alfred Müller-Armack von „Sozialer Marktwirtschaft" mit eigenen Worten zusammen.
   b) Erläutere die Gründe dafür, dass sich dieses System in der Bundesrepublik durchsetzen konnte.
   c) Analysiere die Statistiken.
   d) Erkläre den Begriff „Wirtschaftswunder".
   e) Analysiere die Karikatur zum „Wirtschaftswunder" von 1959.
   → Text, M2, M7, M8

4. **Wirtschaftswunder – Arbeiten mit Werbung**
   a) Beschreibe die beiden Abbildungen und arbeite die jeweilige Hauptaussage heraus.
   b) Vergleiche die damalige Werbung mit heute üblichen Werbungen im Hinblick auf die Gestaltung.
   c) Stelle Gemeinsamkeiten und Unterschiede gegenüber.
   d) Suche weitere Werbungen aus verschiedenen Zeiten und vergleiche sie mit den vorliegenden Plakaten.
   → M9, M10

Deutschland – Von der Teilung zur Wiedervereinigung

Außenpolitik der BRD in den 1950er-Jahren

Erstes Ziel: Souveränität
Nach ihrer Gründung war die Bundesrepublik international isoliert und durfte keine eigene Außenpolitik treiben. Adenauer verfolgte daher das Ziel, die Souveränität des neuen Staats auszuweiten und ihn im Westen zu verankern. Hierbei verfolgten er und die CDU einen antikommunistischen Kurs. Der Bedrohung durch die UdSSR wollte Adenauer mit der Integration der Bundesrepublik in das militärische und wirtschaftliche Bündnissystem des Westens entgegenwirken. Mit der Unterzeichnung des Petersberger Abkommens am 22. November 1949 konnten erste außenpolitische Freiheiten erlangt werden.

Eine Armee für die Bundesrepublik?
Nach Beginn des Koreakrieges kam es im Westen zu einer Debatte über einen Wehrbeitrag der Bundesrepublik zur gemeinsamen Abwehr des Kommunismus in Europa. Adenauer zeigte sich nicht abgeneigt und erhoffte im Gegenzug die volle Souveränität der Bundesrepublik. Frankreich schlug im Herbst 1950 eine Europäische Verteidigungsgemeinschaft (EVG) mit einem gemeinsamen europäischen Oberkommando vor.

In der Bundesrepublik brach nach Bekanntwerden der Pläne eine heftige Diskussion aus. Der überwiegende Teil der Bevölkerung war kurz nach dem Zweiten Weltkrieg gegen eine erneute Aufrüstung. Zudem befürchteten die Gegner eine endgültige Teilung Deutschlands. Der Aufbau der Bundeswehr und die Einführung der allgemeinen Wehrpflicht blieben daher in der Bevölkerung umstritten und führten zu großen Demonstrationen.

Um den Beitritt Westdeutschlands zu einem Verteidigungsbündnis zu verhindern, bot Stalin der Bundesregierung 1952 die Wiedervereinigung an, falls Deutschland künftig neutral bliebe. Adenauer ließ die

M 1 „Des Michels neue Kleider"
Karikatur von Mirko Szewczuk, 1954

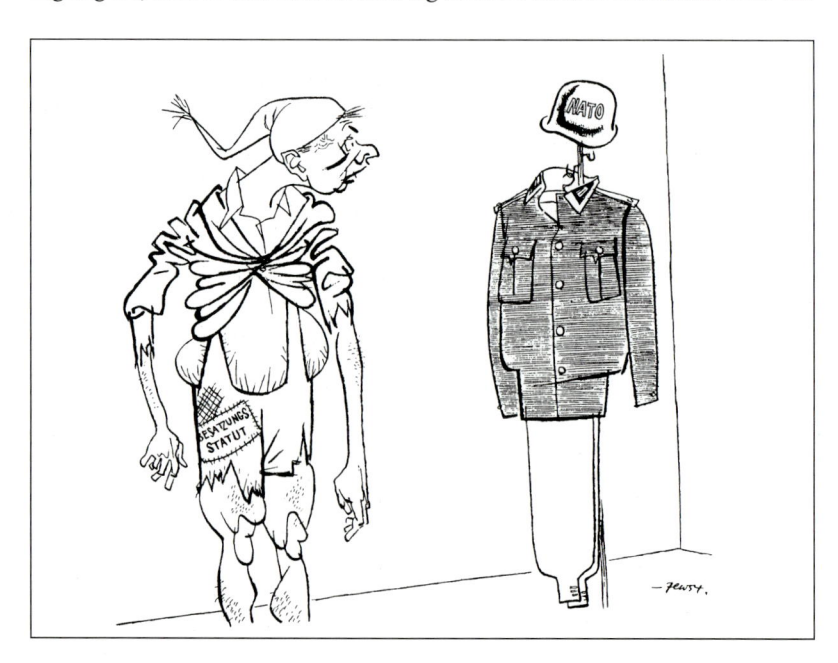

Note unbeantwortet, da er in ihr nur einen Versuch sah, Deutschland zu isolieren. Die EVG scheiterte 1954 am Veto der französischen Nationalversammlung, doch waren die Weichen für eine Einbindung der Bundesrepublik ins westliche Staatensystem gestellt.

Die Entstehung der Bundeswehr

Die bedrohliche Blockbildung zwischen den westlichen Nationen unter Führung der USA sowie der Sowjetunion und ihren Ostblockstaaten verschärfte sich. Westdeutsche Streitkräfte schienen den USA daher dringend geboten. Das führte 1955 zum Beitritt der Bundesrepublik zum Nordatlantikpakt (NATO) und zur „Westeuropäischen Union" (WEU). Das Bündnis der NATO war 1949 von zehn westeuropäischen Staaten sowie Kanada und den USA zur gegenseitigen militärischen Hilfe gegründet worden. Hauptziel war die Abwehr des Kommunismus in Europa.

Im Mai 1955 erreichte Adenauer mit den Pariser Verträgen das Ende des Besatzungsregimes und die Souveränität der Bundesrepublik. Bis auf einige Rechte der Alliierten in Bezug auf Berlin und einen Notstand konnte die Bundesrepublik ihre inneren und äußeren Angelegenheiten künftig selbst regeln. Die Truppen der Alliierten blieben aber im Land.

1956 traten die ersten westdeutschen Soldaten ihren Dienst in der neuen Bundeswehr an. In Abgrenzung zu den auf blinden Gehorsam getrimmten Soldaten der Wehrmacht sollten sie als „Staatsbürger in Uniform" eindeutig dem demokratischen System verpflichtet sein.

Der „Alleinvertretungsanspruch"

Entscheidende Auswirkungen hatte die 1955 erlassene Hallstein-Doktrin, die den „Alleinvertretungsanspruch" der Bundesrepublik bekräftigte. Danach nahm die Bundesrepublik zu keinem Staat diplomatische Beziehungen auf, der die DDR anerkannte. Eine Ausnahme bildete die UdSSR. Sie zählte zu den alliierten Mächten und Adenauer erreichte durch Verhandlungen, dass die letzten deutschen Soldaten bis 1955 aus sowjetischer Kriegsgefangenschaft freikamen.

Integration in Europa

1951 trat die Bundesrepublik dem Europarat bei. Dieser wurde 1949 mit dem Ziel gegründet, das gemeinsame kulturelle Erbe zu bewahren, den wirtschaftlichen und sozialen Fortschritt zu fördern und über die Einhaltung der Menschenrechte zu wachen. Über 40 Staaten zählen heute zu seinen Mitgliedern.

1950 entwarf der französische Außenminister Robert Schuman den Plan eines gemeinsamen europäischen Marktes für die Montan-Industrie. So entstand 1951 die Europäische Gemeinschaft für Kohle und Stahl (Montanunion), der neben der Bundesrepublik und Frankreich auch Italien und die Benelux-Staaten beitraten.

Die Montanunion bildete die Keimzeile der europäischen Integration, die sich in den nächsten Jahrzehnten in wirtschaftlicher, politischer und militärischer Hinsicht vollzog. Schon 1957 kam es mit den Römischen Verträgen zur Gründung der Europäischen Wirtschaftsgemeinschaft (EWG). Abschaffung der zwischenstaatlichen Zölle sowie eine gemeinsame Landwirtschafts- und Verkehrspolitik waren die Ziele. Hier konnten schon bald große Erfolge verbucht werden.

M 2　Soldaten der Bundeswehr
Verteidigungsminister Theodor Blank übergibt den ersten Luftwaffensoldaten der Bundeswehr am 9. Januar 1956 im rheinischen Nörvenich die Ernennungsurkunden.

Deutschland – Von der Teilung zur Wiedervereinigung

Die Pariser Verträge in der Kontroverse

M 3 Pro …

Am 15. Dezember 1954 fand im Deutschen Bundestag eine Debatte über die Pariser Verträge statt. Bundeskanzler Konrad Adenauer (CDU):

Eines der bedeutsamsten Ergebnisse der Pariser Konferenz, das auch die Grundlage für alle weiteren Beschlüsse über die deutsche Beteiligung an der gemeinsamen Verteidigung Europas und der
5 atlantischen Staatengruppe bildet, ist die Wiederherstellung der deutschen Souveränität im Bereich der Bundesrepublik. Diese Souveränität, meine Damen und Herren, wird der Bundesrepublik nicht von den drei westlichen Besatzungsmächten
10 „verliehen" oder „gewährt". Sie ist keine von fremden Mächten übertragene, sondern sie ist eine eigenständige deutsche Souveränität, die nur von der Besatzungsgewalt zeitweilig verdrängt und überlagert war und jetzt überall dort wieder
15 wirksam wird, wo die Besatzungsgewalt erlischt. Ich betone: Sie ist deutsche Souveränität, die wieder effektiv wird, sie ist nicht eine neue, der Bundesrepublik verliehene Souveränität. Die Bundesregierung weist nachdrücklich die Behauptung
20 zurück, dass die Spaltung Deutschlands durch die Wiederherstellung der Souveränität für einen Teil Deutschlands vertieft oder verhärtet werde. Sie hat auch bei der Neuformulierung der Vertragstexte sorgfältig darauf Bedacht genommen, dass
25 jene Elemente der Viermächte-Vereinbarungen von 1945 unberührt bleiben, die die Bewahrung der staatlichen Einheit Deutschlands und seine Wiedervereinigung betreffen.
Nur aus diesem Grunde hat sie der Aufrechterhal-
30 tung der Verantwortlichkeiten der drei Westmächte für Berlin, die Wiedervereinigung und den Friedensvertrag und der Beibehaltung der damit verbundenen Rechte zugestimmt. Wenn darin eine Beschränkung der deutschen Souveränität
35 liegt, dann handelt es sich jedenfalls um eine Beschränkung, die jeder einsichtige Deutsche im gegenwärtigen Zeitpunkt für unvermeidlich und notwendig halten muss, um die Lage Berlins nicht zu gefährden und die Wiedervereinigung
40 Deutschlands nicht zu erschweren.
[…] Das Vertragswerk macht die Bundesrepublik erst fähig, die Spaltung Deutschlands zu beseitigen und die sich mit der Wiedervereinigung stellenden Aufgaben zu bewältigen.

M 4 … und contra Pariser Verträge

Der Oppositionsführer Erich Ollenhauer (SPD) antwortete in der Debatte auf die Ausführungen des Bundeskanzlers wie folgt:

Es ist die Tragik der Außenpolitik der Bundesrepublik, dass […] praktisch die Integration der Bundesrepublik in den Westen immer den Vorrang vor der Wiedervereinigung gehabt hat.
Wenn nun die sozialdemokratische Bundestags- 5 fraktion diese Schlussfolgerungen aus der gegenwärtigen internationalen Situation zieht, so ist daraus bereits zu ersehen, dass sie das Pariser Vertragswerk […] als nicht vereinbar mit einer deutschen Politik ansieht, die die Wiedervereinigung 10 Deutschlands in Freiheit als ihre vordringlichste Aufgabe betrachtet. Es wird nach unserer Überzeugung die Sicherheit der Bundesrepublik nicht erhöhen, aber es wird die Wiedervereinigung Deutschlands aufs Äußerste gefährdet. Ein Ver- 15 tragswerk, das weder der Sicherheit noch der Einheit des deutschen Volkes dient, ist unannehmbar. Die Behauptung des Herrn Bundeskanzlers, erst das Vertragswerk mache die Bundesrepublik fähig, die Spaltung Deutschlands zu beseitigen 20 und die sich mit der Wiedervereinigung stellenden Aufgaben zu bewältigen, entbehrt leider jedweder Grundlage. Hier aber war und ist die Bundesregierung dem Bundestage und dem deutschen Volk Aufschluss darüber schuldig, wieso und in 25 welcher Art denn die Einbeziehung nur des westlichen Teils von Deutschland in eine westliche Militärallianz zur Wiedervereinigung beitragen könnte. An diesem für unsere Politik entscheidenden Punkt kann es uns keineswegs genügen, 30 dass der Herr Bundeskanzler versichert hat, die großen Mächte setzten sich entsprechend ihren Verpflichtungen bei kommenden Verhandlungen für unsere Wiedervereinigung solidarisch ein.
[…] Ich möchte aber heute in diesem Zusammen- 35 hang noch einmal davor warnen, das neue Vertragswerk als die Basis unserer wiedergewonnenen Souveränität zu feiern. Die Vorbehaltsrechte der Westmächte bleiben auch bei liberalster Auslegung so weitgehend, dass von einer Souve- 40 ränität im üblichen Sinne des Wortes nicht gesprochen werden kann.

Verhandlungen des Deutschen Bundestages. Stenographische Berichte, 2. Wahlperiode, 15. Dezember 1954, S. 3136–3146.

Wiederbewaffnung – Plakate analysieren

M 5 „Er ist bewaffnet"
Plakat des Deutschland-Union-Dienstes der CDU 1953

M 6 „Nie wieder"
Wahlplakat der SPD zur Bundestagswahl 1953

Aufgaben

1. **Die Außenpolitik der BRD in den 1950er-Jahren**
   a) Erkläre den Begriff „Souveränität".
   b) Erläutere die Gründe dafür, dass die Erlangung der Souveränität für die Bundesrepublik sehr bedeutend war.
   c) Fasse den Weg zur Gründung der Bundeswehr mit eigenen Worten zusammen.
   d) Erläutere den Begriff „Alleinvertretungsanspruch".
   → Text

2. **Die Pariser Verträge in der Kontroverse**
   a) Arbeite die Positionen heraus, die Konrad Adenauer und Erich Ollenhauer gegenüber den Pariser Verträgen einnahmen.
   b) Konrad Adenauer und Erich Ollenhauer schätzten die Auswirkungen der Pariser Verträge auf die deutsche Teilung unterschiedlich ein. Erläutere die beiden Positionen und nimm dazu Stellung.
   → M3, M4

3. **Wiederbewaffnung der Bundesrepublik**
   a) Beschreibe und analysiere die beiden Plakate.
   b) Stelle Vermutungen über die Wirkung der Plakate auf die zeitgenössischen Betrachter an.
   c) Die Wiederbewaffnung und der Beitritt zum westlichen Bündnissystem waren in den 1950er-Jahren in der Bundesrepublik heftig umstritten. Bildet in der Klasse zwei Gruppen aus Befürwortern und Gegnern. Sammelt in den Gruppen wichtige Argumente und diskutiert sie in der Klasse.
   → M3–M6

Leben in der Bundesrepublik in den 1950er-Jahren

Die westdeutsche Konsumgesellschaft
Der anhaltende Wirtschaftsaufschwung trug wesentlich zur Veränderung der Lebensverhältnisse bei. Wachsender Wohlstand ermöglichte nicht nur den Kauf von Autos, Fernsehern und ganzen Wohnungseinrichtungen, er machte auch Reisen ins europäische Ausland erschwinglich. Italien wurde zum Traumziel der Deutschen.

M1 „Man spricht Deutsch"
Deutsche Urlauber in Italien, 1955

Massenmedien
Die größte Neuheit der Fünfzigerjahre war ein Massenmedium: das Fernsehen, das bald Millionen Menschen faszinierte. Wie auch die Rundfunkanstalten hatte es öffentlich-rechtlichen Status. Die Regionalprogramme der ARD gingen 1954 auf Sendung, 1963 folgte das ZDF. Ratesendungen wie „Einer wird gewinnen", die auf unterhaltsame Weise Wissen über Europa abfragten, oder Sendungen wie „Was bin ich?", die der reinen Unterhaltung dienten, erfreuten sich größter Beliebtheit. Da viele zunächst keinen eigenen Fernseher besaßen, sahen sie sich Sendungen in Gaststätten oder bei Bekannten an. Fernsehgeschichte schrieb die 1954 gewonnene Fußballweltmeisterschaft in der Schweiz: Das Endspiel gegen Ungarn wurde „live" übertragen.

Auf dem Pressemarkt konnten sich Zeitungen wie „BILD" oder die Illustrierte „Quick" erfolgreich etablieren, deren Inhalt eher auf Sensation und Klatsch ausgerichtet war. Modezeitschriften fanden ebenfalls reißenden Absatz. Doch gab es auch Wochenzeitschriften wie den „Stern" und den „Spiegel", die einen wichtigen Beitrag zum westdeutschen Journalismus leisteten, sowie seriöse Tageszeitungen wie die „Süddeutsche Zeitung" oder die „Frankfurter Allgemeine Zeitung".

Demokratische Kontrolle: Die „Spiegel-Affäre"
1962 erschütterte die „Spiegel-Affäre" die Öffentlichkeit. Wegen eines Artikels, der die angeblich nur bedingt einsetzbare Bundeswehr kritisierte, ließ Verteidigungsminister Franz Josef Strauß (CSU) Redakteure des „Spiegels" sowie den Herausgeber Rudolf Augstein verhaften und die Redaktionsräume durchsuchen. Vor dem Bundestag leugnete Strauß eine Beteiligung, musste aber später zugeben, die Aktion angeordnet zu

haben. Die Öffentlichkeit sah das Grundrecht auf Meinungs- und Pressefreiheit in Gefahr, Strauß musste zurücktreten.

Literatur und bildende Kunst
Im literarischen Bereich konnten einige Exil-Schriftsteller wie Thomas Mann an ihre großen Erfolge anknüpfen. Zum Teil galt dies auch für Autoren der „Inneren Emigration" wie Bergengruen, Le Fort oder Andres, die noch über eine große Leserschaft verfügten. Hinzu kam jetzt eine Generation junger Schriftsteller wie Böll oder Grass, die wegen ihrer Kriegserfahrungen dem Staat kritisch gegenüberstanden. Viele fanden sich in der „Gruppe 47" zusammen. In der Malerei setzte sich eine abstrakte Stilrichtung durch, mit Künstlern wie Ernst Wilhelm Nay, Emil Schumacher oder Willi Baumeister. Architekten der Nachkriegszeit schufen interessante moderne Bauten wie die Philharmonie in Berlin (Hans Scharoun), die Liederhalle in Stuttgart (Rolf Gutbrod) oder das Olympiagelände in München (Frei Otto).

M 2 Philharmonie Berlin, 1960–1963 erbaut

Eine neue Jugendkultur
Für die westdeutsche Jugend wurden die USA und der „American way of life" maßgeblich, Rock 'n' Roll, Haartolle und Bluejeans wurden von amerikanischen Vorbildern übernommen. Mit „BRAVO" entstand eine eigene Jugendzeitschrift. Damit kündigte sich ein Generationswechsel an, der künftig das Gesicht der Bundesrepublik veränderte.

M 3 Filmplakate von 1956 (links) und 1951 (rechts)

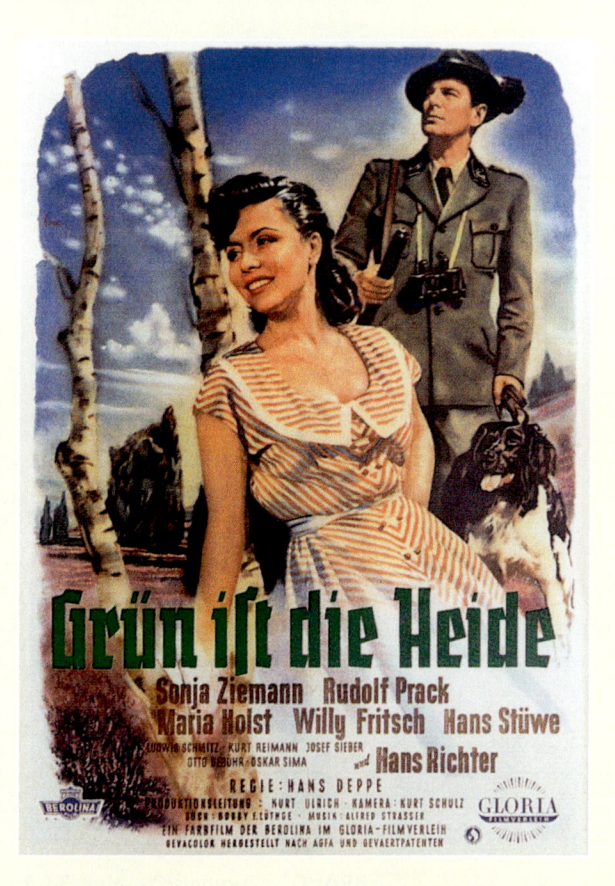

Vertiefung: Alltagsleben in der frühen Bundesrepublik

Die „BRAVO" – Eine Zeitschrift analysieren

M 4 „Meine Eltern verbieten mir den Urlaub"

Unter der Rubrik „Eine BRAVO-Leserin stellt zur Diskussion" erschien 1961 folgende Geschichte. Die Einleitung lautete:

Mein Verlobter und ich – er ist 20 Jahre, ich bin 18 Jahre alt – wollen den Sommerurlaub auf einem Campingplatz bei Venedig verbringen. Monatelang haben wir gespart, haben von der großen
5 Reise geträumt. Als ich jetzt meine Eltern in den Plan einweihte, platzte die Bombe: Sie verboten mir die gemeinsame Urlaubsfahrt. Ihre Begründung: „Solange ihr nicht verheiratet seid, gibt es keinen Urlaub zu zweit – das schickt sich nicht!" Alle Versuche, sie umzustimmen, waren erfolglos. 10 Das hab ich also von meiner Ehrlichkeit. Wenn ich sie angelogen hätte, ich würde mit einer Freundin verreisen, dann wäre alles glatt gegangen. Aber weil ich ehrlich erzähle, was ich vorhabe, muss ich dafür büßen. Schließlich haben wir uns das Geld 15 für die Urlaubsreise selbst verdient, und meine Eltern kennen meinen Verlobten seit eineinhalb Jahren; er gehört fast schon zur Familie. Es ist abgemacht, dass wir beide heiraten werden. Ist unter diesen Umständen die Meinung meiner 20 Eltern nicht unfair, ungerecht, egoistisch – lebensfremd?

BRAVO 34, 1961.

Verlobte auf Campingfahrt: ja oder nein?

Das meinen unsere Diskussions-Teilnehmer zum „Urlaub zu zweit":

Christian Titze:

Zuerst, bitte, eine ehrliche Antwort auf meine Frage: Wart Ihr schon zusammen – wie Mann und Frau? Erst, wenn ich Deine Antwort habe, kann ich Stellung nehmen.

Aber wie ich für meinen Teil handeln würde – das kann ich sofort sagen: Ich würde meiner Verlobten niemals eine gemeinsame Campingfahrt zumuten! Ich möchte nämlich, dass meine zukünftige Frau bis zur Hochzeit unberührt bleibt.

Man glaubt zwar, seine Gefühle beherrschen zu können. Aber im entscheidenden Augenblick kann niemand für sich garantieren. Und bei 14 Tagen gemeinsamem Camping gibt es zu viele Gelegenheiten. Mit irgendeinem anderen Mädchen würde ich diesen Urlaub mit allen Konsequenzen genießen. Heiraten würde ich ein solches Mädchen nie!

Gisela Neuhaus:

Sie sind verlobt, und ich nehme an, daß Ihre Eltern stillschweigend damit einverstanden sind, wenn Sie auch mal um Mitternacht oder noch später nach Hause kommen. Ich glaube auch nicht, daß Ihre Eltern annehmen, Sie hätten dann, bis in die Nacht hinein, mit Ihrem Verlobten Hand in Hand irgendwo in einem Lokal oder in einem Kino gesessen.

Aber mit einemmal „schickt" es sich nicht, daß Sie mit ihm in Urlaub fahren möchten! Warum eigentlich?

Sie stehen im Beruf und tragen eine Verantwortung. Folglich haben Sie auch Rechte. Das Recht zum Beispiel, in Ihrem Urlaub zu tun, was Ihnen Spaß macht.

Mit achtzehn ist man auch in der Liebe kein Kind mehr. Dafür sorgt schon die Umwelt. Warum müssen die Eltern die Liebe immer so schlechtmachen? In ihrer Jugend haben sie bestimmt mit anderen Maßstäben gemessen!

William Steinborn:

Bei meinem Sohn hätte ich nichts dagegen, wenn er mit seiner Verlobten zum Camping fahren würde. Er ist alt genug zu wissen, wie weit er gehen darf. Er würde ja sowieso einen Dreh finden – mit oder ohne meinen Segen – seinen Willen durchzusetzen.

Anders wäre es bei meiner Tochter, da sagte ich: nein! Sie soll warten, bis sie 21 Jahre alt ist, dann kann sie tun und lassen, was sie will. Ich kann mir zwar denken, daß sich das Mädel der Erlebnisse, die es sich von der Campingreise verspricht, auch auf andere Weise verschaffen kann. Aber als Vater werde ich dem nicht noch Vorschub leisten.

Ilse Collignon:

Als Mutter bin ich dagegen. Nicht etwa, „weil es sich nicht schickt", sondern aus Sorge um mein Kind. Zwei junge Menschen, die sich lieben, sind keine Eisblöcke. Die enge Gemeinschaft des Zeltlebens schafft Gelegenheit, und Gelegenheit macht Diebe. Aus der Campingfahrt wird eine „Hochzeitsreise auf Vorschuß" mit allen Konsequenzen.

Die Folgen trägt doch immer das Mädchen. Wenn sie ein Kind bekommt, müssen die beiden überstürzt heiraten, und in meinen Augen ist ein 20jähriger Mann einfach noch nicht reif genug, um Ehemann und Vater zu sein. Eine so „plötzliche" Ehe kann alle Zukunftspläne zunichte machen.

Ich würde mit meiner Tochter und ihrem Verlobten offen über die Gründe für meine Ablehnung sprechen. Bis jetzt habe ich die Erfahrung gemacht, daß ein ehrliches Wort von Älteren bei jungen Menschen meist ein offenes Ohr – und Verständnis – findet.

BRAVO fragt seine Leser: Was denken Sie über „Urlaub zu zweit?" — Schreiben Sie uns! BRAVO wird im Laufe der Diskussion auch einen Juristen, einen Seelsorger und einen Psychologen sprechen lassen.

M 5 „BRAVO", Originalseite, Heft 34, 1961

Ein Anstandsbuch – Geschlechterrollen analysieren

M 6 „Richtiges Benehmen"

Aus einem weit verbreiteten Anstandsbuch:

Das Platznehmen: Die besten Plätze an einem Tisch, also die bequemsten, den besten Ausblick bietenden usw., kommen immer den Damen zu. Selbstverständlich wird man aber dabei persönliche Wünsche der Damen berücksichtigen. Der Herr rückt seiner Dame den Stuhl zurecht und setzt sich erst dann, wenn alle Damen am Tisch Platz genommen haben. [...] Sitzen an dem ausgewählten Tisch schon Gäste, fragt der Herr mit einer leichten Verbeugung, ob dieser oder jener Platz noch frei sei, oder bittet mit einem „Gestatten Sie", Platz nehmen zu dürfen. Sind die schon anwesenden Gäste wohlerzogen, so werden sie mit einem freundlichen Lächeln „Bitte sehr" sagen, auch wenn die Dazukommenden ihnen nicht gerade willkommen sind. [...]

Die Speisen- und Weinkarte: In einem gut geführten Lokal wird der Kellner zuerst der Dame, dann dem Herrn eine Speisenkarte vorlegen oder beiden gleichzeitig. In einem Weinlokal wird die Weinkarte dem Herrn gereicht. Denn die Auswahl der Getränke ist Sache des Herrn, wenn er sich dabei auch nach den Wünschen der Dame richten muss. Liegt eine Speisenkarte auf dem Tisch, so reicht der Herr sie zuerst der Dame, wenn die Dame für sich selbst bezahlt. Sich als Herr mit einem „Na, was nehmen wir denn?" zuerst auf die nahrhafte Karte zu stürzen und für Dame und Umwelt für die nächsten zehn Minuten hinter Schnitzel und Apfelkompott zu versinken, ist nicht gerade wohlerzogen und wird höchstens von alten Ehemännern geübt. Ist die Dame eingeladen, so wählt sie nicht selbst aus der Speisenkarte aus, sondern wartet auf die Vorschläge des Herrn. Speisenkarte: Ist die Dame zum Essen eingeladen, so wird sie bei der Auswahl der Speisen ungefähr den goldenen Mittelweg einschlagen. Es muss ja nicht das Teuerste sein, was sie sich wählt. Es ist aber auch falsche Bescheidenheit – vorausgesetzt, dass die finanziellen Möglichkeiten nicht gerade sehr beschränkt sind –, grundsätzlich nur den „Bierhappen" oder das „Stück Wurst" zu nehmen. Der gewandte Tischherr wird seiner Dame auch dieses oder jenes vorschlagen. Voraussetzung für eine wirklich „gesegnete Mahlzeit" ist jedoch, dass auch hier im Großen und Ganzen Harmonie herrscht. Denn es zerstört die netteste Stimmung, wenn der Einladende seinem Gast zwar etwas Anspruchsvolles vorsetzt, sich selbst aber Kartoffelsalat mit Hering bestellt, um die Unkosten zu senken!

Gertrud Oheim, Einmaleins des guten Tons, 37. Auflage, Gütersloh 1962 (1. Auflage 1955), S. 288–290.

Aufgaben

1. **Mit Filmplakaten arbeiten**
    a) Informiere dich über den Inhalt der Filme.
    b) Vergleiche die beiden Plakate im Hinblick auf Gestaltung und Adressaten.
    c) Arbeite das in den Plakaten deutlich werdende Frauen- und Männerbild heraus.
    d) Weise nach, dass sich in den 1950er-Jahren eine neue Jugendkultur entwickelte.
    e) In den Fünfzigerjahren wurden Jugendliche oft als „Halbstarke" bezeichnet. Suche Begriffe, die heute für bestimmte Gruppen von Jugendlichen verwendet werden.
    f) Erläutere und diskutiere das Selbstverständnis solcher Gruppen → Text, M3
2. **Die „BRAVO" – Eine Zeitschrift analysieren**
    a) Erläutere das Thema, das in der „BRAVO" von 1961 diskutiert wurde und nimm Stellung, ob dieses Thema noch aktuell ist.
    b) Fasse die Positionen der einzelnen Diskussionsteilnehmer zusammen.
    c) Verfasse eine eigene Stellungnahme zur damaligen Streitfrage aus heutiger Sicht.
    → M4, M5
3. **Geschlechterrollen analysieren**
    a) Stelle in einer Tabelle das Geschlechterverständnis der vorliegenden Quelle dar.
    b) Viele Empfehlungen in diesem Anstandsbuch wirken auf uns altmodisch. Gehe auf die Gründe dafür ein.
    c) Verfasse einen kurzen Artikel zur Thematik: „Anstand und Höflichkeit beim Restaurantbesuch heute."
    → M6

Deutschland – Von der Teilung zur Wiedervereinigung

Die DDR von der Gründung bis zum Mauerbau

Das Selbstverständnis der DDR
Die neu gegründete DDR suchte ihre Existenz damit zu rechtfertigen, dass sie sich in die „fortschrittliche Tradition" der deutschen Geschichte stellte. Nicht nur überzeugte Kommunisten sahen in ihr eine antifaschistische Alternative zur Bundesrepublik: In der DDR sollte der Faschismus ausgerottet sein und die sozialistische Planwirtschaft ihre Überlegenheit gegenüber dem Kapitalismus beweisen. Dieser neuen Gesellschaft, so hoffte man, würden die Menschen begeistert zustimmen.

Die SED – „Führende Kraft des Sozialismus"
Die SED verstand sich als führende Kraft des Sozialismus; die Blockparteien CDU, NDPD, DBD und LDPD mussten sich zum Sozialismus bekennen und die Führung der SED anerkennen. Die SED erhob den Anspruch, die Interessen der „werktätigen Bevölkerung" zu vertreten und durchdrang alle Bereiche des Alltagslebens ihrer Bürger.

Für die Überwachung der Bevölkerung schuf die SED 1950 ein mächtiges Werkzeug: den Staatssicherheitsdienst. Er überzog das Land mit einem Überwachungssystem, das bis in die Wohnungen und Betriebe reichte. Spitzel beobachteten Verdächtige, geheime Zentralen hörten Telefongespräche ab, öffneten die Post und sammelten staatsfeindliche Äußerungen für die Personalakte. Nach dem Ende der DDR wurde bekannt, dass 173 000 Spitzel und 91 000 feste Mitarbeiter dem Ministerium für Staatssicherheit unterstanden.

1952 bildete die SED auf Anordnung der Sowjets eine „Kasernierte Volkspolizei". Vier Jahre später erfolgte dann die offizielle Gründung der „Nationalen Volksarmee" (NVA) als Gegenstück zur Bundeswehr. Nun trat die DDR auch dem östlichen Militärbündnis, der Warschauer Vertragsorganisation („Warschauer Pakt") bei, das v. a. der Niederschlagung sogenannter „konterrevolutionärer Erhebungen" diente.

Der Volksaufstand vom 17. Juni 1953
Im März 1953 nährte der Tod Stalins Hoffnungen auf einen Autoritätsverlust der Kommunistischen Partei der Sowjetunion (KPdSU) und der SED. Große Teile der DDR-Bevölkerung waren äußerst unzufrieden, was besonders an der Wirtschaftspolitik der SED lag, die sich auf die Schwerindustrie konzentrierte und darüber die Erzeugung von Konsumgütern vernachlässigte. Außerdem wurde das Wohlstandsgefälle zu Westdeutschland immer gravierender. Vor diesem Hintergrund beorderten die Nachfolger Stalins an der Spitze der Sowjetunion Anfang Juni Vertreter der DDR-Regierung nach Moskau und zwangen sie zu einer grundsätzlichen politischen Kurskorrektur.

Bereits am 28. Mai 1953 hatte die SED-Führung eine Erhöhung der Arbeitsnormen um 10 Prozent verkündet. Dieser Beschluss, der die wirtschaftlichen Probleme beheben helfen sollte, bedeutete eine Arbeitszeitverlängerung ohne Lohnausgleich. Der „Neue Kurs" aus Moskau begünstigte vor allem die Bauern und die Mittelschichten. Für die Arbeiter hätte einzig eine Rücknahme der Normerhöhung ein Entgegenkommen bedeutet. Da dies nicht geschah, streikten und demons-

M 1 Gründung der DDR
Auf ihrer Sitzung am 7. Oktober 1949 proklamiert die Provisorische Volkskammer die Gründung der DDR.

M 2 Demonstrationszug streikender Bauarbeiter
Am 16. Juni 1953 rufen Bauarbeiter in Ostberlin zum Generalstreik auf und fordern den Rücktritt der Regierung.

M 3 Volksaufstand
Sowjetische Panzer auf der Leipziger Straße, 17. Juni 1953

trierten am 16. Juni die Bauarbeiter in der Ostberliner Stalinallee. Obwohl das Politbüro die Normerhöhung noch am selben Tag zurücknahm, breiteten sich die Proteste schnell aus.

Am Morgen des 17. Juni 1953 versammelten sich die Streikenden, um ihre Forderungen zu formulieren. Dabei ging es zwar auch um Preissenkungen, doch zunehmend rückten Forderungen nach freien Wahlen, dem Rücktritt der Regierung und der Wiedervereinigung Deutschlands ins Zentrum. Nicht nur in Berlin, sondern in über 700 Orten zogen Demonstranten durch die Straßen. In wenigen Stunden war aus dem Protest der Arbeiter ein Volksaufstand geworden, an dem sich etwa 300 000 Menschen in allen größeren Städten beteiligten.

Die Staatsmacht befand sich in Auflösung. Walter Ulbricht und die Mitglieder des Politbüros begaben sich in den Schutz des sowjetischen Hauptquartiers in Berlin-Karlshorst. Allein Industrieminister Fritz Selbmann stellte sich als hoher SED-Funktionär vor dem Ostberliner Haus der Ministerien den Demonstranten, konnte aber die Menge nicht beruhigen.

Da die Demonstranten und Streikenden die DDR-Staatsmacht in die Defensive gedrängt hatten, griff die Sowjetarmee ein und verhängte den Belagerungszustand. Panzer rollten durch die Städte und schüchterten die Menschen ein. Diese setzten sich mit Steinen, Holzstücken und Eisenträgern zur Wehr. An einigen Orten, wie Görlitz und Wernigerode, hielten sich die selbstbestimmten Streikleitungen noch mehrere Tage bis sie aufgeben mussten.

Die große Mehrheit der etwa 100 Opfer des 17. Juni 1953 wurde von Kasernierter Volkspolizei und sowjetischer Armee erschossen, etwa beim Versuch der Befreiung politischer Gefangener aus Haftanstalten. Gegen die massive sowjetische Militärmacht war jeder Widerstand aussichtslos. Viele Menschen entschlossen sich zur Flucht in den Westen, andere fügten sich in die Verhältnisse. Die SED versuchte den Aufstand als „faschistischen Putsch" oder „CIA-Verschwörung" zu verunglimpfen. Eine Wiederholung eines solchen „Tag X" sollte unter allen Umständen vermieden werden. So schuf sich die SED mit der Aufstellung von Betriebskampfgruppen ein weiteres Instrument innerer Herrschaftssicherung.

M 4 Demonstration für freie Wahlen
am 17. Juni 1953 in Dresden

Deutschland – Von der Teilung zur Wiedervereinigung

M 5 Mauerbau am 13. August 1961 in Ostberlin. Überwacht wurden die Baukolonnen von Volkspolizei und Betriebskampfgruppen.

In der Bundesrepublik Deutschland wurde bereits 1954 der 17. Juni als „Tag der deutschen Einheit" zum gesetzlichen Feiertag erhoben.

Der Tod Stalins und die DDR

Drei Jahre nach dem Aufstand des 17. Juni 1953 versuchten sich Ungarn und Polen von der sowjetischen Vorherrschaft zu befreien. Ermutigt wurden sie dabei durch den XX. Parteitag der KPdSU, auf dem es zu einer Abkehr von Stalins Terrormethoden kam. In einer geheimen Rede verurteilte der neue Parteichef Nikita Chruschtschow Stalins brutale Maßnahmen und den Kult um seine Person und forderte die Rehabilitierung der Opfer. In der Folge konnte Chruschtschow unter dem Motto der Entstalinisierung bedeutende Reformen auf wirtschaftlichem und kulturellem Gebiet durchsetzen. Auch kamen viele Gefangene aus den Straflagern frei. Das grundlegende, von Stalin geprägte Herrschaftssystem blieb aber erhalten.

In der DDR konnte der Erste Sekretär des Politbüros der SED Walter Ulbricht, der ein getreuer Stalinist war und blieb, seine Machtposition durch die Niederschlagung des Volksaufstandes vom 17. Juni 1953 stärken. Die wenigen innerparteilichen Kritiker wurden entmachtet. Eine Entstalinisierung fand nicht oder nur sehr oberflächlich statt. Immerhin kamen auch in der DDR viele politische Häftlinge frei.

Der Mauerbau am 13. August 1961

Fast jeder Sechste verließ bis 1961 die DDR. Diese Fluchtbewegung kann als „Abstimmung mit den Füßen" bezeichnet werden. Aufgrund der zunehmenden Befestigung der innerdeutschen Grenze blieb nur die Fluchtmöglichkeit über die offene Sektorengrenze nach Westberlin. Als Fluchtmittel diente die Berliner S-Bahn. Als die Fluchtzahlen schon zum Halbjahr 1961 das durchschnittliche Jahresniveau erreichten, leitete die SED Absperrmaßnahmen rund um die Westsektoren Berlins ein.

Am 13. August 1961 rückten unter der Bewachung von Polizei- und Militäreinheiten sowie Betriebskampfgruppen Baukolonnen an und riegelten die Sektorengrenze ab. In den nächsten Tagen wurde eine Mauer rund um West-Berlin errichtet, die Straßen zerschnitt, Familien trennte und die Stadt für die nächsten 28 Jahre teilte. Die Westmächte reagierten nur zurückhaltend mit einer Protestnote, da sie an Stabilität im Ost-West-Konflikt interessiert waren und bei einer Intervention eine über Berlin hinausgehende Eskalation befürchteten.

Die innerdeutsche Grenze
Die 1 400 km lange Grenze zur Bundesrepublik baute die DDR zur bestbewachten Grenze Europas aus. Wachtürme, Metallzäune und Stolperdrähte in Verbindung mit Selbstschussanlagen sollten jede Flucht verhindern. Den Grenztruppen der DDR wurde befohlen, gegen „Grenzverletzer" kompromisslos die Schusswaffe anzuwenden. Insgesamt fanden bei Fluchtversuchen an der innerdeutschen Grenze und in Berlin etwa 1 000 Menschen den Tod. Das letzte Opfer des DDR-Grenzregimes war der junge Kellner Chris Gueffroy, der im Februar 1989 an der Berliner Mauer erschossen wurde.

Der „antifaschistische Schutzwall", wie die DDR die neue Grenzbefestigung nannte, schuf neue Verhältnisse in Deutschland. Die Mauer war die offensichtliche moralische, politische und ökonomische Bankrotterklärung des SED-Systems. Nur durch Stacheldraht und Beton konnte die DDR-Führung ihr eigenes Volk am Fortlaufen hindern.

M 6 **Zwei Bilder mit Symbolcharakter**
Links: Am 15. August 1961 flüchtete der Bereitschaftspolizist Conrad Schumann an der Sektorengrenze in Berlin mit einem Sprung über den Stacheldraht in den Westen.
Rechts: Foto zu einer DDR-Pressemeldung mit dem Wortlaut: „Zur Sicherung der Staatsgrenze der DDR zu Westberlin und zur BRD am 13. 8. 1961: Angehörige der Kampfgruppen auf der westlichen Seite des Brandenburger Tores am 14. 8. 1961."

Peter Fechter – Der erste Mauertote

M 7 Peter Fechter verblutet an der Mauer

Der achtzehnjärige Maurer Peter Fechter war das erste Todesopfer an der Berliner Mauer. Sein Schicksal schildert folgender Bericht:

Vier Arbeiter, die auf einer Baustelle an der Ostberliner Prachtstraße „Unter den Linden" arbeiteten, machten am 17. August 1962 Mittagspause in einem Lokal namens „Bullenwinkel" am Hausvogteiplatz. Gegen 12.00 Uhr schickten sie sich an, zur Baustelle zurückzugehen, doch auf halbem Weg kehrten zwei Bauarbeiter, der Betonbauer Helmut K. und der Maurer Peter Fechter, beide achtzehnjährig und gut miteinander befreundet, noch einmal um. Sie sagten, sie wollten noch schnell Zigaretten holen, und die anderen beiden Arbeiter gingen weiter. Doch K. und Fechter kamen nicht mehr auf die Baustelle zurück.

Inzwischen war es 14.15 Uhr. Die beiden Grenzpolizisten, die im Abschnitt Zimmerstraße/Ecke Charlottenstraße eingeteilt waren, scheinen zu diesem Zeitpunkt nicht sehr aufmerksam gewesen zu sein, denn sie bemerkten nicht, dass zwei junge Männer die von einem Stacheldrahtzaun gebildete erste Absperrung überwanden, die zehn Meter Grenzstreifen überquerten und begannen, auf die Sperrmauer zu steigen. Erst als einer der Männer schon oben war, entdeckten die Uniformierten die Flüchtlinge. Laut MfS-Bericht [Ministerium für Staatssicherheit] an Erich Honecker eröffneten daraufhin „beide Posten [...] aus ca. 50 Meter Entfernung sofort das Feuer auf die Grenzverletzer". Fast zeitgleich schoss auch der Nachbarposten auf die Flüchtlinge. 35 Schuss wurden insgesamt abgefeuert. Helmut K. gelang es dennoch, unverletzt auf die westliche Seite zu kommen. Peter Fechter dagegen fiel auf die Ostberliner Seite zurück und blieb dort liegen. Verzweifelt versuchten Westberliner, dem vor Schmerzen schreienden Peter Fechter zu Hilfe zu kommen. Mit Unterstützung von Polizisten legten sie eine Leiter an die Mauer; sie kamen aber an den Verletzten nicht heran. In ihrer Hilflosigkeit warfen sie Verbandszeug über den Stacheldraht. Amerikanische Militärpolizisten vom etwa hundert Meter entfernten „Checkpoint Charlie" wurden mit dem Hinweis auf den Viermächtestatus händeringend aufgefordert einzugreifen, doch sie weigerten sich, mit der Begründung, das sei nicht ihre Aufgabe.

Auch von der Ostberliner Seite erfolgte zunächst keine Bergung des Verletzten. [...] Erst gegen 15.00 Uhr, etwa eine Dreiviertelstunde nach den Schüssen, wurde der bereits leblos wirkende Peter Fechter von DDR-Grenzpolizisten weggeschleppt. Er verstarb noch auf dem Transport in das Krankenhaus der Volkspolizei.

Der Vorfall löste in Westberlin sofort helle Empörung aus. Schon wenige Stunden später wurde auf der Westseite der Mauerstelle, wo Fechter gelegen hatte, ein Holzkreuz aufgestellt, das schon nach kurzer Zeit mit Blumen überhäuft war. Diesmal jedoch richtete sich der Zorn nicht nur gegen die DDR und ihre Grenzpolizisten, sondern auch gegen die amerikanische Schutzmacht, der man wegen des Nichteingreifens schwere Vorwürfe machte.

Bernd Eisenfeld/Roger Engelmann, 13. 8. 1961: Mauerbau. Fluchtbewegung und Machtsicherung, Berlin 2001, S. 105 f.

M 8 „Niemand half ihm"

Der SPD-Politiker Egon Bahr erinnert sich 1996 an die Erschießung von Peter Fechter:

Die Kluft zwischen Wirklichkeit und Propaganda tat sich ein Jahr später auf. Der achtzehnjährige Bauarbeiter Peter Fechter wurde beim Versuch, die Mauer zu übersteigen, angeschossen, fiel auf die Ostseite zurück und schrie, fünfzig Minuten lang, bis er starb. Niemand half ihm. Ein Amerikaner, von dem man annahm, Uniform und Recht der Besatzungsmacht würden ihm gestatten, über die Mauer zu steigen und den Mann zu holen, erklärte, das sei jenseits seines Auftrags. Jetzt erst wurde den West-Berlinern schlagartig klar, dass die Vier-Mächte-Rechte nur noch Sprachhülsen waren. Die Kompetenzen der Westmächte endeten an der Mauer. Die Garantien galten nur den West-Berlinern. Es kam zu antiamerikanischen Kundgebungen und Ausschreitungen, erstmals nach dem Krieg. Die psychologische Krise war durch Johnsons Besuch [des amerikanischen Präsidenten] vermieden worden. Sie brach ein Jahr später auf: Wir sind eingemauert in einer Festung, mit einem einzigen unkontrollierten Zugang durch die Luft. Wie lange würde sie sich halten können?

Egon Bahr, Zu meiner Zeit, München 1996, S. 138 f.

Die Mauer und der Schießbefehl

Flüchtlingszahlen nach 1949													
Jahr	1949	1950	1951	1952	1953	1954	1955	1956	1957	1958	1959	1960	1961
Flüchtlinge	129245	197788	165648	182393	331390	184198	252870	279189	261622	204092	143917	199188	155402
Insgesamt	2686942												

Aus: Ploetz DDR, hrsg. von Alexander Fischer, Köln 2004, S. 266.

M 9

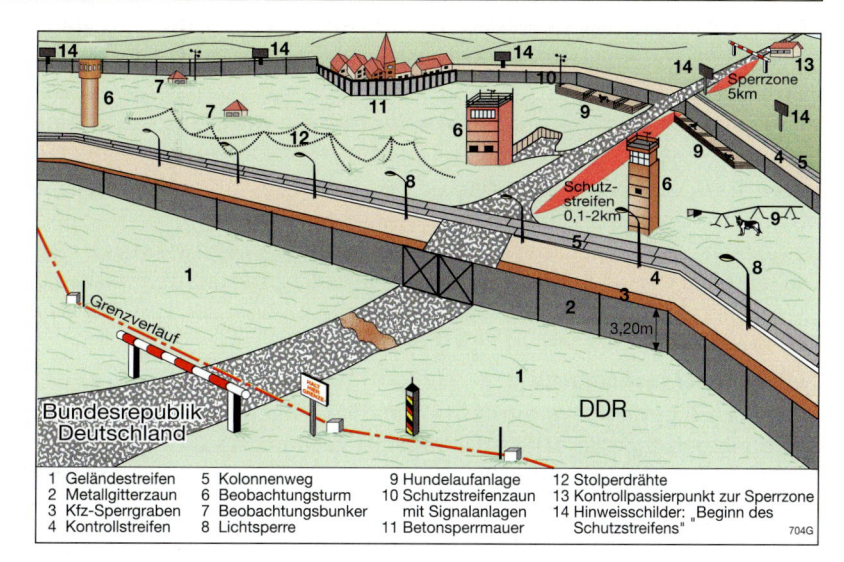

M 10 DDR-Grenzsperranlagen

1 Geländestreifen
2 Metallgitterzaun
3 Kfz-Sperrgraben
4 Kontrollstreifen
5 Kolonnenweg
6 Beobachtungsturm
7 Beobachtungsbunker
8 Lichtsperre
9 Hundeaufanlage
10 Schutzstreifenzaun mit Signalanlagen
11 Betonsperrmauer
12 Stolperdrähte
13 Kontrollpassierpunkt zur Sperrzone
14 Hinweisschilder: „Beginn des Schutzstreifens"

M 11 Vorgehen bei „Grenzdurchbrüchen"

Aus dem Protokoll der 45. Sitzung des Nationalen Verteidigungsrats der DDR vom 3. Mai 1974 zum Tagesordnungspunkt 4: Bericht über die Lage an der Staatsgrenze der DDR zur BRD:

In der Aussprache [...] legte Genosse Erich Honecker folgende Gesichtspunkte dar:
• die Unverletzlichkeit der Grenzen der DDR bleibt nach wie vor eine wichtige politische Frage,
5 • es müssen nach Möglichkeit alle Provokationen an der Staatsgrenze verhindert werden,
• es muß angestrebt werden, dass Grenzdurchbrüche überhaupt nicht zugelassen werden,
• jeder Grenzdurchbruch bringt Schaden für die DDR, [...]
10 • überall muß ein einwandfreies Schussfeld gewährleistet werden,[...]
• nach wie vor muß bei Grenzdurchbruchsversuchen von der Schusswaffe rücksichtslos Gebrauch gemacht werden, und es sind die Genossen, die
15 die Schusswaffe erfolgreich angewandt haben, zu belobigen, [...]

Die DDR-Geschichte in Dokumenten, Bonn 2010, S. 468f.

Aufgaben

1. **Der Bau der Mauer**
   a) Erläutere die Motive der DDR-Bürger, den „Arbeiter- und Bauernstaat" zu verlassen.
   b) Begründe, warum das „Mauerspringer"-Foto in westlichen Medien zur Bildikone wurde.
   c) Erläutere die Aussageabsicht des Fotos der Kampfgruppen vor dem Brandenburger Tor.
   d) In einem Aufruf hieß es: „In Berlin haben wir Werktätigen der DDR am 13. August [1961] einen großen Sieg errungen." Diskutiere diese Position. → Text, M6, M9
2. **Peter Fechter – Der erste Mauertote**
   a) Fasse die Ereignisse in Berlin am 17. August 1962 mit eigenen Worten zusammen.
   b) Beurteile die Haltung der Beteiligten.
   → M7, M8

Methode: Arbeiten im Archiv

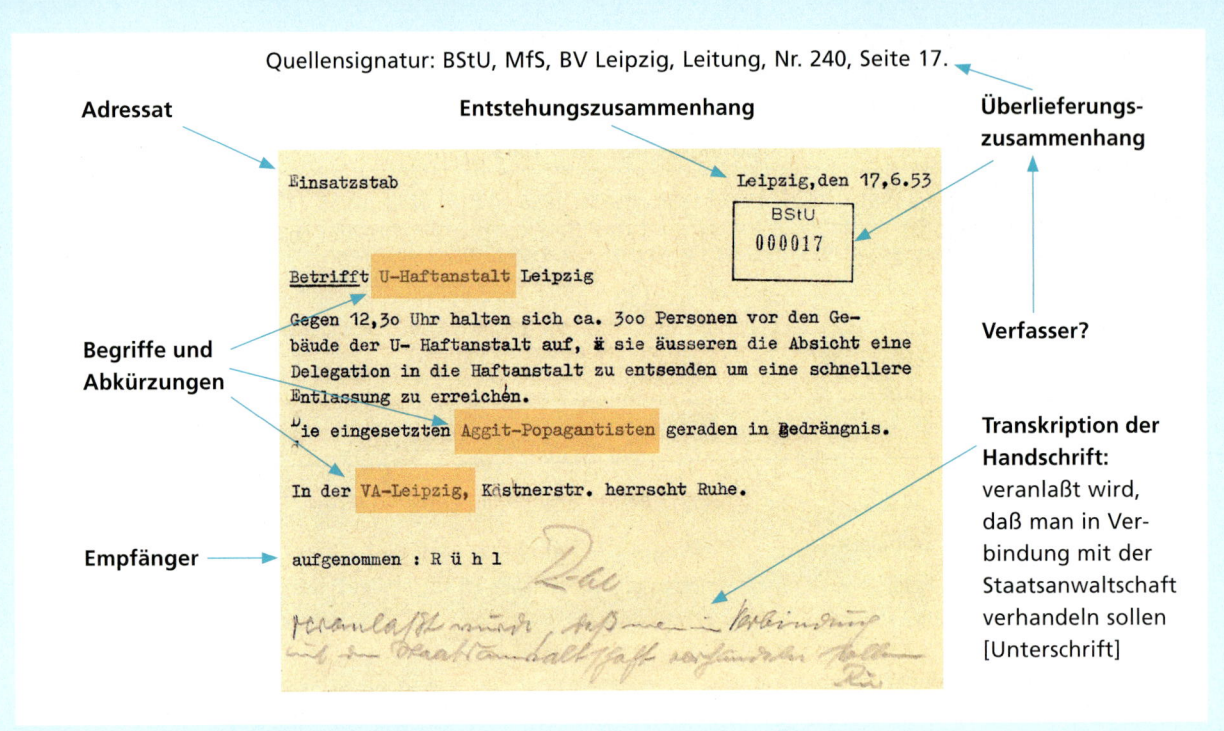

Quellensignatur: BStU, MfS, BV Leipzig, Leitung, Nr. 240, Seite 17.

- **Adressat** → Einsatzstab
- **Entstehungszusammenhang** → Leipzig, den 17.6.53
- **Überlieferungszusammenhang** → BStU 000017
- **Begriffe und Abkürzungen** → Betrifft U-Haftanstalt Leipzig; Aggit-Popagantisten; VA-Leipzig
- **Verfasser?**
- **Transkription der Handschrift:** veranlaßt wird, daß man in Verbindung mit der Staatsanwaltschaft verhandeln sollen [Unterschrift]
- **Empfänger** → aufgenommen: R ü h l

Dokumenttext:
Betrifft U-Haftanstalt Leipzig

Gegen 12,30 Uhr halten sich ca. 300 Personen vor dem Gebäude der U-Haftanstalt auf, sie äußeren die Absicht eine Delegation in die Haftanstalt zu entsenden um eine schnellere Entlassung zu erreichen.
Die eingesetzten Aggit-Popagantisten geraden in Bedrängnis.

In der VA-Leipzig, Kästnerstr. herrscht Ruhe.

aufgenommen: R ü h l

M 1 Erschließung einer Archivquelle
Historischer Kontext: Im Zuge der Ereignisse des 17. Juni 1953 kommt es zum Versuch der Demonstranten, Häftlinge aus dem Untersuchungsgefängnis des MfS in der Leipziger Beethovenstraße zu befreien.

Arbeiten im Archiv

Historische Erkenntnisse lassen sich nur auf der Grundlage einer methodischen Auswertung von Quellen gewinnen. Archive sind wichtige Speicher von historischem Material. In ihren Magazinen werden vor allem Akten, Briefe, Karten, Bilder und persönliche Nachlässe aufbewahrt, erhalten und für die Nutzung bereitgestellt. Nur ein sehr geringer Teil der Bestände, die insgesamt in Archiven lagern, sind in Quellensammlungen aufbereitet. Wer die Mühen auf sich nimmt, originale Quellen zu erschließen, kann neue Erkenntnisse und Einsichten über die Vergangenheit gewinnen. In letzter Zeit haben sich viele Archive immer stärker jungen Nutzern geöffnet. Gerade für Projektarbeiten und Schülerwettbewerbe hat sich der Lernort Archiv etabliert.

Um in einem Archiv für eigene Fragestellungen brauchbares Material zu finden, ist es notwendig zu wissen, wie ein Archiv funktioniert. Archive haben immer eine bestimmte Zuständigkeit. Diese legt fest, welches historische Material dem jeweiligen Archiv zur Aufbewahrung anvertraut wird. So wie es unterschiedliche Behörden und Instanzen gibt, so ist auch die Archivlandschaft gegliedert. Bereits die genauere Bezeichnung des Archivs kann darüber Aufschluss geben. Beispielsweise werden im Archiv der Behörde des Bundesbeauftragten (BStU) die 1990 sichergestellten Unterlagen des Ministeriums für Staatssicherheit der DDR aufbewahrt. Im Vorfeld ist zu prüfen, welches Archiv für das eigene Forschungsprojekt benutzt werden kann. Dies lässt sich durch eine Anfrage per E-Mail klären. Die Archivmitarbeiter können wertvolle Hinweise geben, ob und in welchen Beständen sich zum gewünschten Thema Quellen finden lassen.

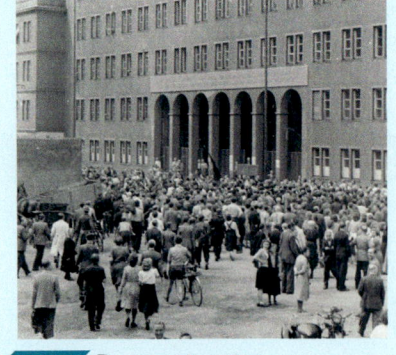

M 2 Demonstranten vor dem Bezirksgericht in der Leipziger Beethovenstraße, Foto des MfS, 17.6.1953

M 3 Flugblatt
Auf der Rückseite ist notiert: „Fotokopie wurde am Mittwochabend in der Beethovenstr. den Passanten in die Hände gedrückt", Quelle: BStU

Die einzelnen Bestände eines Archivs sind in Findbüchern verzeichnet. Hier gibt es meist eine knappe Inhaltsbeschreibung und eine Signatur, unter der das Archivgut bestellt und von einem Archivar aus dem Magazin ausgehoben wird. Zunehmend werden diese Findmittel online zur Verfügung gestellt, sodass man im Internet bereits vorab recherchieren kann.

Archivalien der Zeitgeschichte unterliegen Sperrfristen. Allgemein werden Akten erst 30 Jahre nach ihrer Entstehung zugänglich gemacht. Persönliche Daten oder Dokumente, die einer besonderen Geheimhaltungsstufe unterliegen, werden länger gesperrt. Die Akten und Briefe, die in einer Behörde entstanden sind, geben Aufschluss über die Vergangenheit, ohne dass sie für diesen Zweck vorrangig angefertigt wurden. Deshalb bieten einzelne Dokumente oft nur einen Ausschnitt des zu untersuchenden Ereignisses. Im Sinne gesicherter historischer Erkenntnisse ist es deshalb notwendig, mehrere Quellen mit verschiedenen Perspektiven auf das zu untersuchende Ereignis zu erschließen.

Fragen an Archivquellen

1. Überlieferungszusammenhang
a) Nenne die Erkenntnisse, die sich aus dem Fundort und dem Überlieferungszusammenhang des Dokuments ergeben.
b) Informiere dich über Aufgaben und Struktur des Archivs der BStU unter: http://www.bstu.bund.de/DE/BundesbeauftragterUndBehoerde/AufgabenUndStruktur/_node.html

2. Entstehungszusammenhang
a) Nenne den Entstehungszeitpunkt und -zusammenhang des Dokuments.
b) Nenne Adressat und Empfänger.
c) Schließe aufgrund des Überlieferungszusammenhangs auf einen möglichen Verfasser.
d) Informiere dich über die Ereignissen des 17. Juni 1953 in Leipzig, speziell den Versuch der Stürmung der Untersuchungshaftanstalt des MfS unter: http://www.bstu.bund.de/DE/Wissen/DDRGeschichte/17-juni-1953/Aufstand-in-den-Bezirken/Leipzig/_node.html

3. Inhalt
a) Löse verwendete Abkürzungen auf und kläre verwendete Begriffe der Behördensprache.
b) Fasse den Inhalt des Dokuments zusammen.
c) Arbeite die Informationen heraus, die sich aus der handschriftlichen Notiz gewinnen lassen.

4. Perspektivität
a) Arbeite die Sicht des Verfassers auf das geschilderte Ereignis heraus.
b) Bewerte die Glaubwürdigkeit der Angaben.

5. Erkenntniswert
a) Fasse die Erkenntnisse zusammen, die die Quelle hinsichtlich der eingangs formulierten Fragestellung liefert.
b) Erarbeite weitergehende Fragen, die sich nur durch weiteres Archivmaterial beantworten lassen.
c) Erläutere Grenzen historischer Rekonstruktion, die sich durch die Arbeit mit Archivquellen feststellen lassen.

Vertiefung: Alltagsleben in der DDR

Das Leben in der Ära Ulbricht

Die Person Walter Ulbricht

Walter Ulbricht (1893–1973) war die bestimmende politische Persönlichkeit der DDR in den ersten beiden Jahrzehnten ihres Bestehens. In jungen Jahren war der gelernte Tischler der KPD beigetreten und nach Hitlers Machtübernahme 1933 über Paris und Prag in die UdSSR emigriert. Von dort kehrte er als einer der ersten Kommunisten nach Deutschland zurück und übernahm nach der Gründung der DDR die Funktionen des stellvertretenden Ministerpräsidenten und des Generalsekretärs der SED. In dieser Funktion dominierte er die Politik des neuen Staates und ging innerhalb der SED konsequent gegen die vor allem sozialdemokratische Opposition vor. Ende der 1960er-Jahre zeigte sich, dass ein neuer politischer Kurs mit ihm kaum durchzusetzen wäre, weshalb er auf Druck der Sowjetunion 1971 seine Ämter an Erich Honecker übertragen musste.

M 1 Walter Ulbricht
Foto, um 1955

Wirtschaftliche Entwicklung

Schon während der Besatzungszeit waren industrielle Großbetriebe und Banken in Staatsbesitz übergegangen. Außerdem wurde im Rahmen einer Bodenreform der Landbesitz über 100 Hektar enteignet und zum großen Teil an Kleinbauern, Landarbeiter und Vertriebene verteilt. Ein zentraler Plan legte seit 1948 Produktionsmengen und Preise fest, wies den Volkseigenen Betrieben (VEB) Aufträge und Rohstoffe zu und gab Arbeitszeiten und Löhne vor. In den 1950er-Jahren gelang der DDR ein beträchtliches Wirtschaftswachstum. Dies gilt allerdings vor allem für den Bereich der Schwerindustrie, während die Produktion von Konsumgütern zunächst vernachlässigt wurde. Erst als Reaktion auf den 17. Juni 1953 korrigierte die SED ihre Wirtschaftspolitik. Nun stieg auch die Erzeugung von Lebensmitteln und anderen Bedarfsgütern, sodass sich nun der Lebensstandard der Bevölkerung deutlich erhöhte. Doch erst mit der Zeit konnte bei der Versorgung der Bevölkerung das Vorkriegsniveau erreicht werden und erst im Mai 1958 wurden die Lebensmittelkarten abgeschafft.

Ein grundlegendes Problem stellte die seit dem Volksaufstand 1953 zunehmende Fluchtbewegung dar, durch die der Volkswirtschaft vor allem gut ausgebildete Facharbeiter verloren gingen. Die schwerfällige Planwirtschaft litt jedoch auch an organisatorischen Mängeln. Hinzu kam eine mangelhafte Warenqualität. Produkte wie Fisch, Südfrüchte oder Gemüse blieben seltene Wirtschaftsgüter. Was der Bürger sonst zum Leben brauchte, kaufte er in den staatlichen HO-Läden, den genossenschaftlich organisierten Läden des Konsum oder den noch zahlreichen privaten Geschäften.

Um 1960 verschärfte die DDR die Kollektivierung der Landwirtschaft. Unter der Losung eines „Sozialistischen Frühlings auf dem Lande" wurden die Einzelbauern durch Druck und Versprechungen in die Landwirtschaftlichen Produktionsgenossenschaften (LPG) gepresst. Viele verließen daraufhin ihre Höfe und flohen in den Westen. Die Folge war eine schwere Versorgungskrise. Auch in der Industrie wurden aus privaten Betrieben, vor allem der Textil- und Nahrungsmittelindustrie, Betriebe mit staatlicher Beteiligung.

M 2 Lebensmittelkarte (1953)
Lebensmittel blieben in der DDR bis 1958 rationiert.

M 3 **Neu-Hoyerswerda**
Ein Arbeiter verlegt Wellbeton-Dachplatten am Wohnkomplex 4 in der Neustadt von Hoyerswerda, 1961.

M 4 **Filmplakat**
zur Wiederaufführung von „Spur der Steine" 1989 in Berlin. Der Film von Frank Beyer war 1966 drei Tage nach seiner Uraufführung verboten worden.

Wohnungsmangel als Dauerproblem
Auch als sich die Lebensverhältnisse der Menschen langsam verbesserten, blieb der gravierende Wohnungsmangel ein dauerhaftes Problem. Familien in Notunterkünften und zu kleinen Wohnungen waren eher die Regel als die Ausnahme. Deshalb begann die DDR Mitte der 50er-Jahre, große Neubausiedlungen außerhalb der Städte zu errichten. Dafür wurde die Plattenbauweise entwickelt. Die erste Stadt, die nach diesen Prinzipien gebaut wurde, war Neu-Hoyerswerda. Trotz größter Anstrengungen konnte das Wohnungsproblem aber nicht gelöst werden und begleitete die DDR bis zu ihrem Ende 1990.

Gesellschaftliche Entwicklung
Der Aufbau des Sozialismus war in der DDR seit 1952 offizielles Staatsziel. In der Praxis bedeutete dies, dass die SED den Anspruch hatte, alle Bereiche der Gesellschaft zu durchdringen. Schritt für Schritt schaltete die SED-Führung alle vermeintlichen Gegner des Sozialismus aus. Viele von ihnen wurden inhaftiert, unter anderem im besonders berüchtigten Zuchthaus Bautzen. Nach dem 17. Juni 1953 wurde das Überwachungssystem noch deutlich ausgebaut.

Schon zuvor legte die DDR-Führung sehr viel Wert auf die Erziehung der jungen Menschen zu „sozialistischen Persönlichkeiten". Aus diesem Grund wurden die Pioniere und die Freie Deutsche Jugend (FDJ) zu Massenorganisationen, deren Einfluss sich die Heranwachsenden nur schwer entziehen konnten. Die Mitgliedschaft war oft eine Voraussetzung für eine berufliche und gesellschaftliche Karriere.

Mit dem Mauerbau 1961 wurde klar, dass der Traum von einem vereinten Deutschland für lange Zeit ausgeträumt war. Da sich zeitgleich die persönliche Situation vieler DDR-Bürger verbesserte, begannen sie, sich in der Gesellschaft einzurichten und die DDR zunehmend als ihren Staat zu betrachteten. Nichtsdestotrotz nahmen sie den unterschiedlichen Entwicklungsstand der beiden deutschen Gesellschaften sehr deutlich wahr.

Die Kulturpolitik der SED
Nach dem Mauerbau 1961 blieb der DDR-Bevölkerung nur noch das kulturelle Schaufenster zur Bundesrepublik. Radio und zunehmend auch das Fernsehen wurden noch intensiver genutzt, um das Leben auf der anderen Seite der Mauer zu beobachten. Die DDR unternahm große Anstrengungen, um dies zu verhindern und entwickelte eigene Unterhaltungsprogramme, die von der Bevölkerung angenommen wurden, den Blick über die Mauer aber nicht ersetzten.

Viel mehr Sorge bereitete der SED-Führung aber die Wirkung westlicher Musik auf die Jugend. Auch die DDR-Jugendlichen begeisterten sich für Rock 'n Roll und die Beatles und kleideten sich entsprechend. Nach einem kurzen kulturellen Tauwetter 1963/64 und der Gründung des späteren Jugendradios DT64 entschloss sich die SED-Führung, ihren kulturpolitischen Kurs wieder zu verschärfen. „Mit der Monotonie des Yeah, Yeah, Yeah und wie das alles heißt sollte man doch Schluss machen", befand Walter Ulbricht. Allein im Bezirk Leipzig wurde 54 von 58 Bands die Spielerlaubnis entzogen. Auch Bücher und Filme unterlagen der Zensur.

Vertiefung: Alltagsleben in der DDR

„Unter vier Augen" – Mit einem Zeitschriftenbeitrag arbeiten

Ich bin 20 Jahre alt und Lehrerin in einem Dorf. Seit kurzer Zeit habe ich einen Freund; er ist 19 Jahre alt und Student. Wir beide verstehen uns prima, und unser Briefwechsel macht uns beiden Freude. Nur eins trübt unsere Beziehungen: Als er das erste Mal im Ort war, begann der große „Tratsch", und seitdem wird so allerlei geflüstert. Wir wissen nun nicht, wie wir uns verhalten sollen, denn ich befürchte auch, daß einige meiner Lehrerkollegen eine Kontra-Stellung einnehmen, weil die Rederei im Dorf das Ansehen des Lehrerberufs gefährden könne. Soll mein Freund deswegen nur Briefpartner für mich sein, würde ich ihn vielleicht in gar nicht allzu langer Zeit verlieren, und das möchte ich nicht.

Sigrid*)

Foto: JW-Bild/Schulze

M 5 Dem Dorfklatsch beugen?

Die „Junge Welt" war das offizielle Organ der FDJ und erschien seit 1952 täglich. Sie war zuletzt die auflagenstärkste Zeitung der DDR. In der Rubrik „Unter vier Augen" berichteten Jugendliche und junge Erwachsene von ihren Problemen. Auf die obige Zuschrift antwortete die Redaktion in der Ausgabe vom 16. Juni 1964:

Sicher liefern im Dorf viele Dinge, was es auch immer sei, sofort Gesprächsstoff. Aber das ist wohl nur in der ersten Zeit der absoluten „Neuigkeit" so. Später legt sich das sensationelle Tuscheln über
5 ein Paar, wenn es sich wirklich um ein gutes, sauberes, ernsthaftes Verhältnis zwischen einem jungen Mädchen und einem jungen Mann handelt. Dauernden Gesprächsstoff für den ganzen Ort liefern wohl nur solche Freundschaften, die zwielich-
10 tig sind. [...] Schwierig wird es nur dann, wenn es durch eigenes, zu Zweifeln Anlass gebendes Verhalten dahin kommt, dass eben nicht nur die Klatschmäuler darüber reden. [...]

Wichtig ist – wenn ihr euch wirklich gut versteht und ernsthaft an die Zukunft denkt –, dass ihr euch 15 unter diesen Bedingungen nicht zur Heimlichtuerei verleiten lasst, denn erst dann gebt ihr Anlass zu Zweideutigkeiten und Klatscherei. Über eine offene, erkennbar anständige Freundschaft lässt sich nicht viel Zweifelhaftes verbreiten. 20
Du bist alt genug (er auch), um einen Freund zu haben, und das kann dir weder der „gesprächstüchtige" Teil der Dorfbevölkerung noch dieser oder jener „Moralhüter" unter der Lehrerschaft übelnehmen. Als Erzieher muss man nicht aske- 25 tisch, sondern anständig leben. Ihr kennt euch erst sehr kurze Zeit und deshalb ist etwas Zurückhaltung in den gegenseitigen Beziehungen in der ersten Zeit noch ratsam. Aber wenn ihr euch durch den Austausch eurer Ansichten und Anschau- 30 ungen nähergekommen seid und wirklich – gut überlegt – die Absicht habt, zusammenzubleiben, dann braucht ihr beide euch in keiner Weise vor der Meinung der Öffentlichkeit fürchten.

Junge Welt, 16. Juni 1964.

Die wirtschaftliche Entwicklung in der Ära Ulbricht

M 6 — Zwei Stimmen zur DDR-Wirtschaft

a) Die Märkische Volksstimme berichtete (28. 1. 53):

Vor einigen Tagen erhielt die Kreisdirektion der „Märkischen Volksstimme" eine Zuschrift zweier um das Wohl ihrer Sprösslinge besorgter Väter. Sie fragten bei uns an, woran es liegt, daß es in Brandenburg keine Windeln gibt. Es ginge auf die Dauer nicht, daß sie ihre Hemden und Unterhosen für Säuglinge opfern, weil die DHZ [Deutsche Handelszentrale] Textil nicht in der Lage ist, die HO und den Konsum mit diesen dringend benötigten Artikeln zu beliefern.

M. Judt (Hg.), DDR-Geschichte in Dokumenten, Berlin 1997, S. 192.

b) Aus der offiziellen DDR-Geschichtsschreibung:

In dieser Zeit, in der die Arbeiterklasse und die anderen Werktätigen große Anstrengungen unternahmen, um die Wirtschaftskraft der DDR auf den wichtigsten Gebieten zu stärken, zeigten sich zugleich bestimmte Spannungen. Gab es einerseits stürmische Fortschritte, so traten andererseits Engpässe in der Versorgung mit Energie, Rohstoffen und Materialien auf. Der Kampf um die Erfüllung der Pläne gestaltete sich oftmals schwierig. Verstärkt wurde das durch Störungen, die vom kapitalistischen Sektor der Volkswirtschaft ausgingen, auch durch die Wirtschaftsblockade des Imperialismus. Produktionsausfälle und Mängel in der Versorgung riefen bei den Werktätigen Unzufriedenheit und Verärgerung hervor. Die Parteiorganisationen leisteten beharrliche Überzeugungsarbeit und gewannen die Werktätigen dafür, diese Schwierigkeiten überwinden zu helfen.

Geschichte der Sozialistischen Einheitspartei Deutschlands, Berlin (Ost) 1978, S. 285.

M 7 — Lebensstandard in den 1960er-Jahren

Aus einer Publikation der Bundeszentrale für politische Bildung (2012):

Trotz der strukturellen Defizite der Wirtschaftsreformen hatte sich der wirtschaftliche Strukturwandel seit 1964/65 zunächst positiv auf den Lebensstandard der Bevölkerung ausgewirkt. Durch überdurchschnittliche Wachstumsraten konnte der staatliche Handel mehr industrielle Konsumgüter als in den Vorjahren anbieten. Fernsehapparate, Kühlschränke und Waschmaschinen waren keine unerreichbaren Luxusgüter mehr. Die schrittweise Abschaffung der Samstagsarbeit führte zu Arbeitszeitverkürzungen und mehr Freizeit. Durch steigende Nettogeldeinnahmen konnten sich immer mehr Familien einen neuen PKW der Marke „Trabant" oder „Wartburg" leisten. Der „Trabi" oder auch die „Rennpappe", wie das in der DDR produzierte Auto aufgrund seiner Karosserie aus Kunststoff genannt wurde, avancierte zum Statussymbol. Die sozialistische Mangelwirtschaft und der erzwungene Konsumverzicht schienen der Vergangenheit anzugehören.
Die alltägliche Praxis stand der offiziell verkündeten Überlegenheit des sozialistischen Wirtschaftsmodells allerdings immer spürbarer entgegen. Für hochwertige Konsumgüter mussten nicht nur horrende Preise gezahlt werden. Gleichzeitig blieb das Angebot deutlich hinter der Nachfrage zurück. [...] Die wirtschaftliche Leistungsfähigkeit der Bundesrepublik und damit der materielle Lebensstandard der Bevölkerung waren auch in den 1960er-Jahren permanent höher als in der DDR.

http://www.bpb.de/geschichte/deutsche-einheit/deutsche-teilung-deutsche-einheit/52979/das-ende-der-aera-ulbricht.

Aufgaben

1. **Die DDR in der Ära Ulbricht**
   a) Stelle Anspruch und Wirklichkeit der DDR-Planwirtschaft einander gegenüber.
   b) Analysiere die kulturpolitischen Kontinuitäten und Diskontinuitäten in den 60er-Jahren.
   c) Verfasse eine kurze Darstellung zum Thema: „Die ökonomische Situation der DDR Ende der 60er-Jahre".
   → Text, M6, M7

2. **„Unter vier Augen"**
   a) Beschreibe mit eigenen Worten Sigrids Problem.
   b) Erläutere die im Artikel „Dem Dorfklatsch beugen?" behandelten Moralvorstellungen.
   c) Vergleiche die Diskussion in der „BRAVO" auf Seite 82 mit dem Text aus der „Jungen Welt".
   d) Verfasse aus heutiger Sicht eine Antwort auf den Leserbrief von Sigrid. → M5

Deutschland – Von der Teilung zur Wiedervereinigung

Die Bundesrepublik 1963–1990

Von der Ära Adenauer zur Großen Koalition

Der Rücktritt Konrad Adenauers 1963 beendete die frühe Phase der Bundesrepublik. Nachfolger wurde sein Wirtschaftsminister Ludwig Erhard (CDU). Obwohl die Bürger mit seinem Namen das deutsche „Wirtschaftswunder" verbanden, war ihm als Bundeskanzler wenig Erfolg beschieden. In seiner Amtszeit kam es zu einer Wirtschaftskrise mit einem bis dahin nicht gekannten Anstieg der Arbeitslosenzahl.

Um die Probleme zu meistern, ging die CDU nach heftigen Debatten eine Koalition mit der SPD ein. Neuer Bundeskanzler wurde Kurt Georg Kiesinger (CDU), Vize-Kanzler und Außenminister Willy Brandt (SPD). Damit übernahm die SPD erstmals Regierungsverantwortung. Der Großen Koalition gelang es mithilfe gezielter Maßnahmen, die wirtschaftliche Krise bald zu überwinden.

M 1 Große Koalition 1966
Bundeskanzler Kurt Georg Kiesinger (rechts) mit Vizekanzler und Außenminister Willy Brandt (links) und dem SPD-Fraktionsvorsitzenden Helmut Schmidt (Mitte)

Die Entstehung der APO

In den 1960er-Jahren äußerten Studenten zunächst ihre Unzufriedenheit mit den verkrusteten Verhältnissen an den Universitäten. Daraus entstand Ende der 1960er-Jahre eine umfassende Protestbewegung. Besonders umstritten waren die Notstandsgesetze. Das Notstandsrecht, das bei inneren Unruhen, Katastrophen oder im Kriegsfall galt, hatten sich die westlichen Alliierten vorbehalten. Nun sollte die Bundesrepublik auch auf diesem Sektor ihre Souveränität zurückgewinnen. Da der Staat bei einem Notstand die Grundrechte einschränken kann, fürchteten die Kritiker – ähnlich wie in Weimar – die schleichende Errichtung einer Diktatur. Da eine starke Opposition im Bundestag fehlte und nur noch die FDP die Regierung kontrollierte, verstanden sich die Demonstranten daher als „Außerparlamentarische Opposition" (APO).

Schatten der Vergangenheit

Die APO forderte von der älteren Generation auch eine schonungslose Aufarbeitung der nationalsozialistischen Vergangenheit. Die Ermittlungen der 1958 eingerichteten „Zentralen Stelle der Landesjustizverwaltungen zur Verfolgung nationalsozialistischer Gewaltverbrechen" führten in den 60er-Jahren zu aufsehenerregenden Prozessen. Der Auschwitz-Prozess, der von 1963 bis 1966 in Frankfurt stattfand, zeigte einer breiten Öffentlichkeit kaum vorstellbare Gewalttaten aus den Konzentrationslagern. Es wuchs das Bewusstsein, dass viele NS-Verbrechen ungesühnt geblieben waren und sich die Täter in der deutschen Bevölkerung frei bewegten.

„1968"

Die Protestbewegung erreichte im Jahr 1968 ihren Höhepunkt. Besonders der von den USA geführte Krieg in Vietnam provozierte heftigen Widerstand. Mit neuen Aktionsformen verschaffte sich die APO Gehör: Flugblätter, Demonstrationen und Sitzblockaden wurden gängige Mittel, eigenen Forderungen Nachdruck zu verleihen.

1967 kam es in Berlin beim Staatsbesuch des persischen Herrschers zu gewalttätigen Auseinandersetzungen: Während einer Demonstra-

M 2 Studentendemonstration 1968 in Westberlin

tion erschoss ein Polizist den Studenten Benno Ohnesorg, was zu Straßenkämpfen in verschiedenen deutschen Städten führte.

Im Frühjahr 1968 versuchte ein Attentäter den Anführer der Studentenbewegung, Rudi Dutschke, zu erschießen, der schwer verletzt überlebte. Die Studenten gaben den Zeitungen des Verlagshauses Springer, insbesondere der Bild-Zeitung, eine Mitschuld an der Eskalation, da Bild die Studentenbewegung scharf kritisierte.

Wandel der Lebensformen

Die „68er-Bewegung" propagierte auch neue Lebensformen, die keinen gesellschaftlichen Zwängen unterlagen. So provozierte die Forderung nach einer anti-autoritären Erziehung, das heißt ohne äußeren Zwang, die ältere Generation. Warum sollten Kinder ungefragt gehorchen? Warum sollte ihr Leben von Pflichten und Verboten bestimmt sein? Bewusst grenzte sich ein Teil der jungen Generation auch äußerlich ab. Lange Haare und eine nachlässig-bequeme Kleidung kamen in Mode.

War es damals unüblich oder gar strafbar, Wohnungen an unverheiratete Paare zu vermieten, so gründeten Studenten nun Wohngemeinschaften, in denen unverheiratete Frauen und Männer zusammenlebten. Berühmtheit erlangte die Berliner „Kommune 1", die sexuelle Tabus brach und sich bewusst von kleinbürgerlichen Vorstellungen lösen wollte. Fand der neue Lebensstil zunächst nur bei Studenten und anderen jungen Leuten Anklang, so bewirkte er langfristig eine Veränderung der Gesellschaft.

M 3 „Konkret"
Zeitschrift, 1967

Die Frauenbewegung

Im Zuge der „68er-Bewegung" entstand eine Frauenbewegung, die die Gleichstellung der Frau in allen gesellschaftlichen Bereichen forderte und für die Streichung des Verbots des Schwangerschaftsabbruchs eintrat. Unter dem Motto „Mein Bauch gehört mir" forderten Frauen das Recht, selbst über eine Abtreibung zu entscheiden.

Machtwechsel – Die sozialliberale Koalition von 1969 bis 1982

Seit 1949 hatte die CDU/CSU die Regierung gestellt. Das änderte sich nach der Bundestagswahl 1969, denn nun übernahm eine sozialliberale Koalition aus SPD und FDP die Macht. Willy Brandt wurde im Oktober 1969 der erste sozialdemokratische Kanzler der Bundesrepublik. Brandt trat mit dem Motto „Mehr Demokratie wagen" an. Das entsprach Forderungen der Jugend und führte zu wichtigen Reformen. So gewährte ein Betriebsverfassungsgesetz den Arbeitnehmern mehr Mitbestimmung. Das Wahlrecht wurde von 21 auf 18 Jahre herabgesetzt, die rechtliche und gesellschaftliche Stellung der Frau verbessert.

Eine neue Ostpolitik

Da die strikte Abgrenzungspolitik die Lage eher verschärft hatte, suchte die neue Regierung Verständigung und Aussöhnung mit den osteuropäischen Staaten und mit der DDR. Sie schloss daher Verträge mit der Sowjetunion und Polen, später mit der Tschechoslowakei, in denen sie die Unverletzlichkeit der Nachkriegsgrenzen anerkannte.

M 4 Aussöhnung mit Polen
Willy Brandt kniet bei seinem Besuch in Warschau 1970 vor dem Mahnmal des Warschauer Getto-Aufstandes.

Der Grundlagenvertrag mit der DDR von 1973 regelte das Nebeneinander beider deutscher Staaten. In ihm erkannte die Bundesrepublik die Souveränität der DDR an, die dafür Reiseerleichterungen zugestand. Die Forderung nach Wiedervereinigung erhielt die Bundesregierung zwar aufrecht, akzeptierte aber die bestehenden politischen Verhältnisse. Die Ostpolitik stieß bei der CDU/CSU-Opposition auf erbitterten Widerstand, wurde aber international begrüßt. Bundeskanzler Willy Brandt erhielt dafür den Friedensnobelpreis.

Von Brandt zu Schmidt
Nach dem Machtwechsel 1969 kehrten einige Abgeordnete der sozialliberalen Koalition den Rücken, sodass die knappe Mehrheit verloren ging. Aus den vorgezogenen Wahlen ging 1972 die SPD als stärkste Partei hervor. Willy Brandt war auf der Höhe seiner Macht angelangt und setzte die SPD/FDP-Koalition fort. Doch bereits im Mai 1974 erklärte er seinen Rücktritt, nachdem ein enger Mitarbeiter als Spion der DDR enttarnt worden war.

Nachfolger Brandts wurde Helmut Schmidt (SPD). Er setzte die Politik seines Vorgängers fort, hatte aber mit besonderen Herausforderungen zu kämpfen. In diese Zeit fielen nämlich die Auswirkungen der Ölkrise. Die Erdöl exportierenden arabischen Staaten hatten 1973 die Fördermengen gedrosselt, was den Ölpreis sprunghaft ansteigen ließ. Die dadurch ausgelöste Wirtschaftskrise ließ die Zahl der Arbeitslosen in der Bundesrepublik ansteigen. Schmidt profilierte sich dabei international als Wirtschafts- und Finanzpolitiker und war Mitbegründer des Weltwirtschaftsgipfels, der jährlich die Staats- und Regierungschefs der sieben wichtigsten Industriestaaten zusammenführt.

Die Bedrohung durch den Terrorismus
Seit 1970 erschütterte eine Serie terroristischer Gewaltakte die Bundesrepublik. Eine kleine Gruppe aus dem Umfeld der APO war in den Untergrund gegangen, um die freiheitlich-demokratische Grundordnung mit Gewalt zu stürzen. Die „Rote-Armee-Fraktion" (RAF), wie die Terroristen ihre Organisation nannten, ermordete Repräsentanten des gesellschaftlichen Lebens, vor allem aus der Justiz und der Wirtschaft.

Einen Höhepunkt und zugleich eine neue Dimension erreichte der Linksterrorismus 1977. Der von der RAF entführte Arbeitgeberpräsident Schleyer sollte gegen elf inhaftierte Terroristen ausgetauscht werden. Nachdem die Bundesregierung dies ablehnte, kaperten arabische Luftpiraten eine Lufthansa-Maschine mit deutschen Mallorca-Touristen und entführten sie nach Mogadischu in Somalia. Eine Spezialeinheit des Bundesgrenzschutzes befreite die Touristen in einer dramatischen Rettungsaktion. Wenige Stunden danach begingen die RAF-Anführer im Gefängnis Selbstmord. Hanns-Martin Schleyer wurde am nächsten Tag ermordet aufgefunden.

Als Reaktion auf den Terrorismus kam es zu einer Verschärfung des bundesdeutschen Strafrechts und des Strafvollzugs. Neue Antiterrorgesetze stellten die Bildung terroristischer Vereinigungen und auch das Befürworten von Gewalttaten unter Strafe.

M 5 Gefangener der RAF
Der entführte Arbeitgeberpräsident Hanns-Martin Schleyer, 1977

Die Ära Kohl

1982 brach die sozialliberale Koalition wegen Meinungsverschiedenheiten in der Wirtschaftspolitik auseinander. Im Oktober wurde Helmut Schmidt durch ein konstruktives Misstrauensvotum gestürzt. Die CDU/CSU wählte mit Unterstützung der FDP Helmut Kohl zum neuen Bundeskanzler. Vorgezogene Neuwahlen bestätigten 1983 das Ergebnis. Außenpolitisch setzte die Regierung Kohl die Ostpolitik ihrer Vorgänger fort. So erhielt die DDR 1983 einen Milliarden-Kredit, der ihr das wirtschaftliche Überleben sicherte. 1987 empfing Kohl sogar den Staatschef der DDR, Erich Honecker, zu Gesprächen in Bonn. In die lange Amtszeit Helmut Kohls fiel 1990 die deutsche Wiedervereinigung. Er wurde damit der erste gesamtdeutsche Bundeskanzler.

Die Partei der Grünen

Erstmals seit Einführung der 5-Prozent-Hürde zog 1983 neben CDU/CSU, SPD und FDP mit den Grünen eine weitere Partei in den Bundestag ein. Die Grünen waren eine pazifistische, ökologische und basisdemokratische Partei, die sich in den 70er-Jahren als Reaktion auf die atomare Bedrohung und die Verschmutzung der Umwelt gebildet hatte. Die Ölkrise, die hemmungslose Ausbeutung natürlicher Ressourcen und Atomunfälle wie die Reaktorkatastrophe von Tschernobyl erzeugten bei vielen Menschen ein neues ökologisches Bewusstsein.

M 6 „Dieser Kanzler schafft Vertrauen"
CDU-Plakat zur Bundestagswahl 1983

M 7 „Die Grünen"
Plakat der Grünen zur Bundestagswahl 1983

Deutschland – Von der Teilung zur Wiedervereinigung

Die neue Ostpolitik

M 8 Wandel durch Annäherung

Der SPD-Politiker Egon Bahr in einer Rede vom 15. Juli 1963:

Die amerikanische Strategie des Friedens lässt sich auch durch die Formel definieren, dass die kommunistische Herrschaft nicht beseitigt, sondern verändert werden soll. [...] Die erste Folgerung, die sich aus einer Übertragung der Strategie des Friedens auf Deutschland ergibt, ist, dass die Politik des Alles oder Nichts ausscheidet. Entweder freie Wahlen oder gar nichts, entweder gesamtdeutsche Entscheidungsfreiheit oder ein hartes Nein, entweder Wahlen als erster Schritt oder Ablehnung, das alles ist nicht nur hoffnungslos antiquiert und unwirklich, sondern in einer Strategie des Friedens auch sinnlos.

Heute ist klar, dass die Wiedervereinigung nicht ein einmaliger Akt ist, der durch einen historischen Beschluss an einem historischen Tag auf einer historischen Konferenz ins Werk gesetzt wird, sondern ein Prozess mit vielen Schritten und vielen Stationen. Wenn es richtig ist, was [US-Präsident] Kennedy sagte, dass man auch die Interessen der anderen Seite anerkennen und berücksichtigen müsse, so ist es sicher für die Sowjetunion unmöglich, sich die Zone [DDR] zum Zwecke einer Verstärkung des westlichen Potenzials entreißen zu lassen. Die Zone muss mit Zustimmung der Sowjets transformiert werden. Wenn wir soweit wären, hätten wir einen großen Schritt zur Wiedervereinigung getan. [...] Wir haben gesagt, dass die Mauer ein Zeichen der Schwäche ist. Man könnte auch sagen, sie war ein Zeichen der Angst und des Selbsterhaltungstriebes des kommunistischen Regimes. Die Frage ist, ob es nicht Möglichkeiten gibt, diese durchaus berechtigten Sorgen dem Regime graduell so weit zu nehmen, dass auch die Auflockerung der Grenzen und der Mauer praktikabel wird, weil das Risiko erträglich ist. Das ist eine Politik, die man auf die Formel bringen könnte: Wandel durch Annäherung.

Deutschland Archiv 8/1973, S. 862 ff.

M 9 „Unterschrift des Jahres",
Karikatur von Hanns Erich Köhler, Bundesrepublik Deutschland, 1970

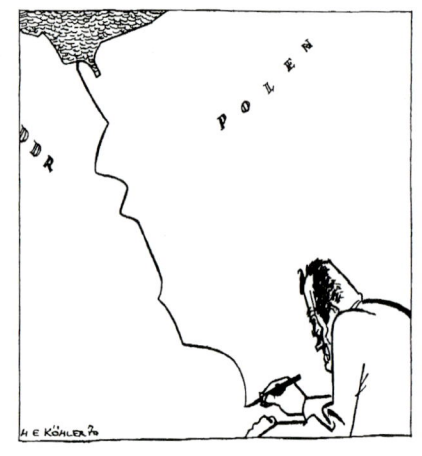

M 10 Grundlagenvertrag

Der 1973 in Kraft getretene Vertrag regelte die Grundlagen der Beziehungen zwischen den beiden deutschen Staaten:

Artikel 1: Die Bundesrepublik Deutschland und die Deutsche Demokratische Republik entwickeln normale gutnachbarliche Beziehungen zueinander auf der Grundlage der Gleichberechtigung.

Artikel 2: Die Bundesrepublik Deutschland und die Deutsche Demokratische Republik werden sich von den Zielen und Prinzipien leiten lassen, die in der Charta der Vereinten Nationen niedergelegt sind, insbesondere der souveränen Gleichheit aller Staaten, der Achtung der Unabhängigkeit, Selbstständigkeit und territorialen Integrität, dem Selbstbestimmungsrecht, der Wahrung der Menschenrechte und der Nichtdiskriminierung.

Artikel 3: Entsprechend der Charta der Vereinten Nationen werden die Bundesrepublik Deutschland und die Deutsche Demokratische Republik ihre Streitfragen ausschließlich mit friedlichen Mitteln lösen und sich der Drohung mit Gewalt oder Anwendung von Gewalt enthalten. [...]

Artikel 7: Die Bundesrepublik Deutschland und die Deutsche Demokratische Republik erklären ihre Bereitschaft, im Zuge der Normalisierung ihrer Beziehungen praktische und humanitäre Fragen zu regeln. Sie werden Abkommen schließen, um auf der Grundlage dieses Vertrages und zum beiderseitigen Vorteil die Zusammenarbeit auf dem Gebiet der Wirtschaft, der Wissenschaft und Technik, des Verkehrs, des Rechtsverkehrs, des Post- und Fernmeldewesens, des Gesundheitswesens, der Kultur, des Sports, des Umweltschutzes und auf anderen Gebieten zu entwickeln und zu fördern. [...]

Der Grundlagenvertrag, Seminarmaterial des Gesamtdeutschen Instituts, Bonn 1975, S. 3 f.

Die Grünen – Eine neue Partei

M 11 Parteiprogramm der Grünen

Aus der Präambel (1980):

Wir sind die Alternative zu den herkömmlichen Parteien. Hervorgegangen sind wir aus einem Zusammenschluss von grünen, bunten und alternativen Listen und Parteien. Wir fühlen uns verbunden mit all denen, die in der neuen demokratischen Bewegung mitarbeiten: den Lebens-, Natur- und Umweltschutzverbänden, den Bürgerinitiativen, der Arbeiterbewegung, christlichen Initiativen, der Friedens- und Menschenrechts-, der Frauen- und 3.-Welt-Bewegung. Wir verstehen uns als Teil der grünen Bewegung in aller Welt.
Die in Bonn etablierten Parteien verhalten sich, als sei auf dem endlichen Planeten Erde eine unendliche industrielle Produktionssteigerung möglich. Dadurch führen sie uns nach eigener Aussage vor die ausweglose Entscheidung zwischen Atomstaat oder Atomkrieg, zwischen Harrisburg oder Hiroshima. Die ökologische Weltkrise verschärft sich von Tag zu Tag: Die Rohstoffe verknappen sich, Giftskandal reiht sich an Giftskandal, Tiergattungen werden ausgerottet, Pflanzenarten sterben aus, Flüsse und Weltmeere verwandeln sich in Kloaken, der Mensch droht inmitten einer späten Industrie und Konsumgesellschaft geistig und seelisch zu verkümmern, wir bürden den nachfolgenden Generationen eine unheimliche Erbschaft auf.
[…] Gegenüber der eindimensionalen Produktionssteigerungspolitik vertreten wir ein Gesamtkonzept. Unsere Politik wird von langfristigen Zukunftsaspekten geleitet und orientiert sich an vier Grundsätzen:
Sie ist ökologisch, sozial, basisdemokratisch und gewaltfrei.

http://www.dhm.de/lemo/html/dokumente/NeueHerausforderungen_programmPraeambelDerGruenen1980/index.ht

M 12 Plakat der Grünen zur Bundestagswahl 1980

„WIR HABEN DIE ERDE VON UNSEREN KINDERN NUR GEBORGT. DIE GRÜNEN"

Aufgaben

1. **Die neue Ostpolitik**
   a) Erläutere die Formel des SPD-Politikers Egon Bahr „Wandel durch Annäherung".
   b) Arbeite den Aspekt heraus, der für Egon Bahr weiterhin das oberste Ziel bundesdeutscher Politik sein sollte.
   c) Beschreibe die Karikatur von Hanns Erich Köhler und erläutere deren Aussage.
   d) Fasse die wiedergegebenen Inhalte des Grundlagenvertrages zusammen.
   e) Erkläre die Gründe dafür, dass dieser Vertrag innenpolitisch heftig umstritten war.
   → Text, M8, M9, M10

2. **Die Ära Kohl**
   a) Skizziere die wichtigsten innenpolitischen und außenpolitischen Entwicklungen in der Ära Kohl.
   b) Beschreibe die beiden Wahlplakate von 1983 und bestimme die jeweilige Aussage.
   → Text, M6, M7

3. **Die Grünen – Eine neue Partei**
   a) Erkläre die vier Grundsätze des grünen Parteiprogramms.
   b) Erläutere die Aussage des Wahlplakats von 1980.
   → M11, M12

Deutschland – Von der Teilung zur Wiedervereinigung

M 1 Honecker und Ulbricht
Erich Honecker (1912–1994), Generalsekretär des ZK der SED und Staatsratsvorsitzender der DDR, gratuliert seinem Vorgänger Walter Ulbricht zum 78. Geburtstag, 30.06.1971.

Die DDR zwischen Mauerbau und Revolution

Die Ära Honecker (1971–1989)

Nach dem Mauerbau begann für die DDR eine Phase der Konsolidierung. Die Gefahr eines Wirtschaftskollapses durch die „Abstimmung mit den Füßen" war gestoppt. Trotzdem musste Walter Ulbricht im Mai 1971 auf Anordnung der neuen Führung der Sowjetunion unter Leonid Breschnew als Staats- und Parteichef zurücktreten. Er war in Moskau aufgrund seiner „schwierigen Persönlichkeit" in Ungnade gefallen. Selbst gegenüber der KPdSU-Führung hatte er sich als Lehrmeister aufgespielt. Seine Ämter übernahm Erich Honecker, unter dem die Bindung der DDR an die Sowjetunion noch enger wurde.

Der VIII. Parteitag der SED beschloss 1971 die „Einheit von Wirtschafts- und Sozialpolitik". Dieses in den folgenden Jahren umgesetzte Konzept steigerte die Konsummöglichkeiten der DDR-Bevölkerung spürbar. So hatten 1975 26,2 % der Haushalte einen PKW, 84,7 % eine Waschmaschine, 73 % einen Kühlschrank und 87,9 % ein Fernsehgerät.

Das nach wie vor ungelöste Wohnungsproblem sollte durch ein gewaltiges Neubauprogramm gelöst werden. Doch während am Rande der Großstädte neue Plattenbausiedlungen aus dem Boden schossen, wurden die historischen Innenstände bewusst dem Verfall preisgegeben. Die Neubauwohnungen waren durchaus begehrt und ihre Vergabe geriet nicht selten zum Politikum.

Das Verhältnis zum Westen

Die vom westdeutschen Bundeskanzler Willy Brandt initiierte Entspannungspolitik wurde von Honecker aufgenommen. Nachdem die Bundesrepublik und die DDR 1972 den Grundlagenvertrag unterzeichnet hatten, traten beide deutsche Staaten den Vereinten Nationen bei. Die DDR erlangte so internationale Anerkennung auch außerhalb des Ostblocks. Gleichzeitig verschärfte Honecker aber die symbolische Abgrenzung zur Bundesrepublik: Alle Hinweise auf die deutsche Einheit verschwanden aus der überarbeiteten Verfassung vom Oktober 1974 und der Text der Nationalhymne entfiel wegen seiner Berufung auf „Deutschland, einig Vaterland". Bei feierlichen Anlässen spielte man nur noch die Melodie.

Trotz der Teilung blieben die Deutschen in Ost und West miteinander im Gespräch. Durch die häufigen Besuche aus dem Westen und die mitgebrachten oder verschickten „Westpakete" wurden die DDR-Bürger mit Konsumgütern konfrontiert, die im Sozialismus nicht erhältlich waren. Seit 1962 gab es die begehrten Westwaren in sogenannten „Intershops" zu kaufen. Bezahlen konnte man dort aber nur mit westlicher Währung, was nur wenigen DDR-Bürgern möglich war.

M 2 Intershop
im Bahnhof Friedrichstraße in Ostberlin, Foto von 1985

Honeckers Kulturpolitik

In den 1970er-Jahren proklamierte das ZK der SED „Weite und Vielfalt" in der Kunst. So entstanden bemerkenswerte Filme wie „Die Legende von Paul und Paula" oder die Erzählung „Die neuen Leiden des jungen W." von Ulrich Plenzdorf. Diese Werke vermittelten dem DDR-Publikum ein individuelles und jugendliches Lebensgefühl. Doch Kritik am SED-Regime wurde weiterhin nicht geduldet.

M 3 **Westdeutsche Karikatur** von Wolfgang Hicks zur Ausbürgerung Wolf Biermanns, Hamburg, nach 1976

Der Liedermacher Wolf Biermann erhielt 1976 eine Ausreisegenehmigung für ein Konzert in Köln. Biermann bekannte sich dort zum Sozialismus, kritisierte aber die SED-Hierarchie und den Stalinismus. Daraufhin wurde er von der DDR-Regierung ausgebürgert und durfte nicht in die DDR zurückreisen. Die Ausbürgerung Biermanns spaltete die DDR-Künstler und Intellektuellen in zwei Lager. Die einen solidarisierten sich mit Biermann in einem Aufruf gegen seine Ausbürgerung. Die anderen hingegen stellten sich in einer offiziellen Erklärung im „Neuen Deutschland" auf die Seite des SED-Staates. Viele von denen, die Biermann unterstützt hatten, stellten einen Ausreiseantrag oder wurden ausgebürgert und gingen in den Westen. So verließen viele prominente Künstler wie Angelika Domröse, Eva-Maria Hagen, Manfred Krug und Armin Müller-Stahl Ende der 1970er- und Anfang der 1980er-Jahre die DDR.

Arbeitswelt und Freizeit

„Sozialistisch arbeiten, lernen und leben" war eine zentrale Botschaft der DDR-Propaganda, die dem bürgerlichen Individualismus den Kampf ansagte und das sozialistische „Kollektiv" pries. In den Betrieben wurden „Bestarbeiter" ausgezeichnet und auch „Normuntererfüller" öffentlich gemacht, um sowohl Kontrolle als auch Planerfüllung zu erreichen. Da die zentral verwaltete Wirtschaft ohne Rücksicht auf betriebswirtschaftliche Kosten Arbeitskräfte einstellte, herrschte offiziell Vollbeschäftigung.

Besonders in der Berufswelt waren Frauen und Männer gleichberechtigt, was als sozialistische Errungenschaft gefeiert wurde. Anders als in der Bundesrepublik gingen die meisten Frauen ganz selbstverständlich einer Erwerbsarbeit nach und waren in allen Berufsgruppen vertreten. Außerdem galt das Prinzip „Gleicher Lohn für gleiche Arbeit". In wichtigen Parteiämtern und führenden Positionen der Wirtschaft waren Frauen hingegen kaum vertreten.

Im Familienleben galt das traditionelle Rollenverständnis von Mann und Frau unverändert. Frauen mussten die Doppelbelastung von Familie und Beruf stemmen. Dabei wurden sie allerdings vom Staat unterstützt, etwa durch zusätzliche Urlaubstage, kürzere Arbeitszeiten und quasi flächendeckende Kinderbetreuungsangebote.

Das Erziehungssystem der DDR war von der Krippe bis zur Universität streng organisiert. Es setzte auf Disziplin und Leistung und zielte

M 4 „Junge Frau von 1975 – nicht mehr kleinzukriegen" Titelblatt der Satirezeitschrift „Eulenspiegel", Berlin (Ost), 1975

Deutschland – Von der Teilung zur Wiedervereinigung

auf die ideologische Beeinflussung. Mit der 1955 eingeführten Jugendweihe sollten junge Menschen ab 14 Jahren symbolisch auf die sozialistische Weltanschauung verpflichtet und kirchliche Bindungen zurückgedrängt werden. Wer sich statt der Jugendweihe für die Konfirmation oder Firmung entschied, musste mit Nachteilen in der Schule und später während des beruflichen Werdegangs rechnen.

Die Urlaubsmöglichkeiten in der DDR waren stark eingeschränkt. Die Plätze in den staatlichen Betriebsferienheimen wurden bezuschusst und waren entsprechend heiß umkämpft. Alternativ boten sich staatliche Zeltplätze oder private Unterkünfte an, die allerdings meist recht teuer waren. Auslandsreisen waren nur in andere Ostblockstaaten möglich. Zwischen Ostseeküste und Balaton in Ungarn sehnten sich viele DDR-Bürger nach westlichen Reisezielen.

Mangel und Konsum

In den 1980er-Jahren zeigte sich, dass sich die ineffektive Planwirtschaft nicht dauerhaft von der Entwicklung des Weltmarktes abkoppeln ließ. Versorgungskrisen bei Konsumgütern, Devisenmangel, steigende D-Mark- und Dollarverschuldung, fehlende Investitionen und ausbleibende Modernisierung waren die Probleme, die zunehmend auf der Wirtschaft lasteten. Dies führte zu wachsendem Unmut in der Bevölkerung. Besonders schlecht war die Versorgung mit Baumaterialien, Autoersatzteilen und Möbeln, doch waren auch andere Güter knapp. Südfrüchte und höherwertige Genussmittel waren rar, überall gab es Warteschlangen. Staatlich festgesetzte Preise führten zu billigen Grundnahrungsmitteln und niedrigen Mieten, sodass die Menschen viel Kaufkraft besaßen, diese aber aufgrund des beschränkten Angebotes nicht nutzen konnten. 1987 betrug die Wartezeit für einen Trabant zwischen 13,5 und 15 Jahren.

M 5 Einkaufen
Schlange vor einem Obst- und Gemüseladen in Weimar, 1983

Ausreise und Opposition

Auf der Konferenz für Sicherheit und Zusammenarbeit in Europa (KSZE) 1973–1975 erkannte die DDR im Prinzip das Bürgerrecht der Freizügigkeit an. Dies führte zu einer Welle an Ausreiseanträgen. Das MfS reagierte mit Verhaftungen und „Zersetzungsmaßnahmen". Tausende Häftlinge wurden von der BRD freigekauft.

Innerhalb der evangelischen Kirche hatte sich in den 1980er-Jahren eine oppositionelle Friedensbewegung aus Christen, ehemaligen Bausoldaten, Umweltschützern und vielen aufbegehrenden Jugendlichen gebildet. Sie wandte sich gegen die Aufrüstung beider Militärblöcke sowie die industriell organisierte Umweltverschmutzung in der DDR und forderte Frieden im Sinne beiderseitiger militärischer Abrüstung. Außerdem setzte sie sich für einen gleichberechtigten gesellschaftlichen Dialog und die Einführung der Menschen- und Bürgerrechte in der DDR ein. Damit forderte sie das Meinungs- und Herrschaftsmonopol der SED heraus. Ermutigt wurde sie durch die Solidarnoćź-Bewegung in Polen und die Reformpolitik des neuen Generalsekretärs der KPdSU Michail Gorbatschow, die seit 1985 unter den Leitbegriffen „Glasnost" und „Perestroika" stattfand. Die Legitimationskrise des real existierenden Sozialismus kulminierte in der friedlichen Revolution des Jahres 1989.

Die Jugendweihe – Mit Textquellen arbeiten

M 6 Das Gelöbnis

a) Die 1955 in der DDR eingeführte Jugendweihe knüpfte an ältere humanistische Traditionen an. Sie wurde als Konkurrenz zur katholischen Firmung und zur evangelischen Konfirmation staatlich massiv gefördert. Die überwiegende Mehrheit der Vierzehnjährigen nahm an der Jugendweihe teil. Das Gelöbnis lautete folgendermaßen:

Liebe junge Freunde!
Seid ihr bereit, als junge Bürger unserer Deutschen Demokratischen Republik mit uns gemeinsam, getreu der Verfassung, für die große und edle
5 Sache des Sozialismus zu arbeiten und zu kämpfen und das revolutionäre Erbe des Volkes in Ehren zu halten, so antwortet: Ja, das geloben wir!
Seid ihr bereit, als treue Söhne und Töchter unseres Arbeiter-und-Bauern-Staates nach hoher Bildung
10 und Kultur zu streben, Meister eures Fachs zu werden, unentwegt zu lernen und all euer Wissen und Können für die Verwirklichung unserer großen humanistischen Ideale einzusetzen, so antwortet: Ja, das geloben wir!
15 Seid ihr bereit, als würdige Mitglieder der sozialistischen Gemeinschaft stets in kameradschaftlicher Zusammenarbeit, gegenseitiger Achtung und Hilfe zu handeln und euren Weg zum persönlichen Glück immer mit dem Kampf für das Glück des Volkes zu
20 vereinen, so antwortet: Ja, das geloben wir!
Seid ihr bereit, als wahre Patrioten die feste Freundschaft mit der Sowjetunion weiter zu vertiefen, den Bruderbund mit den sozialistischen Ländern zu stärken, im Geiste des proletarischen
25 Internationalismus zu kämpfen, den Frieden zu schützen und den Sozialismus gegen jeden imperialistischen Angriff zu verteidigen, so antwortet: Ja, das geloben wir!
Wir haben euer Gelöbnis vernommen. Ihr habt
30 euch ein hohes und edles Ziel gesetzt. Feierlich nehmen wir euch auf in die große Gemeinschaft des werktätigen Volkes, das unter Führung der Arbeiterklasse und ihrer revolutionären Partei, einig im Willen und im Handeln, die entwickelte
35 sozialistische Gesellschaft in der Deutschen Demokratischen Republik errichtet.
Wir übertragen euch eine hohe Verantwortung. Jederzeit werden wir euch mit Rat und Tat helfen, die sozialistische Zukunft schöpferisch zu gestalten.

Thomas Gandow, Jugendweihe, München 1994, S. 47.

M 7 Jugendweihe in Bad Freienwalde, 1985

b) Claudia Rusch, geboren 1971, schildert ihre Jugendweihe in Berlin (2003):

Die Jugendweihe war das abschließende und am heißesten erwartete Ereignis einer DDR-Kindheit. Sie bedeutete die feierliche Aufnahme der Vierzehnjährigen in den Kreis der Erwachsenen. Zeit-
5 gleich bekam man seinen Personalausweis, trat in die FDJ ein und wurde fürderhin von den Lehrern im Unterricht gesiezt. Ein bedeutsamer Moment also. […] Ich hatte Anfang 1985 Jugendweihe. […] Der Festakt mit Reden, Kulturprogramm und sozi-
10 alistischem Glaubensbekenntnis fand in einem Saal des Museums für Deutsche Geschichte statt. […] Obwohl ich sogar eine Rede halten musste, war ich insgesamt ein wenig leidenschaftslos, was diese ganze Weihe betraf. Theoretisch hätte ich
15 mich auch konfirmieren lassen können, doch es wäre mir noch falscher vorgekommen, als auf diesen Staat zu schwören. Denn ich war zwar zutiefst atheistisch erzogen worden, aber, ehrlich gesagt, belog ich doch lieber Honecker als Gott. Sicher ist
20 sicher. Man weiß ja nie. […] Also entschied ich mich für die Jugendweihe. Denn natürlich wollte auch ich ein Initiationsritual. Ich wollte auch erwachsen werden. Und ich wollte sein wie die anderen.
Die entscheidende Frage der Jugendweihe lautete: „Was ziehst du an?" […] Das Gelöbnis spielte keine
25 Rolle – entscheidend waren das Fest und die Geschenke. […] Als wir dran waren, erhob ich mich und tat das, was ich immer tat: Ich ging los und stand es durch. In meinem bedeutungsvollen Westkleid stieg ich auf die Bühne, schwor mit gekreuz-
30 ten Fingern auf den Staat und wurde erwachsen.

Claudia Rusch, Meine freie deutsche Jugend, 2003, S. 47 ff.

Deutschland – Von der Teilung zur Wiedervereinigung

Versorgungsengpässe – Mit Textquellen arbeiten

M 8 „Automarkt"

Annoncen in der „Lausitzer Rundschau" vom 7. Juni 1982. Die gesetzlich festgelegten Preise führten zu der seltsamen Situation, dass gebrauchte Autos teurer waren als Neuwagen. Gegen den blühenden Schwarzmarkt halfen keine Gesetze und Strafandrohungen.

M 9 Automarkt

Information der Bezirksleitung der SED Berlin an das Politbüro der SED vom 16. April 1980 über Straftaten unter Ausnutzung von Zeitungsannoncen:

Bei den unter der Rubrik „Automarkt" […] annoncierten Angeboten ist überwiegend der rechtswidrige und spekulative Charakter von Preisforderungen erkennbar.
5 Die in den Annoncen geforderten Preise stehen im Widerspruch zu den für die Preisbildung bei gebrauchten Kraftfahrzeugen gültigen Rechtsvorschriften. Die Praxis bestätigt, dass darüber hinaus der dann zwischen Verkäufer und Käufer ausge-
10 handelte Preis noch darüber liegt.
Überpreisforderungen sind besonders in Annoncen über den Verkauf von PKW des Typs „Trabant" enthalten, treten jedoch auch bei Importfahrzeugen in Erscheinung. Charakteristisch ist dabei, dass, differenziert für Fahrzeuge, die bis zu 15 Jahren 15 alt sind und Laufleistungen von über 50.000 km aufweisen, überwiegend 80–110% der Neupreise angegeben sind.
Der beschäftigungslose Gerd G. erzielte von Oktober 1975 bis November 1978 durch den spekulati- 20 ven Handel mit PKW, wertintensiven Konsumgütern sowie mit anderen Gegenständen in einem Umfang von 1,9 Mio Mark einen persönlichen Gewinn von 379 TM. Allein bei 44 PKW wurden unter Verletzung von Preisbestimmungen in einer 25 Höhe von 260 TM bis zu 20 TM über den EVP für den jeweiligen PKW gefordert und von den Interessenten gezahlt.

Bundesarchiv/SAPMO IV 2/2037/26

M 10 Engpässe

Aus einer streng vertraulichen Information der Bezirksverwaltung Suhl (Thüringen) des MfS (Ministeriums für Staatssicherheit) vom 13.5.1985:

Kreis Sonneberg: In den Grenzgemeinden des Kreises bestehen seit Monaten Schwierigkeiten bei der Bereitstellung von ausgewählten Gemüsekonserven wie Gurken, Paprika und Letscho
5 [ungarisches Schmorgericht]. […]
Ständige Nachfrage besteht in den Grenzgemeinden nach gekörnter Brühe, schwarzem Tee in Beuteln, Waffeln und Dauergebäck.
Kreis Suhl: […] In der Konsumverkaufsstelle Suhl-
10 Neundorf gibt es heftige Diskussionen über die schlechte Obst- und Gemüseversorgung; außer Kuba-Orangen gebe es z.Z. keinerlei Obst und Gemüse. […]
In diesem Zusammenhang wurde die Auffassung geäußert, dass „40 Jahre nach dem Krieg die Versor- 15 gung mit bestimmten Dingen besser sein müsste". Unter der Bevölkerung der Bezirksstadt traten Diskussionen über den ungenügenden Frischegrad von Brot auf sowie über die ungenügende Versorgung mit Joghurterzeugnissen, Südfrüchten, Back- 20 zutaten und Kuko-Reis. Ausgewählte Käsesorten wie Limburger, Romadur und Brie sind nicht ständig im Angebot. Der Bedarf nach Edelfleisch- und Schinkenware kann derzeit nicht befriedigt werden.

BStU (Bundesbeauftragter für die Unterlagen des Staatssicherheitsdienstes der ehemaligen DDR), Archiv der Außenstelle Suhl, AKG/29 Bd. 2.

106

Wohnungsbau – Perspektiven vergleichen

M 11 Wohnungsbau: Anspruch …

Aus der Autobiografie Erich Honeckers (1980):

In den Städten und Dörfern sollen Wohngebiete geschaffen werden, die den Stolz der Werktätigen auf ihre Heimat festigen und die weitere Ausprägung der sozialistischen Lebensweise fördern. Dazu
5 gehört auch, viele attraktive gesellschaftliche Einrichtungen zu bauen, welche dazu beitragen, das Leben der Menschen, besonders der werktätigen Frauen, zu erleichtern und die Freizeit interessant und sinnvoll zu gestalten. […]
10 Nur ein den spezifischen Wohnbedürfnissen gerecht werdender Wohnungsbau und eine an sozialen Kriterien sich orientierende Wohnungsvergabepolitik bei niedrigen Mieten entspricht dem humanistischen Anliegen, Wohngebiete zu schaffen, die frei
15 sind von den versteinerten Gegensätzen zwischen Arm und Reich, in denen sich alle Bewohner wohl fühlen und wo ihre Kinder in menschlicher Wärme und sozialer Geborgenheit aufwachsen.

Erich Honecker, Aus meinem Leben, Berlin 1980, S. 310.

M 12 … und Wirklichkeit

Seit 1975 hatten die Bürger der DDR das Recht, sich durch sogenannte Eingaben bei staatlichen Stellen über Missstände zu beschweren. Dabei standen Klagen über die mangelhafte Versorgung mit Wohnraum an erster Stelle. Den folgenden Brief vom 30. Dezember 1986 schickte ein Bürger an den Oberbürgermeister von Meißen und parallel an die Redaktion der Fernsehsendung Prisma mit der Bitte, das Problem öffentlich zu machen:

Werter Genosse Bürgermeister!
Am gestrigen Abend hörte ich in der „Aktuellen Kamera" [DDR-Nachrichtensendung], wie Sie über die Erfolge der Stadt Meißen sprachen und Ihren Stolz über die Verbesserung der Wohnverhältnisse 5 der Bürger Ihrer Stadt zum Ausdruck brachten.
Um die Verhältnisse in Ihrer Stadt richtig kennen zu lernen, empfehle ich Ihnen einen Besuch bei der Familie Senf in der Hopfendorfer Straße 45. Dort, unter dem Dach, erhielt vor ca. 4 1/2 Jahren 10 meine Tochter als junge Lehrerin eine Absolventenwohnung, bestehend aus einem Wohnzimmer, einer kleinen Küche und einer kleinen Kammer mit schräger Wand. Meine Tochter verwendete ihren gesamten Urlaub und ihre gesamten Erspar- 15 nisse, um mit Hilfe von Freunden und Kollegen diese Wohnung in einen bewohnbaren Zustand zu versetzen. Heute wohnt dort eine 4-Personen-Familie.
Wohnen heißt für diese Familie: Das Ehepaar 20 schläft auf Matratzen am Fußboden, weil keine Möglichkeit zum Aufstellen von Betten besteht. […] Welche Schwierigkeiten es bereitet, unter den gegebenen Umständen die erforderlichen hygienischen Bedingungen für die Kinder zu gewährlei- 25 sten, möchte ich hier nicht detailliert darstellen. […] Nach Ihrem Auftreten in der „Aktuellen Kamera" erwarte ich nun Ihre konkreten Maßnahmen. Noch immer gilt doch wohl, dass Menschen nicht nur durch Agitation und Propaganda überzeugt 30 werden, sondern sich vor allem anhand ihrer eigenen Erfahrungen überzeugen.

Saskia Handro (Hg.), Fundus Quellen für den Geschichtsunterricht. Alltagsgeschichte, 2. Aufl., Schwalbach/Ts. 2006, S. 195.

Aufgaben

1. **Die Jugendweihe – Mit Textquellen arbeiten**
   a) Arbeite aus dem Gelöbnis zur Jugendweihe die Erwartungen an die Jugendlichen heraus.
   b) Erläutere die im Bericht von Claudia Rusch erkennbare Einstellung zur Jugendweihe.
   c) Erkläre den Zweck der Jugendweihe und nimm dazu Stellung. → Text, M6, M7

2. **Versorgungsengpässe**
   a) Erkläre die Gründe dafür, dass Gebrauchtwagen oft teurer waren als Neuwagen.
   b) Beschreibe die Engpässe im Bereich des Konsums in der DDR.
   c) Erkläre die Gründe dafür, dass sich die Staatssicherheit der DDR mit diesen Problemen beschäftigte.
   → Text, M8–M10

3. **Wohnungsbau – Perspektiven vergleichen**
   a) Nenne die Ziele, die der Staat mit dem Wohnungsbau verfolgte.
   b) Erläutere die Wirkung des Fernsehauftritts des Oberbürgermeisters von Meißen.
   c) Informiere dich über den derzeitigen Zustand einer DDR-Neubausiedlung in deiner Region.
   → Text, M11, M12

Methode: Zeitzeugen befragen

M 1 Das Zeitzeugenbüro der Bundesstiftung zur Aufarbeitung der SED-Diktatur
Auf dem Portal www.zeitzeugenbuero.de können Zeitzeugen zur DDR-Geschichte aus dem gesamten Bundesgebiet recherchiert und kontaktiert werden.

M 2 Oral History

Ein Beitrag des Uni-Journals Jena beschäftigt sich mit den Besonderheiten der „Oral History". Die Historiker Lutz Niethammer und Volkhard Knigge erklären, was bei der Arbeit mit Zeitzeugen zu beachten ist (2009):

„Eigentlich ist die Oral History die Methode der Wahl, wenn man keine andere Wahl hat", merkt [der Zeithistoriker Lutz] Niethammer an. Wenn die Archive schweigen, wie beim Beispiel Lageralltag, ist sie eine Chance der faktischen Rekonstruktion. Und sie ist mit Vorsicht zu genießen, denn auch das nichtöffentliche Erinnern im Gespräch mit dem Wissenschaftler folgt bestimmten Mustern. Prägungen spielen dabei eine Rolle. „Erinnerung ist nie absolut zuverlässig. Was Leute erinnern hängt z. B. davon ab, was in diesem Moment als peinlich gilt", so der Historiker. „Die Zeitzeugenperspektive ist immer eine Schlüssellochperspektive", weiß auch Prof. Knigge [Leiter der Gedenkstätten Buchenwald und Mittelbau-Dora], und selbst der Blick durch 100 solcher Schlüssellöcher biete noch kein triftiges Vergangenheitsbild. Deswegen ist die Zeitzeugenbefragung nur in Kombination mit kontexthistorischer Rechercharbeit sinnvoll.
Wenn zehn Menschen über das gleiche Ereignis berichten, weisen ihre Beschreibungen Unterschiede auf, weil die Ereignisse im Gedächtnis umgeschrieben werden. „Die meisten Zeitzeugen aus Buchenwald sind heute über 80. Das hat natürlich Folgen für die Erinnerung", sagt Knigge. Dieses Spannungsverhältnis gehört zur Arbeit mit Zeitzeugen dazu. „Deswegen ist es mit den Jahren, die ich auf diesem Feld der Oral History tätig bin, zunehmend interessanter geworden, die Wahrnehmungsmuster zu untersuchen", berichtet Lutz Niethammer. „Betrachtet man die Ergebnisse der Hirnforschung, dann scheint es, als wäre Erinnern etwas völlig Willkürliches und noch dazu absolut unzuverlässig. In gewisser Weise ist dieses Bild gut, weil es uns davor bewahrt, zu alten Leuten zu gehen mit der Vorgabe, wir lassen uns erzählen, wie es damals wirklich war." [...]
„Die Oral History kann dabei immer nur eine Annäherung an die Ereignisse sein. Zudem ist sie äußerst arbeitsaufwändig", nennt er ein weiteres Charakteristikum. Denn die eigentliche Arbeit beginnt nach dem Interview mit der Sondierung des oft sehr umfangreichen Gesprächsmaterials. Ein Oral Historiker, in dem Sinne wie ihn Knigge und Niethammer verstehen, hält niemandem einfach nur ein Mikro vor die Nase, um der Nachwelt den Erguss unreflektiert vorzulegen. Zwei Minuten aus einem Gespräch rauszuschneiden und es im Fernsehen als Betroffenheitshäppchen zu servieren, sei keine methodisch einwandfreie Zeitzeugenforschung, so Knigge. „Solches Vorgehen führt dazu, dass Erinnerungen als unumstößliche Wahrheiten hingenommen und nicht mehr hinterfragt werden." Diese Tendenzen im Medienzeitalter bereiten Knigge Bauchschmerzen.

https://www.uni-jena.de/Titelthema_p_49630.html.

Zeitzeugen befragen

Zeitzeugen lassen Geschichte lebendig werden. Sie treten in Dokumentationen auf und stehen für einen vermeintlich unverstellten Zugang zur Vergangenheit. Dabei ist aber zu bedenken, dass es sich um die Meinungen Einzelner handelt, die nicht unbedingt allgemeingültig sind. Auch die Tücken der Erinnerung sind nicht zu unterschätzen. Vor allem wenn das Ereignis schon länger zurückliegt, kann es sein, dass manches vergessen wurde, sich mit Erzählungen anderer Menschen vermischt hat oder im Nachhinein vielleicht besonders dramatisch oder verklärt dargestellt wird. Vieles ist aber nur über die Befragung von Zeitzeugen herauszufinden, da es keine anderen Quellen gibt. Außerdem können sie einen anderen Blick auf Ereignisse eröffnen als z. B. Archive oder Zeitungsberichte.

Arbeitsschritte zur Befragung von Zeitzeugen

1. Vorbereitung
- a) Sucht nach einem geeigneten Zeitzeugen.
- b) Informiert euch über damalige und aktuelle Funktionen des Zeitzeugen und bereitet euch inhaltlich vor.
- c) Klärt in einem Vorgespräch eure und seine Interessen.
- d) Unterstützt die Vorbereitung des Zeitzeugen, indem ihr ihn bittet, ein Erinnerungsstück mitzubringen.
- e) Kümmert euch um die Aufzeichnung des Gesprächs.
- f) Entwickelt „erzählgenerierende" Fragen, die offen formuliert sind und zum Erzählen anregen.

2. Durchführung des Interviews
- a) Wählt einen geeigneten Ort für das Gespräch aus. Bedenkt, dass das Setting als „Interpretationsrahmen" ein Gespräch beeinflusst.
- b) Bemüht euch um „aktives Zuhören" und darum, den Redefluss eures Gesprächspartners nicht zu unterbrechen.
- c) Stellt „erzählgenerierende" Nachfragen, indem ihr z. B. etwas aufgreift, das schon gesagt wurde.
- d) Stellt gegen Ende auch kleinschrittige Nachfragen, um direkte Informationen zu erhalten.

3. Auswertung
- a) Haltet erste Eindrücke in einem Gesprächsprotokoll fest.
- b) Identifiziert Schwerpunktsetzungen des Zeitzeugen. Unterscheidet die Wiedergabe von Erlebnissen von Deutungen.
- c) Reflektiert die Durchführungsbedingungen des Gesprächs. Überlegt, welchen Einfluss es hat, wenn ihr mit einem geübten Zeitzeugen vor der ganzen Klasse sprecht oder ob ihr ein vertrautes Gespräch zu zweit führt.

4. Quellenkritik
- a) Beantwortet die folgenden Fragen: Wie alt war der Zeitzeuge zum Zeitpunkt des Geschehens? Wie nah war er am Geschehen? Was war seine Funktion?
- b) Bestimmt, was der Zeitzeuge zu welchem Thema gesagt hat, ob er dabei auf Fragen geantwortet oder das Gespräch selbst auf das Thema gelenkt hat.
- c) Erschließt die Struktur der Erzählung. Untersucht, wie der Zeitzeuge seine Darstellung aufbaut. Analysiert, wie er sich selbst innerhalb des Geschehens darstellt und ob er bestimmte Botschaften an den Zuhörer vermitteln möchte.

Deutschland – Von der Teilung zur Wiedervereinigung

M 1 Wappen der DDR-Staatssicherheit

Opposition und Widerstand in der DDR

Der Herrschaftsanspruch der SED
Die SED vertrat seit ihrer Gründung 1946 in der SBZ bis zum Ende der DDR 1989/90 einen totalitären Herrschaftsanspruch. Dieser beschränkte sich nicht nur auf den politischen Bereich, sondern griff in alle Bereiche der Gesellschaft ein. Versuche, die Machtposition der SED in Frage zu stellen oder Alternativen zu entwickeln, wurden als staatsfeindlicher Angriff auf die DDR unterdrückt und verfolgt. Die eigene Machtsicherung stand für die SED im Vordergrund, woraus ihr konsequentes Vorgehen gegen Opposition und Widerstand folgte.

Instrumente der Machtsicherung: MfS und politische Justiz
Bereits 1950 wurde das Ministerium für Staatssicherheit (MfS) gegründet. Es verstand sich als „Schwert und Schild" der SED. Als politischer Geheimdienst agierte das MfS abseits rechtsstaatlicher Prinzipien und ohne gesetzliche Grundlage. Die Bevölkerung der DDR wurde systematisch überwacht, um jede Form von politischer Gegnerschaft im Keim zu ersticken. Das MfS verfügte über eigene Untersuchungshaftanstalten. Der Ausbau des Geheimdienstes auf bis zuletzt fast 90 000 hauptamtliche und etwa 189 000 inoffizielle Mitarbeiter dokumentiert seine Bedeutung als wichtigstes Machtinstrument der SED.

Auch die Justiz war den Machtinteressen der SED unterworfen. Bei als politisch eingestuften Gerichtsverfahren schalteten sich Führungskräfte der SED ein und beeinflussten direkt Urteile und die Höhe des Strafmaßes bis hin zur Todesstrafe, die erst 1987 aus dem Strafgesetzbuch der DDR gestrichen wurde. Die Verfolgung und Bestrafung politischer Gegner der SED-Herrschaft erfolgte zwar auf einer gesetzlichen Grundlage, die aber rechtsstaatlichen Prinzipien widersprach.

Erziehung und Zwang
Auch Kinder und Jugendliche waren dem Machtanspruch der SED unterworfen. Die staatlichen Bildungs- und Erziehungsinstitutionen der DDR verfolgten das Ziel, einen neuen sozialistischen Menschen zu formen. Der Einzelne sollte ausschließlich im Kollektiv der sozialistischen Gesellschaft seinen Platz finden. Viele Jugendliche, die durch nonkonformes Verhalten auffielen, bekamen das Stigma „schwer erziehbar". Um ihre Anpassung an die sozialistischen Ideale zu erzwingen, konnte die Jugendhilfe der DDR, die dem Ministerium für Volksbildung unterstand, auch gegen den elterlichen Willen eine Einweisung in Erziehungsheime anordnen. Die härteste Maßnahme war eine Einweisung in den geschlossenen Jugendwerkhof in Torgau. Hier wurden zwischen 1964 und 1989 über 4000 Jungen und Mädchen im Alter von 14 bis 18 Jahren völlig ohne Rechtsgrundlage eingewiesen. Ein perfides haftähnliches System von strenger Kontrolle, Drill, Strafen, körperlich schwerer Arbeit und ideologischer Indoktrinierung sollte die Jugendlichen „umerziehungsbereit" machen.

M 2 Arrestzelle im geschlossenen Jugendwerkhof Torgau, Foto von 1990

Opposition und Widerstand: Eine Geschichte von Wenigen
Kritik an der Politik der SED war weit verbreitet. Nur wenige hingegen suchten den offenen Konflikt mit der Staatsmacht. In der Bevölkerung

M 3 „Wir fordern Freiheit"
Parole des Eisenberger Kreises auf einem Bahnwaggon im Bahnhof Hainspitz (Nordost-Thüringen), 21.10.1956, vom MfS als Beweismittel aufgenommen

M 4 Plakat
des Eisenberger Kreises zu den Volkskammerwahlen am 17.10.1954, DIN-A 4, vom MfS als Beweismittel aufgenommen

hatte sich in Folge der Niederschlagung des Aufstands vom 17. Juni 1953 und des Mauerbaus ein Gefühl der Ohnmacht und Resignation ausgebreitet. Dabei vollzog die große Mehrheit der Bevölkerung – gezwungen durch die staatliche Repression, aber vielfach auch freiwillig – eine Anpassung an Werte und Normen der sozialistischen Gesellschaft. So ließen sich private Rückzugsräume schaffen. Außerdem war nur durch Anpassung ein sozialer Aufstieg möglich. Häufig anzutreffende Formen der Verweigerung im Alltag (z. B. der heimliche Konsum westlicher Medien, das Fernbleiben von Massenveranstaltungen und die Orientierung an Mode und Lebensstil des Westens) stellten nicht grundsätzlich die politische Machtfrage und wurden mehr oder weniger offen durch das SED-Regime toleriert.

Es waren daher vor allem einzelne und kleinere Gruppen, die es trotz größter Gefahren und teilweise schwerer persönlicher Konsequenzen wagten, für ihre Überzeugungen einzutreten und die SED-Herrschaft direkt herauszufordern. Massenproteste gegen die SED-Politik blieben eine seltene Ausnahme. Die Formen und Mittel des Widerstands waren sehr unterschiedlich. Neben den stark eingeschränkten legalen Möglichkeiten wurden teilweise auch illegale und gewalttätige Formen des Widerstandes gewählt. Im Folgenden werden exemplarisch Formen jugendlichen Widerstands beleuchtet.

Jugendlicher Widerstand: Der Eisenberger Kreis

In der thüringischen Stadt Eisenberg musste der Oberschüler Thomas Ammer (geb. 1937) 1953 mit ansehen, wie einige seiner Mitschüler aufgrund ihrer Zugehörigkeit zur evangelischen Jungen Gemeinde vom Unterricht ausgeschlossen wurden. Als Reaktion auf die kirchenfeindliche SED-Politik gründete er mit Freunden eine Widerstandsgruppe. Von der Unrechtmäßigkeit der SED-Herrschaft überzeugt, brachten die Mitglieder des „Eisenberger Kreises" heimlich politische Losungen an Hauswänden an und verteilten Flugblätter. Besonderes Aufsehen erregte ihr Brandanschlag auf einen Schießstand der „Gesellschaft für Sport und Technik" (GST) im Januar 1956. Durch diesen Gewaltakt wollten sie ihre Ablehnung der Militarisierung der DDR

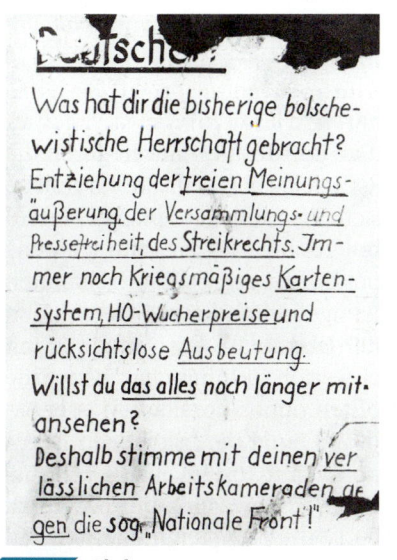

Deutschland – Von der Teilung zur Wiedervereinigung

und der bevorstehenden Gründung der Nationalen Volksarmee (NVA) zum Ausdruck bringen. 1957 verhaftete das MfS 24 Mitglieder des „Eisenberger Kreises", die im Herbst 1958 zu insgesamt 116 Jahren und sechs Monaten Zuchthaus verurteilt wurden. Thomas Ammer erhielt mit 15 Jahren die höchste Haftstrafe, wurde aber nach sechs Jahren Haft 1964 als politischer Häftling von der Bundesrepublik Deutschland freigekauft und dorthin entlassen.

Flucht: Die Oberschüler von Storkow

Wenige Wochen vor den Abiturprüfungen 1957 flohen 16 Schüler aus Storkow in Brandenburg nach West-Berlin. Sie hatten in einer Schweigeminute in der Schule den Opfern des Ungarn-Aufstandes von 1956 gedacht. Weil die Klasse trotz intensiver Nachforschungen durch die Staatsorgane nach den „Rädelsführen" schwieg, wurden alle Schülerinnen und Schüler vom Abitur ausgeschlossen. Nach geglückter Flucht konnten schließlich alle im hessischen Bensheim ihr Abitur ablegen. Zwischen 1949 und 1961 flohen insgesamt rund 2,8 Millionen Menschen aus der DDR in die Bundesrepublik Deutschland.

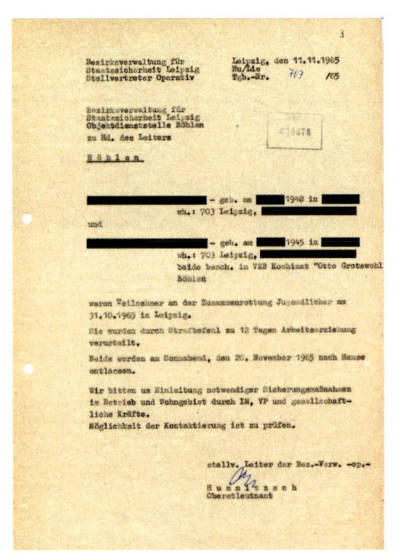

Protest: Die Leipziger Beat-Demonstration

Am 31. Oktober 1965 fand die größte nichtgenehmigte Demonstration nach dem 17. Juni 1953 in Leipzig statt. Etwa 1000 bis 2000 jugendliche „Beatniks" hatten sich in der Leipziger Innenstadt versammelt, um gegen das im Zuge des 11. Plenums der SED erlassene Verbot von „Beatgruppen" zu demonstrieren. Westliche Musikkultur galt der SED als Einfallstor für westliche Werte, vor denen die Jugend in der DDR geschützt werden sollte. Der Protest der überwiegend als „Gammler" diffamierten Jugendlichen wurde mit harter Polizeigewalt aufgelöst. Von 297 Verhafteten im Alter von 15 bis 25 Jahren mussten 97 ohne Gerichtsurteil bis zu sechs Wochen Zwangsarbeit in Braunkohletagebauen in der Nähe von Leipzig leisten.

M 5   Fernschreiben mit Vermerk über die bevorstehende Entlassung von zwei Teilnehmern der Beat-Demonstration nach 12 Tagen „Arbeitserziehung"

Opposition: „Schwerter zu Pflugscharen"

Christliche Gruppen engagierten sich ab den 1980er-Jahren gegen die umfassende Militarisierung der DDR-Gesellschaft. Für die kirchliche Friedensdekade 1980 hatte der sächsische Landesjugendpfarrer Harald Bretschneider (geb. 1942) das Symbol „Schwerter zu Pflugscharen" angeregt. Auf einem Textilvlies gedruckt, fand das Symbol reißenden Absatz unter Jugendlichen über die evangelischen Jungen Gemeinden hinaus. Insgesamt waren über 100 000 Exemplare des Aufnähers im Umlauf. Die spontane Bewegung „Schwerter zu Pflugscharen" wurde in den Jahren 1981 und 1982 zur größten oppositionellen Massenbewegung zwischen dem Volksaufstand 1953 und der friedlichen Revolution 1989/1990. Der SED-Machtapparat antwortete auf die Herausforderung durch diese unabhängige Friedensbewegung mit öffentlich erzwungenen Rechtfertigungen, Schul- und Universitätsverweisen sowie Verhaftungen. Um die Konfrontation mit dem Staat zu entschärfen, entschieden sich die evangelischen Kirchenleitungen, dass das Symbol nicht mehr in der Öffentlichkeit, sondern nur noch im innerkirchlichen Bereich verwendet werden sollte. Doch die Kraft des Symbols für die oppositionellen Gruppen blieb ungebrochen.

M 6   „Schwerter zu Pflugscharen", Aufnäher

Staatliche Repression – Der geschlossene Jugendwerkhof Torgau und das DDR-Strafrecht

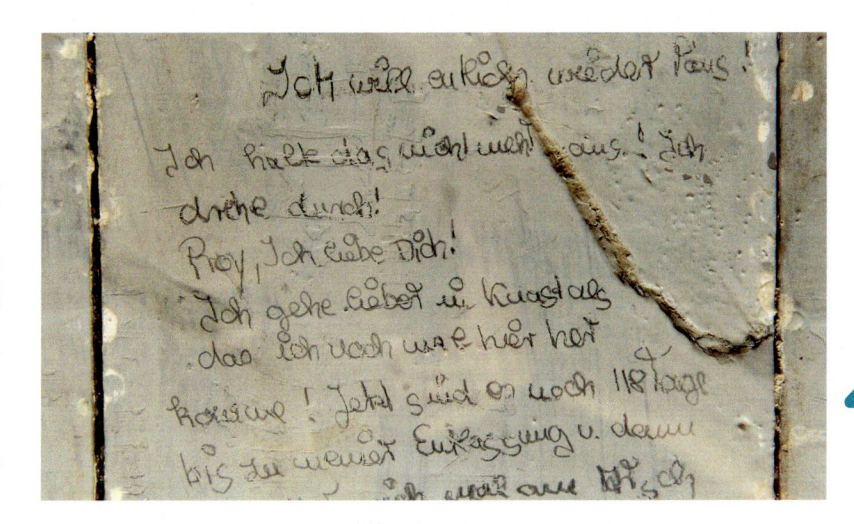

M 7 Inschrift auf einer Zellenpritsche im geschlossenen Jugendwerkhof Torgau

M 8 Arrestordnung

Arrestordnung des geschlossenen Jugendwerkhofes Torgau:

Da Sie die Hausordnung des Jugendwerkhofes Torgau nicht eingehalten haben, werden Sie mit Arrest bestraft. Sie haben sich im Arrest entsprechend der nachstehenden Ordnung zu verhalten:
5 a) Ihnen ist im Arrest verboten:
1. Das Singen und Pfeifen
2. Das Lärmen
3. Das Herausschauen aus dem Fenster
4. Das Benutzen der Lagerstätte außerhalb der
10 Nachtruhe
5. Der Besitz von Büchern, Zeitungen, Bleistiften und dergleichen außer den vom diensthabenden Leiter übergebenen Gegenständen
6. Das beschmieren oder Beschriften der Wände
15 und Türen
7. Jede Art der Unterhaltung mit anderen Jugendlichen
b) Weiterhin haben Sie folgende Anordnungen zu befolgen:
20 1. Wird die Arrestzelle geöffnet, haben Sie Grundstellung einzunehmen und Meldung zu machen. Inhalt der Meldung ist:
Name – Dauer des Arrestes – Grund des Arrestes – die schon verbüßte Zeit
25 2. Der Hocker hat in der Mitte der Zelle zu stehen
3. Die Lagerstätte steht in der Zelle links an der Wand am Fenster
4. Der Kübel steht in der Zelle rechts neben der Tür

Dinge des persönlichen Bedarfs, wie Zahnbecher, 30 Seife, Kamm werden außerhalb des Arrestes aufbewahrt [...]
c) Sollten Sie gegen die Arrestordnung verstoßen, werden notwendige erzieherische Maßnahmen – Arrest-Verlängerung oder Aufenthaltsverlänge- 35 rung – angewandt.

Quelle: Bundesarchiv Berlin, DR 203

M 9 Strafrechtliche Grundlagen

Aus dem Strafgesetzbuch der DDR in der Fassung vom 28. Juni 1979:

§ 101. (1) Wer bewaffnete Anschläge oder Geiselnahmen oder Sprengungen durchführt, Brände legt oder Zerstörungen, oder Havarien herbeiführt oder andere Gewaltakte begeht, um gegen die sozialis- 5 tische Staats- und Gesellschaftsordnung der Deutschen Demokratischen Republik Widerstand zu leisten oder Unruhe hervorzurufen, wird mit Freiheitsstrafe nicht unter drei Jahren bestraft. (2) Vorbereitung und Versuch sind strafbar. (3) In besonders schweren Fällen kann auf lebenslängliche Freiheits- 10 strafe oder Todesstrafe erkannt werden. [...]
§ 107. Staatsfeindliche Gruppenbildung. (1) Wer einer Gruppe oder Organisation angehört, die sich eine staatsfeindliche Tätigkeit zum Ziele setzt, wird mit Freiheitsstrafe von zwei bis zu acht Jahren 15 bestraft. (2) Wer eine staatsfeindliche Gruppe oder Organisation bildet oder deren Tätigkeit organisiert, wird mit Freiheitsstrafe von drei bis zu zwölf Jahren bestraft. (3) Der Versuch ist strafbar.

www.verfassungen.de/de/ddr/strafgesetzbuch74.htm.

Deutschland – Von der Teilung zur Wiedervereinigung

„Schwerter zu Pflugscharen" – Die unabhängige Friedensbewegung der DDR

DIESTERWEGSCHULE WERDAU
– zehnklassige polytechnische Oberschule –
Straße der Freundschaft 28 / Tel. 32 93 / Betr.-Nr. 9487 092 8

Rat des Kreises
Abt. Volksbildung
Kreisschulrat

9620 Werdau

962 Werdau, den 13.4.82

BStU 000126

Werter Genosse Kreisschulrat!

Zu Ihrer Anfrage gebe ich Ihnen nachstehend einige Informationen:

Kl.4a: Annekatrin ▇▇▇

Uns ist bekannt, daß die Schülerin Annekatrin ▇▇▇ das Abzeichen trägt. Die Klassenleiterin, Kollegin ▇▇▇, konnte noch kein Gespräch führen, da Annekatrin seit Wochen krank ist.

Kl.6b: King ▇▇▇

Die Klassenleiterin, Kollegin ▇▇▇, führte u.a. am 30.3.82 ein Gespräch mit King. Trotz vieler Argumente konnte keine Veränderung erreicht werden.

Kl.8a: Christoph ▇▇▇

Kollegin ▇▇▇, Klassenleiterin, sprach u.a. am 24.3.82 mit Christoph. Der Schüler führte an, daß die Sowjetunion dieses Symbol der UNO zum Geschenk gemacht habe. Außerdem will er damit dokumentieren, daß er sich durch das Tragen des Abzeichens zum Frieden bekennt.

Kl.9b: Rebekka Meusel

Die Klassenleiterin, Genossin Heike ▇▇▇, war längere Wochen krank, deshalb bekam Genosse ▇▇▇ den Auftrag, mit Rebekka zur Problematik zu sprechen. Das Gespräch wurde am 2.4.82 geführt. Die Schülerin brachte zum Ausdruck, daß sie dieses Abzeichen weiterhin tragen kann, da die Sowjetunion dieses Symbol der UNO zum Geschenk übergeben hat, und es außerdem in Moskau steht. Die Abzeichen wurden in der Kirche verteilt. Sie führte u.a. aus, daß ein Wissenschaftler Untersuchungen gemacht hat, auch ohne Waffen könne der Frieden erhalten werden. Genossin Heike ▇▇▇ wird weiterhin Überzeugungsarbeit leisten.

Direktor

M 10 Brief des Schulleiters der Oberschule Werdau
Erhalten in der Behörde des Bundesbeauftragten für die Unterlagen des Staatssicherheitsdienstes der ehemaligen Deutschen Demokratischen Republik (BStU)

Flüsterwitze – Eine Form des Widerstands?

M 11 Flüsterwitze

In der DDR wurden vielfach heimlich politische Witze erzählt, die alltägliche Missstände sarkastisch aufs Korn nahmen oder die Eliten und Machtorgane der SED beißendem Spott aussetzten. Aus Angst vor Bestrafung erzählte man diese Witze hinter vorgehaltener Hand:

a) Honecker will bei den Bürgern erkunden, wie beliebt er denn nun ist. Er besucht also eine Hochhaussiedlung und klingelt an einer Tür. Ein kleines Mädchen öffnet: „Wer bist Du denn, Onkel?" „Ich, meine Kleine, bin der Mann, der dafür sorgt, dass es Euch gut geht. Ich sorge für Essen und Wohnung...", „Mami, Mami, komm' mal ganz schnell, Onkel Peter aus München ist da!"

b) Preisausschreiben in der DDR für den besten politischen Witz. Erster Preis: Zwanzig Jahre.

www.bild.de/ratgeber/2012/witze/axel-springer-preis-ddr-fluester-witze-24102476.bild.html (Zugriff 10.09.2014).

M 12 Ein Kommentar

Auf einer deutschen Internetseite veröffentlichte der User „Ehrlich Meinnung" 2012 folgenden Kommentar:

was für ein Unfug --- blödsinn --- es durfte in der EX [-DDR] alles gesagt werden -- man mußte nur aufpassen wer zuhörte -- wenn einer denkt das das Heute anders ist - der Irrt gewaltig -- man braucht sich nur die vielen Unternehmen ankucken -- wo Mitarbeiter bespitzelt werden - zu dem bestimmten Zweck, wo Informationen für die Fristlose Kündigungen genutzt werden, gegen den Arbeitnehmer -- Horch und Kuck ist überall!! Und siehe die weit verbreitete Zensur, auf Regierungslinie hat vorteile, auch heute -- oder wessen Lied ich sing hängt davon ab wessen Brot man ist. Es hat sich nicht viel geändert -- in einigen Bereichen - leider!!

www.bild.de/ratgeber/2012/witze/axel-springer-preis-ddr-fluester-witze-24102476.bild.html (Zugriff 10.09.2014).

Aufgaben

1. **Staat und Repression**
   a) Erkläre die Ziele, die die DDR-Gesetzgebung bei Straftaten „gegen die sozialistische Staats- und Gesellschaftsordnung" verfolgte.
   b) Informiere dich zur Todesstrafe und der politischen Justiz in der DDR. Recherchiere biografisches Material über Opfer der Todesstrafe und die Gründe ihrer Verurteilung.
   c) Positioniere dich zur umstrittenen These: „Die DDR war ein Unrechtsstaat."
   → Text, M1, M9, Internet: www.mdr.de/damals/archiv/todesstrafe100.html

2. **Der geschlossene Jugendwerkhof Torgau**
   a) Recherchiere Biografien von Jugendlichen, die im geschlossenen Jugendwerkhof Torgau eingewiesen wurden. Benenne die Gründe für die Einweisung und erkläre, wie sie heute damit leben.
   b) Arbeite anhand der Inschrift auf der Pritsche die Auswirkungen heraus, die die Erziehungsmethoden auf die Jugendlichen hatten.
   → Text, M7, M8, Internet: www.jugendwerkhof-torgau.de.

3. **Der Eisenberger Kreis**
   a) Erläutere die Bedeutung von „Freiheit" für die Jugendlichen des Eisenberger Kreises.
   b) Diskutiere, ob der Einsatz von Gewalt und illegalen Mitteln wie dem Brandanschlag als Form des Widerstands gegen ein totalitäres System zulässig ist. → Text, M3, M4

4. **„Schwerter zu Pflugscharen"**
   a) Fasse die Angaben zusammen, die der Brief zu den Motiven der Schüler macht, das Symbol „Schwerter zu Pflugscharen" zu tragen.
   b) Beschreibe die Reaktion der Lehrer und des Schulleiters.
   c) Erkläre die Rückschlüsse, die sich aus dem Fundort des Briefes im Archiv des BStU für den staatlichen Umgang mit der Friedensbewegung ziehen lassen. → Text, M10

5. **Flüsterwitze**
   a) Begründe, dass in der DDR massenhaft Flüsterwitze erzählt wurden.
   b) Beurteile, ob das Erzählen von politischen Witzen einen Akt des Widerstands darstellte.
   c) Verfasse einen Kommentar zu den Äußerungen von „Ehrlich Meinnung". → M11, M12

Methode: Umgang mit Spielfilmen

M 1 **Standbild aus dem Film**
Georg Dreyman bei der Beisetzung des Regisseurs Albert Jerska

M 2 **Standbild aus dem Film**
Nach 1990 sieht Gerd Wiesler das neue Buch von Georg Dreyman in einer Buchhandlung.

Spielfilme analysieren

Analyse eines Filmes
2006 kam der Film „Das Leben der Anderen" in die Kinos. Der Film zeigt, mit welchen Methoden die DDR-Staatssicherheit Personen seelisch und körperlich zerstören konnte. Der Regisseur und Drehbuchautor Florian Henckel von Donnersmarck hat sich sehr akribisch auf den Film vorbereitet. Trotz eines kleinen Budgets gelang es ihm, einen Film zu drehen, der schnell international Beachtung fand. 2007 erhielt sein Film den Oscar für den besten fremdsprachigen Film. Mittlerweile gehört er zu den bekanntesten Filmen über das Leben in der DDR.

Der Inhalt
Hauptmann Gerd Wiesler (Ulrich Mühe), ein erfolgreicher Stasioffizier, erhält von seinem Vorgesetzen den Befehl, den Dramatiker Georg Dreyman (Sebastian Koch) rund um die Uhr zu überwachen. Bis dahin gilt Dreyman als loyal gegenüber dem DDR-System. Seine Freundin Christa-Maria Sieland (Martina Gedeck) wird als erfolgreicher Theaterstar gefeiert und erweckt das Interesse des Kulturministers. Was Wiesler nicht klar ist, es geht um die Zerstörung der Beziehung zwischen Dreyman und Sieland. Penibel überwacht Wiesler das Leben der beiden und erkennt zunehmend, dass von dieser Beziehung keinerlei Gefahr für die DDR ausgeht. Dennoch verlangt sein Vorgesetzter Oberstleutnant Anton Grubitz (Ulrich Tukur), dass er weiter Informationen sammelt. Als im westdeutschen „Spiegel" ein Artikel Dreymans über die Selbstmordrate in der DDR erscheint, zieht die Stasi die Schlinge um Dreyman und Sieland zu. In dieser Situation erweist sich Wiesler, der immer der DDR vertraut hatte, als ein Mensch, der das Unrecht nicht länger ertragen kann. Wiesler und Dreyman zahlen einen hohen Preis für die Zersetzungsarbeit der Staatssicherheit.

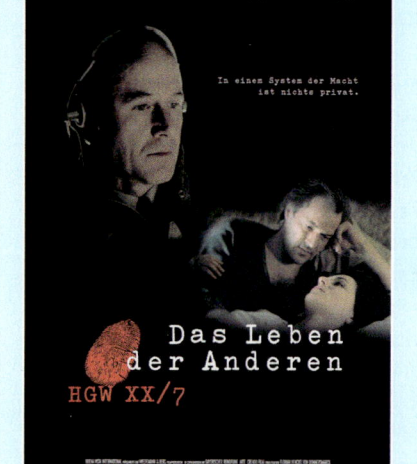

M 3 **Filmplakat** von 2006

Kind: Bist du wirklich bei der Stasi?

Wiesler: Weißt du überhaupt, was das ist, Stasi?

Kind: Ja. Das sind schlimme Männer, die Andere einsperren, sagt mein Papa.

Wiesler: So… Wie heißt denn dein… [Pause].

Kind: Mein was?

Wiesler: Ball. Wie heißt denn dein Ball?

Kind: Du bist aber komisch. Bälle haben doch keinen Namen.

M 4 Szenenbilder der Fahrstuhl-Szene

Methode: Umgang mit Spielfilmen

M 5 Beispiel für eine Rezension

Die folgende Rezension erschien in der Zeitschrift „Spuren" (2007):

„Nein. Es ist für mich." – Hauptmann Gerd Wiesler (Ulrich Mühe) könnte diese Worte am Ende des Films stellvertretend für alle Opfer des Ministeriums für Staatssicherheit (MfS, „Stasi") sprechen. Die Oscar-Prämierung ist nicht nur eine Auszeichnung für die hervorragende Arbeit des jungen Regisseurs Florian Henckel von Donnersmarck, sondern auch eine „späte Genugtuung für die Opfer", wie Hubertus Knabe, Leiter der Stasi-Gedenkstätte Berlin Hohenschönhausen, meint. Zwar tasteten sich bereits andere Filmemacher an das Thema heran, Dominik Graf mit „Der Rote Kakadu" (2006), Volker Schlöndorff mit „Die Stille nach dem Schuss" (2000) und Margarethe von Trotta mit „Das Versprechen" (1995), doch im Kino-Gedächtnis bleiben die Filme der anderen: Filme mit einem verklärend naiven Grundton, wie „Good bye, Lenin!" (Becker, 2003) und „Sonnenallee" (Haussmann, 1999). Die Zeit der Spreewald-Gurken-Ostalgie, des unverantwortlichen Umgangs mit der DDR-Vergangenheit, sollte mit der großen Aufmerksamkeit, die Henckel von Donnersmarcks „Das Leben der Anderen" erfährt, zu Ende gehen.

Die Handlung ist schnell zusammengefasst: Gerd Wiesler, ein Hauptmann der Stasi, wandelt sich während seiner Spitzel-Tätigkeit vom Saulus zum Paulus. Erzählt wird die Geschichte dieser Wandlung, in der es nicht fehlt an zynischen Karrieristen (Anton Grubitz / Ulrich Tukur), mächtigen Ministern (Bruno Hempf / Thomas Thieme) und Opfern verschiedenster Art (Georg Dreyman / Sebastian Koch, Christa-Maria Sieland / Martina Gedeck, Albert Jerska / Volkmar Kleinert), vor dem Hintergrund der Kulturszene in der DDR der achtziger Jahre. Hier beginnt dann allerdings die Vielschichtigkeit des Films: Die beinahe stalinistische Willkür und rechtliche Unsicherheit des Regimes der siebziger und achtziger Jahre wird durch Dreyman, Sieland, Jerska und Hauser ausdifferenziert. Der mit Berufsverbot belegte Jerska und der mit Ausreiseverbot bestrafte Hauser symbolisieren die verschiedenen Maßstäbe, nach denen beliebig bestraft wurde. Dreyman wird nur auf Grund der persönlichen Motivationen eines Ministers und der Ambitionen eines Stasi-Obersten zum Opfer. Gleich zu Beginn des Films wird die totale Macht und Kontrolle des Regimes und des MfS durch Hauptmann Wieslers Vortrag zu ausgefeilten Verhörmethoden illustriert. Ein Häftling wird innerhalb von 40 Stunden zerbrochen; kalt und effizient. Wiesler sieht ihn als Fall, nicht als Menschen. Eine Nachbarin Dreymans wird durch härteste Drohungen zum Schweigen gebracht, als sie die Verwanzung von dessen Wohnung beobachtet. Die Darstellung des MfS mag zwar historisch leicht übertrieben sein – im hierarchischen System der Stasi wäre eine so unbürokratische Einleitung der Überwachung Dreymans nicht möglich gewesen und auch die Orwellsche Überwachungstechnik stand den MfS-Offizieren nicht in der gezeigten Weise zur Verfügung – sie verfehlt jedoch nicht ihre Wirkung, das bedrückend Bedrohliche eines totalitären Regimes zu zeigen. In den USA wurde „Das Leben der Anderen" nicht zuerst als Historienfilm über die DDR, sondern als Analogie auf die Freiheitsbeschneidungen der Bush-Administration gesehen. Zudem kann man Henckel von Donnersmarck nicht vorwerfen, ungenau recherchiert zu haben, eher das Gegenteil ist der Fall [...] Florian Henckel von Donnersmarck wollte in der Stasi-Gedenkstätte Berlin Hohenschönhausen drehen, als Original-Schauplatz. Hubertus Knabe verweigerte ihm die Erlaubnis mit der Begründung, „dass ausgerechnet ein Stasi-Mann zum Helden mutiert – das hat es so leider nicht gegeben. Wir kennen keinen einzigen Fall, in dem ein Vernehmer sich heimlich auf die Seite seines Opfers gestellt hat. [...] Die Häftlinge haben hier ganz andere Erfahrungen gemacht. Offenbar ist das Böse aber so schwer erträglich, dass man sich den guten Menschen notfalls lieber selbst erfindet". Knabes Einstellung möchte man entgegenhalten, dass es nirgends nur „gut", oder nur „böse" gab und gibt. Außerdem ist die Wandlung Wieslers vom Saulus zum Paulus offen zur Diskussion: Ob die Einmischung in das Leben der Anderen nun das Gute repräsentiert oder nicht, bleibt ebenso fraglich wie Wieslers Motivation. Erkennbar ist einzig die Sehnsucht des Stasi-Hauptmanns aus seiner kalten, einsamen Welt des Technokraten – illustriert durch das weiße eisige Licht der Neonröhren auf dem Dachboden, im Kontrast zur warmen gelben Beleuchtung in Dreymans Wohnung – auszubrechen und teilzuhaben am Leben der Anderen.

http://www.gemeinschaftundbefreiung.de/spuren/artikel.php?jahr=2007&monat=mar&file=donnersmarck_leben.php

M 6 **Glossar: Perspektiven und Einstellungen**

a) *Die Kamera als bewegliches Aufnahmeinstrument kann ein Geschehen aus verschiedenen Positionen aufnehmen. Diese prägen auch die Sicht des Zuschauers auf das Geschehen. Drei Perspektiven werden unterschieden:*

Als **Normalsicht** wird eine Kamerahöhe von etwa 1,70 m (der Augenhöhe eines erwachsenen Menschen) bezeichnet. Sie gilt als normal, weil sie unserer alltäglichen Wahrnehmung am ehesten entspricht.

Als **Froschperspektive** wird ein Kamerablick von unten nach oben bezeichnet. Dem Zuschauer wird durch eine solche Kameraposition eine dem Abgebildeten untergeordnete Position nahe gelegt, so, als müsse auch er aufblicken.

Die **Vogelperspektive** bringt den Zuschauer umgekehrt in eine erhöhte Position über das Dargestellte, verschafft ihm eine Übersicht, so, als hätte er Macht über das Geschehen.

Zwischen den Perspektiven gibt es Übergänge. Aufsicht und Untersicht können extrem, aber auch nur geringfügig angewendet werden, auch kann sich innerhalb einer Einstellung die Kameraperspektive verändern. Mit den Perspektiven werden keine festen Bedeutungszuweisungen verbunden.

b) *Die Einstellungsgröße bestimmt, wie groß ein Mensch oder ein Gegenstand zu sehen ist. Hier werden folgende Einstellungen unterschieden:*

Weit: Weite Landschaften, Panoramen werden so gezeigt, dass sich der Einzelne in der Landschaft verliert.
Totale: Ein Überblick über ein Geschehen wird vermittelt, ein Eindruck des Ganzen, in dem aber der Einzelne noch zu erkennen ist.
Halbtotale: Die Figur ist ganz zu sehen, ihre Körpersprache dominiert, es ist Raum für Aktion.
Halbnah: Die Figur ist bis zu den Oberschenkeln bzw. zu den Knien zu sehen. Man sieht jetzt viel Umraum, die Figur tritt zu anderen Figuren in deutliche Beziehung, die Mimik ist zugunsten der Gestik in den Hintergrund getreten.
Nah: Ein Brustbild bzw. bis zum Bauch. Es ist dies die gemäßigt-normale Distanz des Ansagers und Nachrichtensprechers.
Groß: Ein Kopf wird bis zum Hals oder zur Schulter gezeigt. Der Zuschauer kann so die Mimik des Gezeigten genau verfolgen, jeder Augenaufschlag, jedes Zucken des Mundwinkels bekommt Bedeutung.
Detail: Hier ist nur ein sehr kleiner Ausschnitt zu sehen, ein Auge, ein Mund, die Finger am Abzugshahn des Revolvers.

Fragen an Spielfilme

1. Entstehung des Films
a) Nenne den Zeitraum der Entstehung des Films.
b) Informiere dich über die Beteiligten an diesem Film.

2. Betrachtung des Films
a) Unterteile den Film in Sequenzen und benenne diese.
b) Fertige Notizen zu den wichtigsten Personen des Films an.
c) Notiere dir Fragen zu Problemen im Film, zu denen du weitere Informationen einholen möchtest.

3. Filmsprache
a) Beschreibe die Wirkung, die die Szenenfotos auf dich haben.
b) Benenne mithilfe des Glossars die jeweils gewählte Einstellung.
c) Analysiere die Filmszene im Fahrstuhl.
d) Gib Gründe für die Wahl des Ortes der Handlung an.
e) Erläutere die Ursachen für die Kameraeinstellungen in dieser Szene.

4. Wirkung des Films
a) Recherchiere die Aufnahme des Films in der Öffentlichkeit.
b) Stelle in einer Tabelle die wichtigsten positiven und negativen Rückmeldungen zum Film gegenüber.
c) Formuliere eine eigene Rezension zum Film.

Deutschland – Von der Teilung zur Wiedervereinigung

M 1 Der Fall der Mauer am 9. November 1989
Ausgelassen feiern Deutsche aus Ost und West die historische Maueröffnung in der Nacht vom 9. zum 10. November 1989.

Die deutsche Einheit 1990

Der deutsche Nationalfeiertag

Seit 1990 ist der 3. Oktober deutscher Nationalfeiertag. An diesem Tag erfolgte mit dem Beitritt der DDR zur Bundesrepublik die deutsche Wiedervereinigung. Das Grundgesetz hatte 1949 in seiner Präambel das deutsche Volk aufgefordert, „in freier Selbstbestimmung die Einheit und Freiheit Deutschlands zu vollenden". Dass dies plötzlich tatsächlich geschah, erscheint mit dem Abstand von einigen Jahrzehnten immer noch wie ein politisches Wunder.

Der Zusammenbruch der SED-Herrschaft 1989

Im Mai 1989 befand sich die Herrschaft der SED in einer schweren Legitimationskrise. Oppositionsgruppen war es gelungen, die Fälschung der Kommunalwahlen nachzuweisen. Sie verglichen die Auszählergebnisse mit dem amtlichen Endergebnis von 98,77 Prozent und stellten eine Differenz von 20 bis 30 Prozent fest. Der offensichtliche Wahlbetrug bildete den Ausgangspunkt für die sich in den nächsten Monaten formierende Protestbewegung.

Eine massive Fluchtbewegung setzte die DDR-Führung zusätzlich unter Druck: Im September öffnete Ungarn seine Grenzen zu Österreich, was etwa 30 000 DDR-Bürger zur Flucht über Ungarn und Österreich in die Bundesrepublik nutzten. Als die DDR-Regierung keine Reisen mehr nach Ungarn genehmigte, flohen Tausende in die Botschaften der Bundesrepublik in Prag und Warschau, um so ihre Ausreise zu erreichen.

In dieser Situation erhielt die Oppositionsbewegung immer mehr Zulauf. Im September gründete sich eine Vielzahl neuer Gruppierungen, die das gemeinsame Ziel hatten, Staat und Gesellschaft der DDR demokratisch umzugestalten. Außerdem fanden seit dem 4. September in Leipzig jeden Montag Demonstrationen statt, deren Teilnehmerzahl von Woche zu Woche zunahm. Schließlich gingen im Oktober im ganzen Land Hunderttausende auf die Straße und begaben sich angesichts der Präsenz der Staatssicherheit in Gefahr. Die bestimmenden Losungen auf diesen Demonstrationen waren: „Wir sind das Volk" und „Wir bleiben hier." Außerdem waren Forderungen nach der Legalisierung neuer politischer Bewegungen wie der Sozialdemokratischen Partei der DDR (SDP) und des Neuen Forums verbreitet.

Was die Flüchtlinge in den westdeutschen Botschaften anging, genehmigte die DDR-Regierung zwar ihre Ausreise in die BRD, bestand aber darauf, dass die Züge mit den Ausreisewilligen durch die DDR geleitet würden. In Dresden versuchten DDR-Bürger in die Züge hineinzukommen, woraufhin es rund um den Hauptbahnhof zu Straßenschlachten kam. In den folgenden Tagen fanden in vielen sächsischen Städten große Demonstrationen statt. Den höchsten Bekanntheitsgrad erreichte die Demonstration in Leipzig am 9. Oktober 1989 mit mindestens 70 000 Teilnehmern. Aber auch in Städten wie Dresden, Karl-Marx-Stadt und Plauen gingen Tausende auf die Straße.

An den Tagen zuvor hatten die Sicherheitsorgane der DDR Demonstrationen noch brutal niedergeschlagen. Doch am 9. Oktober blieb eine gewaltsame Reaktion der Staatsmacht aus. Nun trauten sich auch die Unzufriedenen, ihren Unmut auf die Straße zu tragen, die sich bisher aus Angst vor den Sicherheitskräften nicht an den Demonstrationen beteiligt hatten. Angesichts des Massenprotests stürzte das Politbüro am 18. Oktober 1989 den reformunwilligen und -unfähigen Erich Honecker und ersetzte ihn durch Egon Krenz. Wie weit sich die SED-Führung vom Volk entfernt hatte, zeigte dieser Schritt. Krenz verfügte

M 2 „Botschaftsflüchtlinge"
Tausende DDR-Bürger befanden sich im September 1989 auf dem Gelände der Botschaft der Bundesrepublik in Prag.

M 3 „Montagsdemonstration" in Leipzig
Etwa 70 000 Menschen nahmen am 9. Oktober 1989 an der Demonstration in Leipzig teil.

Deutschland – Von der Teilung zur Wiedervereinigung

über keinerlei Vertrauen in der Bevölkerung, denn er war es gewesen, der im Frühjahr 1989 die gefälschten Wahlergebnisse verkündet hatte. Schwerer wog noch, dass er die brutale Niederschlagung der Proteste auf dem Platz des himmlischen Friedens in Peking im Juni, bei der Hunderte oder sogar Tausende getötet worden waren, verteidigt hatte.

Der Fall der Mauer

Aufgrund der immer lauter werdenden Forderungen nach Reisefreiheit beschloss der Ministerrat eine neue Reiserichtlinie. Diese Regelung ermöglichte Anträge auf sofortige Ausreise in alle Länder. Am Abend des 9. November 1989 wurde diese Meldung im DDR-Fernsehen verkündet. Noch in der gleichen Nacht strömten viele Ostberliner zur Mauer. Die verunsicherten Grenzsoldaten öffneten unter dem Druck der Massen die Schlagbäume. Voller Freude strömten viele Ostberliner in den anderen Teil der Stadt und wurden von der Bevölkerung Westberlins herzlich empfangen. Nach 28 Jahren öffnete sich die Mauer, ein Ereignis, mit dem viele Berliner nicht mehr gerechnet hatten. Hunderttausende besuchten in den nächsten Tagen Westberlin und die Bundesrepublik.

M 4 Grenzübergang Bornholmer Straße in Berlin am Abend des 9. November 1989

Von der „friedlichen Revolution" zum Ruf nach Einheit

Im November 1989 übernahm der als Reformpolitiker geltende Hans Modrow (SED) das Amt des Ministerpräsidenten. In diese Regierung traten auch die Vertreter der Bürgerrechtsbewegungen ein. Der im Dezember 1989 aus Vertretern aller Parteien und der Bürgerbewegungen gebildete „Runde Tisch" beschloss freie Wahlen für den 18. März 1990.

In seinem „Zehn-Punkte-Plan" ging Bundeskanzler Helmut Kohl im November 1989 noch von einer Konföderation beider deutscher Staaten aus, mit der Einheit als Fernziel. Die Stimmung in weiten Teilen der DDR-Bevölkerung hatte sich aber inzwischen deutlich verändert. Aus der Losung „Wir sind das Volk" war relativ schnell „Wir sind ein Volk" geworden. Dabei mögen für viele Menschen auch die scheinbar unbegrenzten Konsummöglichkeiten des Westens eine Rolle gespielt haben, die sie nun auf Reisen kennenlernten und die im scharfen Kontrast zur Mangelwirtschaft der DDR standen. Auch erfuhren die DDR-Bürger jetzt Dinge über die Herrschaft der SED, die sie bis dahin nicht für möglich gehalten hatten. So plante die Regierung beispielsweise die Errichtung von Internierungslagern für Oppositionelle. All dies verursachte einen Stimmungsumschwung. Die deutsche Wiedervereinigung war nun eine weit verbreitete Forderung.

Ferner drohte der wirtschaftliche und finanzielle Zusammenbruch der DDR, da der osteuropäische Markt wegbrach und westdeutsche Waren DDR-Produkte verdrängten. Die Bevölkerung forderte lautstark die Einführung der Deutschen Mark: „Kommt die D-Mark, bleiben wir, kommt sie nicht, gehn wir zu ihr!" lautete eine weit verbreitete Parole. Mit einer Reform der DDR, wie sie die Bürgerbewegungen ursprünglich gefordert hatten, wollten sich nun die Wenigsten zufrieden geben. Auch um eine Massenauswanderung von DDR-Bürgern in die Bundesrepublik zu verhindern, strebte die Regierung Kohl nun eine rasche Vereinigung beider Staaten an.

M 5 „Wir sind ein Volk" Demonstrant in Ostberlin am 9. Dezember 1989

M 6 Wahlplakat der CDU zur Volkskammerwahl 1990. Abgebildet ist CDU-Spitzenkandidat Lothar de Maizière.

M 7 „March of the Fourth Reich" Britische Karikatur aus dem „Daily Star" zur deutschen Vereinigung, abgedruckt in der FAZ vom 15. Februar 1990

Erste freie Wahlen zur Volkskammer und Währungsunion

Entgegen sämtlicher Wahlprognosen ging die „Allianz für Deutschland" unter Führung der CDU mit 48 % als Siegerin aus der Volkskammerwahl am 18. März 1990 hervor. Das „Bündnis 90" – die Gruppe der Bürgerrechtsbewegungen – kam hingegen nur auf 2,9 %. Der neue Ministerpräsident Lothar de Maizière (CDU) bildete eine Regierung, die den Vereinigungsprozess beschleunigte. Während die „Allianz für Deutschland" bereits im Wahlkampf einen Beitritt der DDR zur Bundesrepublik nach Art. 23 Grundgesetz favorisiert hatte, wollte die SPD den Weg nach Art. 146 gehen. Demnach wäre zunächst die Ausarbeitung einer neuen Verfassung nötig gewesen, bevor sich die beiden Staaten hätten vereinigen können. Das Wahlergebnis demonstrierte eindeutig, welchen Weg die DDR-Bevölkerung bevorzugte.

Da die Bevölkerung der DDR eine rasche Wiedervereinigung forderte und die internationalen Bedingungen günstig waren, beschloss die Volkskammer am 23. August 1990 mit überwältigender Mehrheit den Beitritt zur Bundesrepublik. Der Einigungsvertrag vom 31. August gliederte die neu geschaffenen Länder der Bundesrepublik ein. Damit war die Wiedervereinigung Deutschlands vollzogen und die DDR hatte aufgehört, als Staat zu existieren.

Ein wichtiger Schritt in Richtung Einheit war der Staatsvertrag vom 1. Juli 1990 über eine „Währungs-, Wirtschafts- und Sozialunion": Jetzt galt die D-Mark als alleiniges Zahlungsmittel in der DDR; Löhne, Renten und Mieten wurden – anders als ein Teil der Sparguthaben – im Verhältnis 1:1 umgestellt. Dieser Umtauschkurs war jedoch umstritten, da der Tauschwert der DDR-Währung eigentlich erheblich geringer war.

Reaktionen im Ausland

Das Ausland betrachtete eine mögliche Wiedervereinigung Deutschlands mit großer Skepsis. Viele europäische Staaten fürchteten ein wirtschaftlich dominantes und militärisch erstarktes Deutschland in Europas Mitte. Von den ehemaligen Siegermächten signalisierten lediglich die USA ihr volles Einverständnis. Beide deutsche Staaten suchten die Bedenken zu zerstreuen und versicherten, ein vereintes Deutschland werde auch künftig dem Westen angehören und Mitglied der Europäischen Union (EU) und der NATO sein.

Der „Zwei-plus-Vier-Vertrag"

Nach langen Verhandlungen konnte Helmut Kohl im Juli 1990 die Zustimmung des sowjetischen Präsidenten Gorbatschow zur deutschen Einheit erreichen. Die sowjetischen Truppen sollten bis 1994 abziehen, die UdSSR im Gegenzug finanzielle Unterstützung erhalten.

Nun galt es, in Verhandlungen zwischen beiden deutschen Staaten und den vier Siegermächten des Zweiten Weltkrieges die Vereinigung außenpolitisch zu vollenden. Am 12. September 1990 unterzeichneten die Außenminister in Moskau den „Zwei-plus-Vier-Vertrag", der Deutschland die volle Souveränität zurückgab. Im Gegenzug erkannte die Bundesrepublik die Oder-Neiße-Grenze zu Polen völkerrechtlich an und erklärte sich bereit, die Bundeswehr zu verkleinern. Damit war der Weg zur deutschen Einheit frei.

Deutschland – Von der Teilung zur Wiedervereinigung

Die Friedliche Revolution in Leipzig – Mit Textquellen arbeiten

M 8 Aufruf der „Leipziger Sechs"

Am 9. Oktober 1989 veröffentlichten sechs prominente Leipziger den folgenden Aufruf:

Unsere gemeinsame Sorge und Verantwortung haben uns heute zusammengeführt. Wir sind von der Entwicklung in unserer Stadt betroffen und suchen nach einer Lösung. Wir alle brauchen freien Meinungsaustausch über die Weiterführung des Sozialismus in unserem Land. Deshalb versprechen die Genannten heute allen Bürgern, ihre ganze Kraft und Autorität dafür einzusetzen, dass dieser Dialog nicht nur im Bezirk Leipzig, sondern auch mit unserer Regierung geführt wird. Wir bitten Sie dringend um Besonnenheit, damit der friedliche Dialog möglich wird.

Neues Forum Leipzig, Jetzt oder nie – Demokratie! Leipziger Herbst '89. Zeugnisse, Gespräche, Dokumente, Leipzig: Forum Verlag, 2. Auflage, 1989, S. 82 f.

M 9 Neues Forum

Die Oppositionsgruppe „Neues Forum" entstand im September 1989 und schloss sich für die Volkskammerwahlen 1990 mit anderen Gruppen zum „Bündnis 90" zusammen. Aus dem Aufruf des Neuen Forums Leipzig (12.10.1989):

Ermutigt durch die große Zahl von Sympathieerklärungen aus allen Teilen der Bevölkerung, legitimiert durch die tausendfachen Rufe nach Zulassung des Neuen Forum und aus tiefer Sorge um die weitere Entwicklung unseres Landes wiederholen wir heute:
1. Wir fordern sofort, jetzt und hier den öffentlichen, gleichberechtigten Dialog mit allen, mit Vertretern des Staates, der Kirchen, der Parteien, Organisationen und basisdemokratischen Gruppen.
2. Wir fordern eine Öffnung der Medien und eine wahrheitsgemäße Berichterstattung.
3. Wir rufen wiederum und eindringlich zur Gewaltlosigkeit aller Seiten auf. Wir distanzieren uns in aller Eindeutigkeit von rechtsradikalen ebenso wie von antikommunistischen Tendenzen. Wir fordern zugleich: keine Kriminalisierung der Demonstranten und Andersdenkender, denn das schürt Gewalt.
4. Wir fordern eine umfassende Information über die in den letzten Wochen Inhaftierten, über die Zahl und Haftgründe. Unerlässlich ist die sofortige Freilassung der Inhaftierten, die sich gewaltfrei an Demonstrationen beteiligt haben.
5. Als ersten vertrauensbildenden Schritt zur Eröffnung des Dialogs schlagen wir vor, umgehend zu veröffentlichen: den Gründungsaufruf des Neuen Forum und die Aufrufe des Neuen Forum vom 4. und 12. Oktober '89.
6. Wegen der nichtkalkulierbaren Risiken der spontanen Massendemonstrationen montags in Leipzig erwarten wir bald, aber bis spätestens 15. Oktober Antwort der dialogbereiten Kräfte. Wir sind bereit
Neues Forum

http://www.ddr89.de/ddr89/nf/NF203.html

M 10 Demokratischer Aufbruch

Die Gruppe Demokratischer Aufbruch schloss sich 1990 dem Wahlbündnis Allianz für Deutschland an. Aus dem Leipziger Programm vom 17.12.1989:

1. Präambel
Die Gesellschaft in der DDR befindet sich in einem demokratischen Aufbruch, um ihre Selbstbestimmung endlich zu verwirklichen.
Der DEMOKRATISCHE AUFBRUCH – sozial + ökologisch – (DA) versteht sich als eine gestaltende Kraft in dieser Volksbewegung. In unserem politischen Wollen und Handeln lassen wir uns leiten von den Menschenrechten und den Grundwerten Freiheit, Gerechtigkeit, Solidarität.
Freiheit heißt für uns ungezwungene Erfahrung und Selbstbestimmung jedes Menschen zur Wahrung seiner Würde. Freiheit meint aber auch den Anspruch jedes Menschen auf eine Umwelt, die ihn nicht körperlich und geistig vergiftet.
Gerechtigkeit heißt für uns gleiches Recht und gleiche Lebenschancen für alle. Gerechtigkeit meint auch Wiedergutmachung und Hilfe für Menschen und Völker, die durch Herrschaft von Parteien oder des Profits um ein erfülltes Leben gebracht wurden und werden.
Solidarität heißt für uns Zuwendung und Hilfe für die Schwachen. Solidarität meint auch und vor allem unser Denken und Handeln in weltweiter und zukunftsbewusster Verantwortung.
In diesem Sinne will der DA die grundlegenden Menschenrechte auf dem Gebiet der DDR verwirklichen.

http://www.ddr89.de/ddr89/da/DA33.html

Revolution in der DDR? – Begriffe definieren

M 11 „Die ostdeutsche Revolution"

Der Historiker Charles S. Maier schreibt (2009):

Der Historiker kann zwei Pfade zur Revolution in Europa unterscheiden. Im England des 17. Jahrhunderts, im Frankreich des späten 18. Jahrhunderts und bis zu einem Grad im deut-
5 schen Vormärz haben wir es mit einer organisierten, ihrer selbst bewussten Opposition zu tun, die Reformen einforderte und die monarchische Herrschaft einzuschränken suchte. Den Staatskrisen ging die Formierung von Parteien oder wenig-
10 stens die Organisation von Opposition voraus. Es gab aber auch das andere Modell. Da strebte die Opposition gar keinen Umsturz an, machte sich aber für Reformen stark. Dadurch erlitten die Herrschenden meist einen völligen Autoritätsver-
15 lust, und die Opposition stand plötzlich vor der Aufgabe, ein Machtvakuum füllen zu sollen, das sie gar nicht gewollt hatte. [...] Kritiker der DDR sagten immer wieder, ihr Staat behandle sie nicht wie Erwachsene, sondern wie Kinder. Die Proteste
20 des Herbstes 1989 entwickelten sich denn auch zu einem Verlangen nach Mündigkeit und gegen ein Regime, das den Bürgern diese Mündigkeit 40 Jahre lang verwehrt hatte.

1989 war ein Beispiel für eine Art von revolutio-
25 närem Impetus, wie er sich im Laufe des 20. Jahrhunderts entwickelte, zumeist außerhalb Europas. Es stimmt schon: Das letzte Jahrhundert sah zahlreiche mit Waffengewalt herbeigeführte Umbrüche – Revolutionen, die auf dem Land und in den
30 Städten die Massen mobilisierten und bei denen es zu schweren Kämpfen kam, in Russland, Mexiko, China, Kuba, Algerien oder etwa in Vietnam. Genauso richtig ist aber, dass dieses 20. Jahrhundert auch eine andere Strategie zur Überwindung
35 diktatorischer Herrschaft und zur Etablierung neuer demokratischer Institutionen hervorbrachte. Die Rede ist von Massenmobilisierungen in ganz bewusst gewaltfreien Demonstrationen; die berühmten Märsche Gandhis etwa oder die Mas-
40 senveranstaltungen der Bürgerrechtsbewegung eines Martin Luther King, deren Taktik später auch in Lateinamerika und Südafrika angewandt wurde. Die ostdeutsche Revolution von 1989 gehört in dieses Muster gewaltfreier Umwälzungen.

C. S. Maier, Die ostdeutsche Revolution, in: K.-D. Henke (Hg.), Revolution und Vereinigung 1989/90, München 2009, S. 553 f.

M 12 „Revolution" in Deutschland?

Der Historiker Andreas Rödder schreibt (2009):

Das Etikett „Zusammenbruch" benennt einen wichtigen Aspekt: ein handlungsunfähiges, marodes System, das unter dem Anstoß der Bürgerbewegung kollabierte – doch blendet es, und mehr noch der Begriff „Implosion", ebendiesen Anstoß 5 und somit den Anteil der Bürgerbewegung aus, denn ganz von allein brach das Regime nicht zusammen. Umgekehrt schreibt der Begriff der „Revolution", zumal in der Komposition als „friedliche" oder gar, mit Großbuchstaben, als „Fried- 10 liche Revolution" oder als „Bürgerrevolution", der Opposition bzw. der Bürgerbewegung die entscheidende Bedeutung als verursachende Kraft für das Ende des SED-Staates als einer „Selbstbefreiung" des Volkes zu. Diese Begrifflichkeit blendet 15 die Schwäche des Regimes und die Dimension des Zerfalls der sowjetischen Herrschaft aus und ist zudem sehr normativ aufgeladen, was die analytische Verwendung erschwert.

Dies kann aber nicht bedeuten, den Revolutions- 20 begriff vollständig auszuschließen. [...] Für eine handhabbare Begriffsbestimmung bietet sich ein Verständnis von Revolution als fundamentale Veränderung der bestehenden politischen und sozialen Ordnung an, als Umwälzung, die zu einem 25 Wechsel von Verfassung, politischem System und gesellschaftlichen Strukturen führt. Der Einsatz von Gewalt muss demgegenüber nicht zwingend Bestandteil einer Revolution sein; auch sind die Ursachen für die Kennzeichnung eines Vorgangs 30 als Revolution nicht wesentlich. Entscheidendes Kriterium ist vielmehr der Grad des politisch-gesellschaftlichen Wandels.

In diesem Sinne bedeutete das Ende der SED-Herrschaft in der Tat eine grundlegende Umwälzung 35 des politischen Systems und der Gesellschaft der DDR. Es war keine Revolution in jenem verkürzten und normativ aufgeladenen Sinne der „Friedlichen Revolution", in dem der Bürgerbewegung die alleinige oder vorrangige Bedeutung für den 40 Sturz der Diktatur zugeschrieben wird. Der Gesamtvorgang aber war – auch mit Blick auf die internationale Dimension – nichts anderes als ein grundstürzender Wandel der bestehenden Ordnung, und somit eine Revolution [...] 45

A. Rödder, Deutschland einig Vaterland, München 2009, S. 116 f.

Reaktionen im Ausland auf die Wiedervereinigung – Unterschiedliche Standpunkte erfassen

M 13 „Auf dem Weg zur Einheit", Karikatur von 1990

M 14 Die „Deutsche Frage"

a) Über sein Treffen am 10. Februar 1990 mit dem damaligen Bundeskanzler Helmut Kohl schreibt Michail Gorbatschow:

Was die prinzipielle Einstellung der UdSSR zu Deutschlands Vereinigung betraf, so erklärte ich Kohl: „Wahrscheinlich kann man behaupten, dass zwischen der Sowjetunion, der Bundesrepublik
5 und der DDR in der Frage der Einheit der deutschen Nation keine Meinungsunterschiede bestehen. Um es kurz zu machen: Wir stimmen im wichtigsten Punkt überein. Die Deutschen selbst müssen ihre Entscheidung treffen. Und sie müssen
10 unsere diesbezügliche Position kennen."
„Die ist ihnen bekannt", erwiderte Kohl. „Meinen Sie damit, die Frage der Einheit ist eine Entscheidung der Deutschen selbst?"
„Aber im Kontext der Realitäten", fügte ich hinzu.
15 „Damit bin ich einverstanden", erklärte der Kanzler. In der gegebenen Situation war es in meinen Augen entscheidend, zu verhindern, dass Kohl in Euphorie verfiel und die „deutsche Frage" lediglich auf die Vereinigung und die Befriedigung
20 nationaler Sehnsüchte der Deutschen reduzierte. Sie betraf die Interessen aller Nachbarstaaten, einschließlich der Sowjetunion, betraf die Situation in Europa ebenso wie die globale. In diesem Zusammenhang war eine Unzahl von Fragen zu
25 lösen: nach Garantien der Unantastbarkeit der Grenzen und der Anerkennung der territorialen politischen Realitäten der Nachkriegszeit, nach dem militärpolitischen Status des vereinten Deutschland, nach der Verknüpfung des gesamteuropäischen Prozesses mit dem der deutschen
30 Wiedervereinigung.
Der Kanzler nahm meine Argumente im Großen und Ganzen verständnisvoll auf, obwohl er sich sofort gegen alle Varianten einer deutschen Neutralität aussprach. Ansonsten einigten wir uns, alle
35 mit der Wiedervereinigung zusammenhängenden Probleme im Rahmen der „Sechs" – die UdSSR, die USA, Großbritannien und Frankreich auf der einen, die Bundesrepublik und die DDR auf der anderen Seite – zu erörtern. Die Idee der „Vier
40 plus Zwei"-Konferenz (später bestanden die Deutschen, aktiv unterstützt von den USA, darauf, dass sie die Bezeichnung „Zwei plus Vier" erhielt) sage ihm zu, meinte Kohl, eine separate Konferenz der vier Mächte zur „deutschen Frage" lehne er
45 jedoch kategorisch ab. Ich versicherte ihm, dass ohne Beteiligung der Deutschen keine Entscheidungen getroffen würden. Damit schlossen wir unser Gespräch ab.

Gorbatschow, Michail, Erinnerungen, Berlin 1995, S. 717.

b) Stellungnahme des US-Präsidenten George Bush sen. vom 24. Oktober 1989:

Interviewer: Können Sie irgendwelche Veränderungen im Status von Deutschland voraussehen?
Präsident Bush: Ja. [...] Ich teile die Sorge mancher europäischer Länder über ein wiedervereinigtes Deutschland nicht, weil ich glaube, dass Deutsch-
5 lands Bindung an und Verständnis für die Wichtigkeit des [atlantischen] Bündnisses unerschütterlich ist. Und ich sehe nicht, was einige befürchten, dass Deutschland, um die Wiedervereinigung zu erlangen, einen neutralistischen Weg einschlägt, der es
10 in Widerspruch oder potenziellen Widerspruch zu seinen NATO-Partnern bringt [...]
Trotzdem glaube ich nicht, dass wir den Begriff der Wiedervereinigung forcieren oder Fahrpläne aufstellen und über den Atlantik hinweg unserer-
15 seits eine Menge neuer Verlautbarungen zu diesem Thema machen sollten. Sie braucht Zeit. Sie benötigt eine vorsichtige Entwicklung. Sie verlangt Arbeit zwischen ihnen (den Deutschen) [...] und Verständnis zwischen den Franzosen und
20 Deutschen, den Engländern und Deutschen über alle diese [Fragen].

Und wer weiß, wie sich Herr Krenz entwickeln wird? Wird er nur eine Verlängerung des
25 Honecker'schen Standpunkts oder etwas anderes sein? Ich glaube nicht, dass er dem Wandel völlig widerstehen kann.

Interview mit George Bush vom 24. Oktober 1989, in: New York Times vom 25. Oktober 1990. Entnommen aus: Informationen zur politischen Bildung, Der Weg zur Einheit. Deutschland seit Mitte der achtziger Jahre, Heft 250, Bonn 1996, S. 38 f.

c) Stellungnahme der britischen Premierministerin Margaret Thatcher (nach 1990):

Der wahre Ursprung der deutschen Angst [im original deutsch; A.d.Ü.] ist die Qual der Selbsterkenntnis. Wie ich bereits erklärt habe, ist das einer der Gründe, warum so viele Deutsche aufrichtig – und wie ich meine, irrigerweise – Deutschland in
5 ein föderatives Europa eingebettet wissen wollen. Es ist doch wahrscheinlich, dass Deutschland in einem solchen Gefüge die Führungsrolle einnehmen würde, denn ein wiedervereinigtes Deutschland ist schlichtweg viel zu groß und zu mächtig,
10 als dass es nur einer von vielen Mitstreitern auf dem europäischen Spielfeld wäre. Überdies hat Deutschland sich immer auch nach Osten hin orientiert, nicht nur in Richtung Westen, obwohl die moderne Version solcher Tendenzen eher auf wirtschaftliche denn auf kriegerische territoriale 15 Expansion abzielt. Daher ist Deutschland vom Wesen her eher eine destabilisierende als eine stabilisierende Kraft im europäischen Gefüge. Nur das militärische und politische Engagement der USA in Europa und die engen Beziehungen zwi- 20 schen den beiden anderen starken, souveränen Staaten Europas, nämlich Großbritannien und Frankreich, können ein Gegengewicht zur Stärke der Deutschen bilden. In einem europäischen Superstaat wäre dergleichen niemals möglich. 25 Ein Hindernis auf dem Weg zu einem solchen Gleichgewicht der Kräfte war zu meiner Amtszeit die Weigerung des von Präsident Mitterrand regierten Frankreich, französischen Instinkten zu folgen und den deutschen Interessen den Kampf anzusa- 30 gen. Denn das hätte bedeutet, die französisch-deutsche Achse aufzugeben, auf die Mitterrand sich stützte. Wie ich noch ausführen werde, sollte sich dieser Schwenk für ihn als zu schwierig erweisen.

Thatcher, Margaret, Downing Street No. 10. Die Erinnerungen, Düsseldorf 1993, S. 1095 f.

Aufgaben

1. **Die Revolution in der DDR**
   a) Erkläre die Ursachen für die Revolution in der DDR.
   b) Informiere dich über die im Herbst 1989 neu entstandenen Parteien und Organisationen und deren Ziele.
   c) Dokumentiere das Ende der DDR in Form einer Collage.
   d) Führe eine Zeitzeugenbefragung durch. Suche dafür in dem Bekanntenkreis deiner Eltern Menschen aus Ost- und Westdeutschland. Befrage diese zu den Ereignissen und Stimmungen im Jahr 1989.
   → Text, M8–M10, Methode: Zeitzeugen befragen (S. 110/111), Internet

2. **Einordnung der DDR-Revolution**
   a) Stelle tabellarisch die Gemeinsamkeiten und Unterschiede der Auffassungen dar.
   b) Erläutere die Gründe für die unterschiedlichen Auffassungen.
   c) Erläutere die Schwierigkeiten, die es bereitet, die Ereignisse in der DDR 1989/1990 mit dem Begriff „Revolution" zu fassen.
   d) Verfasse eine Darstellung zum Thema: „Die Ereignisse 1989 in der DDR – Eine Revolution?"
   → M11, M12

3. **Reaktionen im Ausland**
   a) Erläutere die Position, die Michail Gorbatschow gegenüber Helmut Kohl bezüglich einer möglichen deutschen Wiedervereinigung vertritt.
   b) Helmut Kohl lehnte eine mögliche deutsche Neutralität kategorisch ab. Erläutere die Gründe dafür.
   c) Vergleiche die Positionen von Margaret Thatcher und George Bush sen.
   d) Verfasse einen Leserbrief, in dem du deine Meinung zu den Bedenken vieler europäischer Politiker äußerst und erläuterst.
   e) Erkläre die Aussagen der Karikaturen zur deutschen Einheit und nimm Stellung dazu.
   → M7, M13, M14

Deutschland – Von der Teilung zur Wiedervereinigung

M 1 „Tag der Deutschen Einheit"
Staatsakt und Volksfest – die Feier zur deutschen Einheit vor dem Berliner Reichstag am 3.10.1990

M 2 Wirtschaft in der Sackgasse
Ehemals begehrte Produkte sind schnell nicht mehr gefragt, Foto Mitte der 90er-Jahre.

Das vereinte Deutschland

Politische Veränderungen

Seit dem 3. Oktober 1990 ist Deutschland wieder vereint. Die neuen Bundesländer Sachsen, Sachsen-Anhalt, Thüringen, Brandenburg und Mecklenburg-Vorpommern gaben sich eigene Landesverfassungen und wirken im Bundesrat bei der Gesetzgebung mit. Heute besteht die Bundesrepublik Deutschland aus 16 Bundesländern. Die erste gesamtdeutsche Wahl am 2. Dezember 1990 gewann die regierende CDU/CSU-FDP-Koalition, sodass Helmut Kohl Bundeskanzler blieb. Allerdings hatte sich das Parteienspektrum des neuen Deutschland verändert. Die alten Blockparteien der DDR gingen meist in den westlichen Parteien auf. Die SED, die Staatspartei der DDR, benannte sich um in „Partei des Demokratischen Sozialismus" (PDS) und war vor allem bei Wahlen in den ostdeutschen Bundesländern erfolgreich. Mit der politischen Einheit waren aber nicht alle Probleme gelöst. Vielmehr zeigte sich, dass der neue Staat vor ganz neuen Herausforderungen stand.

Wirtschaftliche Probleme im Osten

Besonders schwierig erwies sich die Umstellung der DDR-Wirtschaft vom planwirtschaftlichen auf das marktwirtschaftliche System. Die Produktionsstätten der DDR waren veraltet, die Fabriken marode, die Infrastruktur in einem erbärmlichen Zustand. Hinzu kamen beträchtliche Umweltschäden. Somit konnte die ostdeutsche Wirtschaft der westlichen Konkurrenz nicht standhalten, zumal der frühere Absatzmarkt in Osteuropa wegbrach. Die 1990 gegründete staatliche „Treuhandanstalt" sollte die DDR-Betriebe sanieren und privatisieren. Die Folge war die Schließung vieler ostdeutscher Betriebe, da eine rentable Produktion meist nicht möglich war. Gleichzeitig nutzten Spekulanten die Situation, um sich unliebsamer Konkurrenz zu entledigen. Die Arbeitslosigkeit erreichte in einigen Regionen über 30 Prozent.

Finanziert wurde die Umstrukturierung Ostdeutschlands aus Steuermitteln. Seit 1995 zahlen alle Arbeitnehmer einen „Solidaritätszuschlag", der zur Finanzierung des Umwandlungsprozesses beiträgt.

Unterschiedliche Mentalitäten?
Viele Menschen im Osten waren enttäuscht über die wirtschaftliche und soziale Lage. Das führte zur Verbitterung einstiger DDR-Bürger, die sich im neuen Deutschland als „Bürger zweiter Klasse" fühlten. Der Erfolg der PDS in den neuen Bundesländern lässt sich auf mehrere Faktoren zurückführen. Einerseits stellte sie sich den Menschen als „ostdeutsche Partei" dar und andererseits nutzte sie die Tatsache, dass einige Politiker die neuen Lebensumstände der Menschen und die daraus resultierenden Sorgen nicht ernst genug nahmen. Umgekehrt waren manchen Westdeutschen die Kosten der Wiedervereinigung zu hoch oder sie stellten sogar den Sinn der Vereinigung in Frage. Die verschiedenen Lebenswege und Erfahrungen der Deutschen in Ost und West machten zuweilen eine Verständigung schwierig.

Aufarbeitung der Vergangenheit
Als schwierig – aber notwendig – erwies sich die Aufarbeitung der DDR-Vergangenheit. Führende Politiker der DDR, aber auch Grenzsoldaten, mussten sich Gerichtsverfahren stellen, in denen sie sich wegen Schusswaffengebrauchs an der Berliner Mauer und der innerdeutschen Grenze zu verantworten hatten. Der Schießbefehl gilt als unvereinbar mit dem völkerrechtlichen Schutz des Lebens. Die Bürgerrechtsbewegung in der DDR forderte vom Staatssicherheitsdienst („Stasi") schon während der Wendezeit die vollständige Öffnung der Archive. Diesem Begehren kam der deutsche Staat mit dem Stasi-Unterlagen-Gesetz von 1991 nach. Zugleich schuf der Bundestag eine Behörde, die jedem Bürger, den die Stasi verfolgt oder abgehört hatte, die Möglichkeit gab, seine personenbezogenen Unterlagen einzusehen.

M 3 „Wo ist meine Akte?"
Vor der ehemaligen Stasi-Zentrale in der Normannenstraße in Ostberlin, 19. Februar 1990

Die Außenpolitik des vereinten Deutschland
Das wiedervereinigte Deutschland blieb Mitglied sowohl der NATO als auch der Europäischen Union (EU). Die Sowjetunion hatte diesen Plänen bereits 1990 in langen Verhandlungen zugestimmt und ihre Truppen bis 1994 aus Deutschland abgezogen. Mit der Erlangung der vollen Souveränität erhöhten sich die Anforderungen der internationalen Staatengemeinschaft an Deutschland. Durfte die Bundeswehr bislang nicht an sogenannten Out-of-Area-Einsätzen, also Einsätzen außerhalb des NATO-Gebietes, teilnehmen, wurde nun die Beteiligung deutscher Soldaten auch an solchen Missionen gefordert. Das war in Deutschland umstritten. Schließlich entschied das Bundesverfassungsgericht, dass die Bundeswehr an bewaffneten Friedensmissionen teilnehmen darf, wenn der Bundestag ausdrücklich zustimmt. Seitdem beteiligt sich die Bundeswehr an verschiedenen Auslandseinsätzen, so etwa auf dem Balkan, in Afghanistan und im Libanon.

Die deutsche Europapolitik
Bei wichtigen europäischen Fragen übernahm Deutschland eine Vorreiterrolle. So trieb die Bundesregierung seit den 1990er-Jahren eine

Deutschland – Von der Teilung zur Wiedervereinigung

gemeinsame europäische Währung voran. 2002 wurde der Euro eingeführt, der in der deutschen Bevölkerung jedoch auf Skepsis stieß. Um die Stabilität der Währung zu garantieren, wurden im Vertrag von Maastricht 1992 Kriterien vereinbart, die jedes Land erfüllen muss, das dem Euro-Raum beitreten will. Die Europäische Zentralbank (EZB), die die Währungsstabilität des Euros überwacht, hat ihren Hauptsitz in Frankfurt am Main. Allerdings kam es zu einer weltweiten Finanzkrise, die das Vertrauen in den Euro nachhaltig erschütterte und in einigen Ländern zu großer Not führte. Die strenge Sparpolitik, die die EU in dieser Situation anwandte, war in der Öffentlichkeit sehr umstritten.

M 4 Rot-grüne Koalition 2005
Bundeskanzler Gerhard Schröder (1998–2005) mit Vizekanzler und Außenminister Joschka Fischer

Rot-Grün an der Macht

1998 kam es in der Bundesrepublik zum Machtwechsel. Gerhard Schröder wurde zum Bundeskanzler einer rot-grünen Bundesregierung (SPD und Bündnis 90/Die Grünen) gewählt. Innenpolitisch wurden viele Reformen angestoßen, wie z. B. der Ausstieg aus der Kernenergie, die Anerkennung von homosexuellen Partnerschaften, die Stärkung des Verbraucherschutzes, die Entschädigung der Zwangsarbeiter des Dritten Reiches und die Stärkung der Ökologie. Deutschlands gewaltige Verschuldung sollte zudem durch einen grundlegenden Umbau des Sozialstaates reduziert werden. Diese als „Agenda 2010" bezeichneten Reformen führten durch die damit verbundenen sozialen Härten zu heftigen Protesten. Außenpolitisch vollzog die rot-grüne Regierung einerseits eine Wendung zur Beteiligung an internationalen Militäraktionen, insbesondere nach dem Terroranschlag in New York am 11. September 2001; andererseits weigerte sie sich aber 2003, die USA im Irak-Krieg durch Entsendung von Truppen militärisch zu unterstützen.

Angela Merkel wird Kanzlerin

Die Politik der rot-grünen Koalition war umstritten. Vorgezogene Neuwahlen erbrachten 2005 nahezu ein Patt der Volksparteien SPD und CDU/CSU, sodass es zu einer Großen Koalition aus CDU/CSU und SPD kam. Mit Angela Merkel (CDU) wurde erstmals eine Frau Bundeskanzlerin, die zudem aus Ostdeutschland stammte. Nach der Bundestagswahl von 2009 konnte Merkel mit einer schwarz-gelben Koalition (CDU/CSU und FDP) weiterregieren, bevor es 2013 wieder zu einer Großen Koalition kam. Die FDP ist seitdem zum ersten Mal seit 1949 nicht mehr im Bundestag vertreten.

Im Unterschied zur rot-grünen Koalition verfolgte Angela Merkel keine großen Reformprojekte, sondern versuchte die innenpolitische Situation zu stabilisieren und die außenpolitische Rolle Deutschlands zu stärken. Die wichtigsten Herausforderungen waren die weltweite Finanzkrise, die seit 2007 die Welt erschütterte, die durch die Finanzkrise in Frage gestellte europäische Einigung, der Rückzug aus dem Militäreinsatz in Afghanistan und der Atomunfall in Fukushima, der zum endgültigen Atomausstieg Deutschlands führte.

Die Bundesrepublik hat seit 1990 viele Probleme der Vereinigung überwunden und ist inzwischen ein Staat, der in der Welt wirtschaftlich und politisch sehr einflussreich ist.

M 5 Große Koalition 2006
Bundeskanzlerin Angela Merkel, die erste Frau an der Spitze der Republik, mit Vizekanzler und Arbeitsminister Franz Müntefering

130

Deutsche Einheit – Zwischenbilanzen

M 6 15 Jahre Einheit – Eine erste Bilanz

Der Journalist Hermann Rudolph zieht eine erste, vorläufige Bilanz im Jahre 2004:

Das Mindeste, was von der Einheit gesagt werden muss, ist, dass ein Grauschleier über ihr liegt. Keine Frage: Das hat auch mit der Gemütsverfassung der Deutschen zu tun, immer erst das Haar und
5 dann die Suppe zu sehen. Doch er ist auch die Folge davon, dass das Ereignis der Einheit, das keiner mehr erwartet hatte, Entwicklungen auslöste und sich in Formen vollzog, mit denen auch niemand gerechnet hat.
10 Das Zusammenbrechen der Industrien, aus denen die DDR-Bürger doch ihren Stolz gezogen hatten, der Abbau so vieler Arbeitsplätze, an denen individuelles und kollektives Leben hing: Die Einheit kostete einen Preis, an den keiner gedacht hat.
15 Dieser Schock hat der Erfolgsgeschichte deutsche Einheit das Selbstvertrauen genommen.
Ähnlich gebrochen stellt sich, fünfzehn Jahre nach der Vereinigung, das Lebensgefühl dar. Die Einheit hat unendlich vielen Menschen Lebenschan-
20 cen eröffnet, von denen ihre Vorgänger-Generationen nicht einmal träumen konnten. Die Welt hat sich für die Menschen in den neuen Ländern geöffnet, für Reisen ebenso wie für berufliche Laufbahnen, für die Jüngeren noch mehr als für
25 die Älteren – vor allem aber ist die Welt in einer so überwältigenden Weise in das Leben in Sachsen oder Brandenburg eingedrungen, dass es schwerfällt, sich an die Enge und Bevormundung überhaupt noch zu erinnern, mit denen man in diesem Teil Deutschlands über zwei, drei Generationen 30 leben musste. Doch kann man nicht darüber hinwegsehen, dass die gewünschte und begrüßte Veränderung viele Biografien nicht bereichert, sondern aus der Bahn geworfen hat – wobei, natürlich, nicht an jene parteiergebenen Kader zu 35 denken ist, die sich ihr Scheitern wahrlich verdient haben, sondern an den zur Wendezeit fünfzigjährigen Ingenieur oder Universitätsprofessor mit dem DDR-Horizont, die im Zuge all der Abwicklungen die Stellungen verloren haben, in die sie 40 sich für den Rest ihrer Tage eingerichtet hatten. Es bleibt ein Schatten auf der Vereinigung, dass in einem glückhaften Prozess, den so gut wie jeder für richtig hält und den jedenfalls keiner rückgängig machen will, ein beträchtliches Maß an Irrita- 45 tion, Verstörung und Scheitern hat geschehen können, sodass oft – wie ungerecht das immer sein mag – weniger seine Erfolge, sondern seine Schwierigkeiten das Bild bestimmen und es fast den provokativen Ton eines Protestes gegen den 50 Zeitgeist hat, wenn jemand erklärt, er freue sich über die Einheit.

Rudolph, Hermann, 15 Jahre deutsche Einheit. Eine Bilanz, in: Eppelmann, Rainer u. a. (Hg.), Das ganze Deutschland. Reportagen zur Einheit, S. 20 ff.

M 7 „Ossi – Wessi"
Karikatur von Hans-Jürgen Starke, 1991

Die Ära Rot-Grün in der Bilanz – Darstellungen analysieren

M 8 Rot-Grün an der Macht

In seinem Buch „Rot-Grün an der Macht" analysiert der Zeithistoriker Edgar Wolfrum die Leistungen der rot-grünen Bundesregierung (2013):

Rot-Grün an der Macht – dies war eine Zeit gesteigerter Reformtätigkeit. Von der Agenda 2010 und vom Atomausstieg über das Kulturstaatsministerium und den Verbraucherschutz bis zur Zuwande-
5 rung und der Zwangsarbeiterentschädigung: Auf nahezu allen innenpolitischen Feldern, die oftmals – sei es durch Globalisierungsdruck, sei es durch neu aufgekommene Menschheitsfragen – mit außenpolitischen verschränkt waren, konnte
10 man Neues vernehmen, ganz gleich, ob man es schätzte oder ablehnte. Je nach Standpunkt wurden die Reformen als sinnvoll oder als verhängnisvoll bewertet. „Nachhaltigkeit" wurde ein Leitbild politischen Handelns. […]
15 1998 bis 2005 war eine Zeit der Modernisierung unter globalen Erfordernissen. Wie nie zuvor brachen für Deutschland globale Zeiten an. Die ökologische Modernisierung ist Vorbild für viele Länder der Welt geworden, und ökonomisch erschien
20 Deutschland wieder als Kraftwerk, das seinen Sozialstaat reformiert und im Kern bewahrt hat. Der Agenda 2010 haftete zwar das schlechte Gewissen der SPD an, sie hat jedoch das Tor zu einem Reformprozess aufgestoßen, das nicht
25 mehr geschlossen werden kann. Der Prozess der ständigen Korrekturen an diesem umfassenden Reformpaket dauert an. Auch die innenpolitischen Verwerfungen, die es bewirkte, bestehen fort und verschärfen sich zum Teil noch. Doch
30 trotz dieser neuen Unruhe und der Probleme hat sich der Zustand der Institutionen in Deutschland als stabil erwiesen, und die Stimmung im Land wurde reformfreudiger. […]
Rot-Grün hat die Aufarbeitung der nationalsozia-
35 listischen Vergangenheit vorangetrieben und zentrale geschichtspolitische Vorhaben wie das Holocaust-Mahnmal abgeschlossen sowie einen neuen europäischen Erinnerungsraum erschlossen. Die kulturellen Beziehungen zum Ausland haben eine
40 gesteigerte Verflechtung erfahren. Die Stellung Deutschlands in der Welt ist, auch infolge seiner machtpolitischen Selbstbehauptung hinsichtlich des Irak-Krieges, erheblich aufgewertet worden.

E. Wolfrum, Rot-Grün an der Macht, München 2013, S. 709–713.

M 9 Zwischenkanzler Schröder?

Der Journalist Christian Malzahn zieht eine Bilanz der Kanzlerschaft Gerhard Schröders (2005):

Gerhard Schröder war der dritte sozialdemokratische Kanzler der Bundesrepublik – und der widersprüchlichste von allen. Sicher ist: Ohne seine persönliche Strahlkraft hätte es Rot-Grün nicht gegeben. Was wird von diesem Zwischenkanzler 5 bleiben? […]
Vieles bei ihm lag zwischen Baum und Borke, eine klare Bilanz ist schwer zu ziehen. Er hat die ersten Auslandseinsätze der Bundeswehr im Kosovo und in Afghanistan zu verantworten – und ließ sich im 10 letzten Wahlkampf als „Friedenskanzler" feiern. […] Löwenmutig stieg er mit der Agenda 2010 in den Ring. Er wusste, wie gefährlich dieser Kampf werden würde, weil er offen mit der in der SPD verbreiteten Vorstellung staatlicher Vollversor- 15 gung brach. Nach der Verkündung dieses Programms wirkte er dennoch seltsam verwundbar, manchmal fast hilflos, schockstarr. Schröder scheute im Sommer 2004 das persönliche Risiko nicht, das politisch Notwendige zu tun. Aber er verstand 20 es lange nicht, seine Partei davon zu überzeugen, dass er mit diesem Programm kein Mobbing der Arbeiterklasse betreiben, sondern die Sozialsysteme retten wollte.
Trotzdem: Getan ist getan. Die „Zeit" hat das 25 Patriotismus genannt, auf jeden Fall war es verantwortungsvolles Handeln ohne Rücksicht auf sich selbst und die eigene Klientel. So etwas findet man selten in der Politik, umso mehr fiel Schröders Haltung auf. […] 30
Rot-Grün war in der Gesamtbilanz deshalb viel mehr als bloß eine zufällige Episode der deutschen Geschichte – obwohl selbst Gerhard Schröder und SPD-Chef Franz Müntefering zum Ende hin Bemerkungen in diese Richtung machten. Rot- 35 Grün hat die Republik einerseits entstaubt, anschließend leider oft Lametta aufgehängt. Allerdings gehen viele Modernisierungsschritte, die diese Koalition zum Beispiel im Staatsbürgerschaftsrecht gegangen ist, eher auf das Konto der 40 Grünen. Die Frage, wer bei Rot-Grün Koch und wer Kellner war, ist deshalb viel schwerer zu beantworten, als es Schröder lieb sein kann.

www.spiegel.de/politik/deutschland/bilanz-der-aera-schroeder-der-zwischenkanzler-a-379027.html (19.5.2014).

Die Ära Merkel – Eine Karikatur auswerten

M 10 **Ring frei in Berlin**
Die Große Koalition in Person von CSU-Chef Horst Seehofer, Bundeskanzlerin Angela Merkel (CDU) und Vizekanzel Sigmar Gabriel (SPD) steht im Ring den Fraktionschefs der Oppositionsparteien Gregor Gysi (Linke) und Anton Hofreiter (Grüne) gegenüber, Karikatur von Dieter Hanitzsch, 2013.

Aufgaben

1. **Deutsche Einheit – Zwischenbilanzen**
   a) Nach Meinung des Journalisten Hermann Rudolph liegt ein „Grauschleier" über der Einheit. Erkläre diese Aussage.
   b) Überprüfe die Aktualität der Aussagen von Hermann Rudolph.
   c) Ermittle die Grundaussage der Karikatur und vergleiche Sie mit den Auffassungen von Hermann Rudolph.
   d) Beobachte für eine gewisse Zeit die Meldungen und Kommentare in der Presse und im Fernsehen. Sammle Informationen und Meinungen zum Stand der inneren Einheit Deutschlands und diskutiere deine Ergebnisse mit deinen Mitschülern.
   → M6, M7

2. **Die Ära Rot-Grün**
   a) Fasse die Kernaussagen der beiden Darstellungen in eigenen Worten zusammen.
   b) Recherchiere die Leistungen der rot-grünen Regierung auf einem Politikfeld oder im Hinblick auf ein Reformvorhaben und verfasse dazu einen Kommentar. Beispiele: Atomausstieg, Agenda 2010, Irak-Krieg.
   → M8, M9

3. **Die Ära Merkel**
   a) Nenne die Grundaussage der Karikatur.
   b) Stelle in einer Übersicht das Verhältnis von Oppositions- und Regierungsparteien in den einzelnen Wahlperioden der BRD dar.
   c) Die 2013 gewählte Regierung verfügt über mehr als zwei Drittel der Sitze im Bundestag. Nimm Stellung zu folgender Auffassung: „Eine so große Mehrheit der Regierungsparteien im Bundestag ist eine große Chance, aber auch ein hohes Risiko für das politische System."
   → M10

Deutschland – Von der Teilung zur Wiedervereinigung

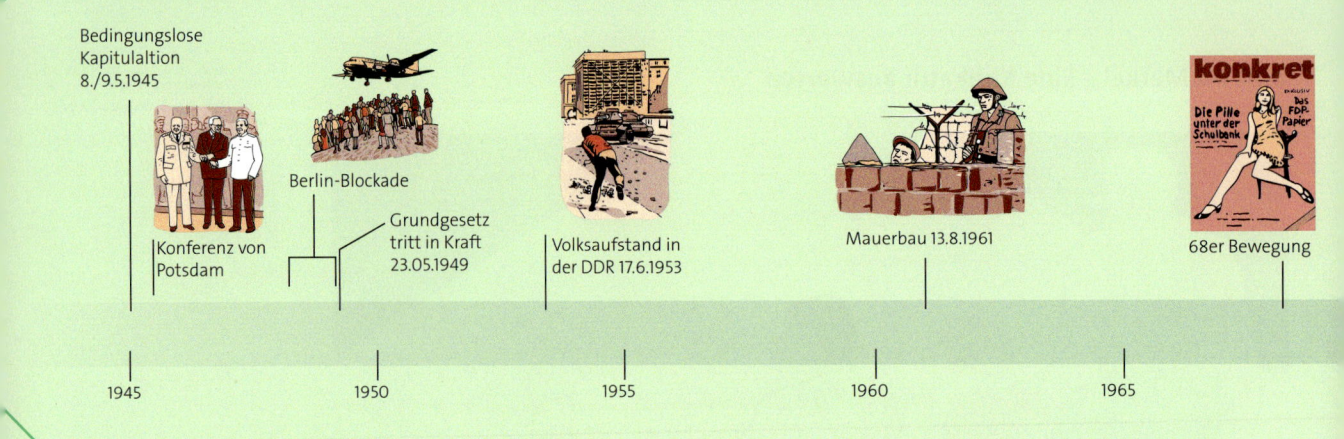

Bedingungslose Kapitulaltion 8./9.5.1945

Konferenz von Potsdam

Berlin-Blockade

Grundgesetz tritt in Kraft 23.05.1949

Volksaufstand in der DDR 17.6.1953

Mauerbau 13.8.1961

68er Bewegung

1945 — 1950 — 1955 — 1960 — 1965

Zusammenfassung

Nach dem Zweiten Weltkrieg herrschte große Not in Deutschland. Millionen waren auf der Flucht und mussten integriert werden. Die vier Siegermächte USA, Großbritannien, Frankreich und die Sowjetunion teilten Deutschland in vier Besatzungszonen auf. Aus den drei Westzonen entstand 1949 die Bundesrepublik, aus der Sowjetischen Besatzungszone die DDR. Während in der Bundesrepublik eine demokratische Staatsordnung mit freier Marktwirtschaft entstand, errichtete die SED in der DDR eine sozialistische Staats- und Gesellschaftsordnung.

In der Bundesrepublik waren die 1950er-Jahre geprägt durch einen bemerkenswerten wirtschaftlichen Aufschwung. Außenpolitisch orientierte sich Westdeutschland an den USA und richtete mit der Bundeswehr eine neue Armee ein. Auch die DDR erlebte zunächst ein deutliches Wirtschaftswachstum, doch kam es am 17. Juni 1953 zu einem Volksaufstand gegen die SED-Diktatur, der mit Gewalt unterdrückt wurde. Schon zuvor hatten die Machthaber ein ausgedehntes Spitzel- und Überwachungssystem aufgebaut: den Staatsicherheitsdienst. Nachdem immer mehr DDR-Bürger das Land verließen, errichtete die DDR 1961 die Berliner Mauer, um die Auswanderung zu unterbinden.

In den 1960er- und 1970er-Jahren erlebte die Bundesrepublik einen starken gesellschaftlichen Wandel. Außerdem sorgte der neue Bundeskanzler Willy Brandt für eine grundlegende Verbesserung der Beziehungen zu den Staaten des Ostblocks. In der DDR ermöglichte der neue starke Mann Erich Honecker seit den 1970er-Jahren breiten Bevölkerungsschichten einen deutlichen Wohlstandszuwachs. Der Preis dafür war aber eine sprunghaft zunehmende Staatsverschuldung, was schließlich zu einer tiefen Wirtschaftskrise führte und zum Zusammenbruch der DDR Ende der 1980er-Jahre beitrug.

Der vom sowjetischen Staats- und Parteichef Gorbatschow 1985 begonnene Reformprozess wirkte sich auch auf die DDR aus, wo schließlich im Herbst 1989 breite Bevölkerungskreise auch öffentlich ihren Unmut äußerten und grundlegende Reformen forderten. In dieser Situation sorgte der überraschende Mauerfall am 9. November 1989 für eine neue Dynamik, die in kurzer Zeit sowohl das Ende der SED-Herrschaft besiegelte als auch die Wiedervereinigung der beiden deutschen Staaten herbeiführte.

Willy Brandt in Warschau

RAF-Terrorismus

Helmut Kohl Bundeskanzler >>>

Gorbatschow wird Generalsekretär

Fall der Mauer

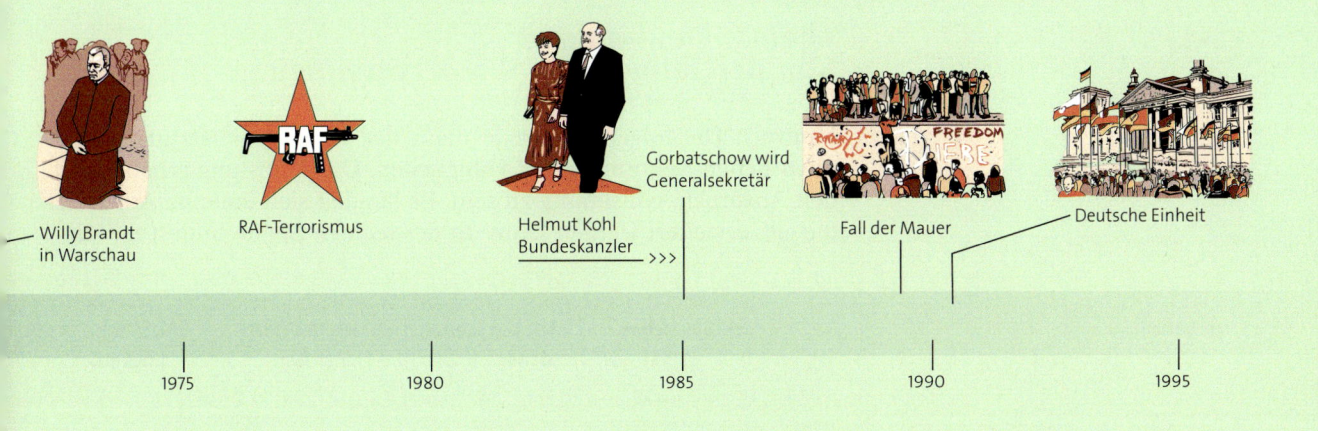

Deutsche Einheit

1975 1980 1985 1990 1995

Daten

1945 Potsdamer Konferenz
1949 Gründung der beiden deutschen Staaten
17.6.1953 Volksaufstand in der DDR
1961 Mauerbau
9.11.1989 Fall der Mauer
3.10.1990 „Tag der Deutschen Einheit": Beitritt der fünf „neuen" Länder zur Bundesrepublik

Begriffe

„Stunde Null"
Entnazifizierung
Marshallplan
Bodenreform in der SBZ
Währungsreform
„Wirtschaftswunder"
Soziale Marktwirtschaft
Ministerium für Staatssicherheit (Stasi)
Planwirtschaft
Neue Ostpolitik

Personen

Konrad Adenauer
Walter Ulbricht
Kurt Schumacher
Ludwig Erhard
Willy Brandt
Helmut Schmidt
Erich Honecker
Helmut Kohl
Wolf Biermann

Tipps zum Thema: Deutschland – Von der Teilung zur Wiedervereinigung

Filmtipp

Wir Wunderkinder, Regie: Kurt Hoffmann, Deutschland 1958

Das Wunder von Bern, Regie: Söhnke Wortmann, Deutschland 2003

Der rote Kakadu, Regie: Dominik Graf, Deutschland 2004

Das Leben der Anderen, Regie: Florian Henckel von Donnersmarck, Deutschland 2005

Lesetipp

Reiner Kunze: Die wunderbaren Jahre, 1978

Thomas Brussig: Am kürzeren Ende der Sonnenallee, 2005

Anne C. Voorhoeve: Lilliy unter den Linden, 2008

Alois Prinz: Lieber wütend als traurig. Die Lebensgeschichte der Ulrike Marie Meinhof, Weinheim 2007

Museen

Zeitgeschichtliches Forum, Leipzig

DDR Museum Zeitreise, Radebeul

DDR Museum Pirna

Gedenkstätte Bautzen

Gedenkstätte Berlin-Hohenschönhausen, Berlin

Kommentierte Links: www.westermann.de/geschichte-linkliste

Seiten zur Selbsteinschätzung

Thema: Deutschland – Von der Teilung zur Wiedervereinigung

Hinweis: Die folgende Tabelle dient der Selbsteinschätzung deiner erworbenen Kenntnisse und Fähigkeiten. Die Auflistung erhebt nicht den Anspruch, vollständig zu sein. Es handelt sich um eine Auswahl, die ggf. erweitert werden kann. In der rechten Spalte findest du Hin-

Ich kann …	Ich bin sicher. ☺☺	Ich bin ziemlich sicher. ☺	Ich bin noch unsicher. ☺😐	Ich habe große Lücken. ☹☹
… den Prozess der Entstehung der beiden deutschen Staaten beschreiben.				
… die innenpolitische Entwicklung der BRD in den Fünfzigerjahren erläutern.				
… den Prozess der Integration der BRD in den Westen beschreiben.				
… die Gründe für den Volksaufstand am 17. Juni 1953 in der DDR nennen und den Verlauf sowie die Ergebnisse des Aufstandes erläutern.				
… die Unterschiede der wirtschaftlichen Entwicklung zwischen der BRD und der DDR in den Fünfzigerjahren darlegen.				
… die Ursachen für die Errichtung der Berliner Mauer erklären.				
… die gesellschaftliche Entwicklung der DDR während der Ulbricht-Zeit erläutern.				
… den Begriff „Ostpolitik" erläutern und die wichtigsten Ergebnisse dieser Politik erklären.				
… die Veränderungen des Parteisystems der BRD in den Achtzigerjahren darlegen.				
… wichtige Entwicklungen in der DDR während der Ära Honecker beschreiben.				
… die Ursachen für die Revolution in der DDR erläutern.				
… den Verlauf der Revolution in der DDR bis zur Herstellung der deutschen Einheit darlegen.				
… die Ursachen für die wirtschaftlichen Probleme der ostdeutschen Bundesländer nach der Wiedervereinigung erörtern.				

weise, wie du eventuell vorhandene Lücken oder auch Unsicherheiten beseitigen kannst.
Bitte beachte: Solltest du über ein Leihexemplar dieses Lehrbuches verfügen, dann kopiere die Seiten, bevor du mit ihnen arbeitest.

Auf diesen Seiten kannst du in ANNO nachlesen	Empfehlungen zur Übung, Wiederholung und Festigung
64–66	Verfasse einen Lexikonartikel zum Thema: „Die Entstehung der beiden deutschen Staaten".
70–72	Entwickle ein Schaubild zur innenpolitischen Entwicklung der BRD in den Fünfzigerjahren.
76–78	Nimm Stellung zu folgender Behauptung: „Die Integration der BRD in den Westen war auch ein Resultat des Kalten Krieges."
84/85	Erstelle ein Kurzvortrag zum Thema: „Der 17. Juni 1953 in der DDR".
71/72 74 92–94	Erläutere die Unterschiede zwischen „sozialer Marktwirtschaft" und „Planwirtschaft".
86/87	Die Regierung der DDR hat die Berliner Mauer als „Antifaschistischen Schutzwall" bezeichnet. Nimm dazu Stellung.
92/93	Erstelle ein Schaubild zur Politik Walter Ulbrichts.
97/98 100	Verfasse eine Erörterung zur Ostpolitik der Regierung Brandt.
99 101	Finde Argumente für die Behauptung: „Die Gründung der Grünen war ein Resultat neuer politischer Herausforderungen."
102–104	Nimm Stellung zu folgender Auffassung: „Die Politik Honeckers führte zwangsläufig zum Untergang der DDR."
104 120–122	Erstelle ein Schaubild zu den kurz- und langfristigen Ursachen der Revolution in der DDR.
120–123	Fertige einen Zeitstrahl mit den wichtigsten Stationen der Revolution in der DDR an.
128/129 131	Erstelle einen Kurzvortrag zum Thema: „Die Umstrukturierung der Wirtschaft der ostdeutschen Bundesländer nach der Wiedervereinigung".

3. Die Welt nach dem Kalten Krieg

US-Soldat im Irak, 2004

Lech Wałęsa, Anführer der Gewerkschaftsbewegung in Polen, 1989

Gebäude des Europäischen Parlaments in Straßburg

Michail Gorbatschow (geb. 1931)

Untersuchung eines Massengrabes bei Srebrenica, 2005

Die Welt nach dem Kalten Krieg

Die europäische Einigung

Hoffnungen nach dem Zweiten Weltkrieg
Der Zweite Weltkrieg hatte Europa schwer erschüttert und über 50 Millionen Opfer gefordert. Die Menschen sehnten sich nach Frieden und einer Ordnung, die künftig gewaltsame Konflikte in Europa verhindern sollte. So begann nach 1945 eine neue Epoche, denn Europas Staatsmänner verwirklichten schrittweise einen engeren staatlichen Zusammenschluss: die europäische Integration. Einen solchen Versuch hatte es in der Geschichte zuvor noch nicht gegeben, doch war die Idee eines geeinten Europas nicht neu.

Bereits 1946 rief der ehemalige britische Premierminister Winston Churchill in Zürich die Europäer zur Zusammenarbeit auf. Als erster Schritt wurde 1949 der Europarat mit Sitz in Straßburg gegründet, dem heute über 40 Staaten angehören. Die Verabschiedung der „Europäischen Menschenrechtskonvention" 1950 gehört zu den großen Erfolgen dieser Organisation.

Erste Schritte zur Integration
Neben Frankreich, Italien, den Niederlanden, Belgien und Luxemburg zählte auch die Bundesrepublik Deutschland zu den Initiatoren der europäischen Einigungsbewegung der Nachkriegszeit. Statt der jahrhundertealten Rivalitäten wollten die Politiker eine Wirtschaftsgemeinschaft als Grundstein der späteren politischen Einheit errichten. 1951 unterzeichneten die sechs Staaten den Vertrag über die „Europäische Gemeinschaft für Kohle und Stahl" (Montanunion), die bis heute – als Teil der Europäischen Union – fortbesteht.

Die Aufgabe der Montanunion bestand darin, die Schwerindustrie der Mitgliedstaaten zu koordinieren und Zollbarrieren abzuschaffen, um den Handel zu erleichtern. Die Gründung der Gemeinschaft war aber mehr als nur ein wirtschaftlicher Zusammenschluss, denn für diesen Wirtschaftsbereich wurde darüber hinaus eine eigene Rechtsordnung geschaffen. Das war neu, denn Gesetze erließen bislang nur souveräne Staaten.

Europa im Zeichen des Kalten Kriegs
Als erkennbar wurde, dass der Ost-West-Konflikt zur Teilung Europas führen würde, bemühten sich die Politiker um eine verstärkte Zusammenarbeit. Um nicht Spielball amerikanischer und sowjetischer Machtinteressen zu werden, wollten die Europäer eine dritte Kraft bilden. Nach gleichem Muster wie bei der Montanunion versuchten dieselben sechs Staaten, eine „Europäische Verteidigungsgemeinschaft" (EVG) unter deutscher Beteiligung zu gründen.

Der Plan scheiterte jedoch 1954 – und damit die Idee einer dritten militärischen Kraft. 1955 wurde die Bundesrepublik Deutschland in das bereits 1949 von den westeuropäischen Staaten gemeinsam mit den USA gegründete Verteidigungsbündnis der NATO aufgenommen. Im gleichen Jahr gründete die Sowjetunion den Warschauer Pakt, das Militärbündnis des Ostblocks. Der Kalte Krieg beeinträchtigte die europäische Integration nachhaltig und führte zu einer langjährigen Trennung von West- und Osteuropa.

M 1 „Verschlungene Wege"
Karikatur aus der westdeutschen Zeitung „Der Mittag" vom 13. Mai 1950

Ausbau der europäischen Einigung
- Ab Mitte der Fünfzigerjahre suchten die Bundesrepublik Deutschland, Frankreich, Italien und die Beneluxstaaten eine engere wirtschaftliche Zusammenarbeit. Diese Bemühungen führten 1957 mit den Römischen Verträgen zur Gründung der „Europäischen Wirtschaftsgemeinschaft" (EWG). Die EWG wurde ergänzt durch die „Europäische Atomgemeinschaft" (EURATOM). Ziel war der schrittweise Aufbau eines zollfreien Binnenmarktes mit einem gemeinsamen Außenzoll sowie die friedliche Nutzung der Kernenergie. Das sollte zu mehr Wohlstand in Europa führen und den wirtschaftlichen Anschluss an die überlegenen Supermächte sichern.
- 1967 schlossen sich EWG, EURATOM und Montanunion zur „Europäischen Gemeinschaft" (EG) zusammen. In der Präambel, dem Vorwort des Vertrags, lud die EG alle Staaten Europas ausdrücklich ein, sich ihrem Projekt anzuschließen.
- Der europäische Einigungsgedanke gewann nun zunehmend an Anziehungskraft und führte in den nächsten Jahren zum Beitritt Großbritanniens, Dänemarks und Irlands (1973), Griechenlands (1981) sowie Spaniens und Portugals (1986). Die europäische Einigung erfasste allerdings zunächst nur den westlichen Teil des Kontinents, da bis 1989 der „Eiserne Vorhang" Europa in zwei Hälften teilte.

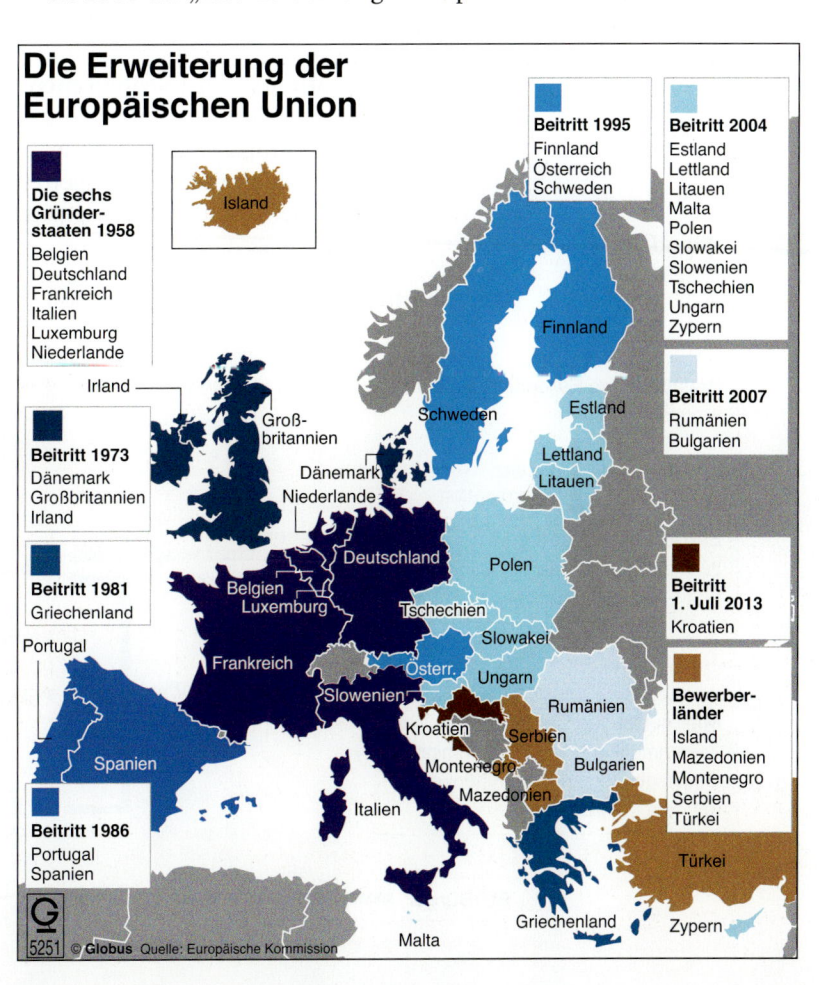

M 2 Die Erweiterung der Europäischen Union

Die Welt nach dem Kalten Krieg

Europa nach dem Ende des Ost-West-Konflikts
Das Ende des Ost-West-Konflikts veränderte Europas politische Landkarte grundlegend und stellte die Europäische Union (EU) – so heißt die Gemeinschaft seit dem Vertrag von Maastricht 1992 – vor neue Herausforderungen. Schweden, Finnland und Österreich, die während des Kalten Krieges Neutralität wahrten, traten 1995 der EU bei. Die DDR wurde bereits 1990 mit der Wiedervereinigung Teil der Gemeinschaft. Seit 2004 kamen insgesamt 13 neue Länder hinzu, sodass die EU nun 28 Mitgliedsstaaten und etwa eine halbe Milliarde Menschen umfasst. Nur wenige instabile Staaten wie Albanien oder Serbien blieben außen vor. Heute reicht die EU vom Nordkap bis Gibraltar und vom Atlantik bis Zypern. Das anvisierte Ziel einer Wirtschafts- und Währungsunion ist in weiten Teilen Wirklichkeit geworden.

Wo endet Europa?
Diese Frage ist besonders interessant, weil Europa nicht wie andere Kontinente überall natürliche Grenzen hat. Weitere Länder wie die Türkei oder die Ukraine sind an einem Beitritt interessiert, was langwierige Verhandlungen voraussetzt. An die Aufnahme sind Bedingungen wie stabile demokratische Verhältnisse oder eine funktionierende Marktwirtschaft geknüpft. Umstritten ist, ob Europas kulturelle und religiöse Identität z. B. eine Aufnahme islamischer Staaten zulässt.

Institutionen der Europäischen Union
Die Europäische Union hat ein einzigartiges institutionelles System, in dem die Mitgliedstaaten einen Teil ihrer Hoheitsrechte an selbstständige Institutionen übertragen. Diese vertreten die Interessen der Gemeinschaft, der Mitgliedstaaten und der EU-Bürger:

M 3 (Stand: 2014)

Die Funktionsweise der Europäischen Union

- **Präsident des Europäischen Rats** – Amtszeit 2,5 Jahre
- **Europäischer Rat** der 28 Staats- bzw. Regierungschefs trifft Grundsatzentscheidungen (wählt Präsident; Vorsitz, Koordination)
- **Hoher Vertreter für gemeinsame Außen- und Sicherheitspolitik** – „Außenminister" der EU, zugleich Vizepräsident der Kommission (ernennt)
- **Präsident der Kommission** (schlägt vor)
- **Europäische Kommission** – 28 Kommissare inklusive Präsident und Vizepräsidenten
- **Ministerrat** – Zusammenkunft der 28 Fachminister, Gesetzgebung im Zusammenwirken mit dem EU-Parlament
- **Europäisches Parlament** – 751 Mitglieder, Sitzverteilung abgestuft nach Bevölkerungszahl (bestätigt, kontrolliert; Wahl)
- **EU-Bürger** wählen alle 5 Jahre

- Entscheidungsgremium in allen Angelegenheiten der EU ist der Europäische Rat, der aus den Staats- und Regierungschefs der 27 EU-Länder sowie dem Präsidenten des Rates und dem Präsidenten der EU-Kommission besteht. Der „Europäische Rat" trifft sich zweimal im Jahr.
- Die Europäische Kommission führt als Exekutivorgan die Beschlüsse des Rats aus und überwacht die Erfüllung der Verträge.
- Das Europäische Parlament repräsentiert die Bürger der Union. Seit 1979 finden alle fünf Jahre Wahlen statt, in denen die Bürger die Abgeordneten direkt wählen. Das Parlament hat ein Mitentscheidungsrecht bei der Gesetzgebung und beim Haushalt der EU und übt die demokratische Kontrolle aus.
- Zwei weitere Organe ergänzen dieses institutionelle Dreieck: der Europäische Gerichtshof und der Europäische Rechnungshof.

Die Macht innerhalb der EU ist wie in demokratischen Staaten auf verschiedene Organe verteilt. Ferner haben die Institutionen in mehreren europäischen Städten ihren Sitz: In Straßburg tagt das Europäische Parlament, in Brüssel sitzen der Rat der EU und die Kommission, in Luxemburg der Europäische Gerichtshof.

Eine Verfassung für Europa: Der Vertrag von Lissabon

2004 unterzeichneten die Staats- und Regierungschefs der Mitgliedstaaten in Rom einen Vertrag über eine Verfassung für Europa. Die erforderliche Zustimmung aller Länder zur Ratifizierung des Vertrags kam jedoch nicht zustande: 2005 lehnten Franzosen und Niederländer die Verfassung in einer Volksabstimmung ab, wodurch das Projekt einen schweren Rückschlag erlitt.

Das Scheitern des Verfasungsvertrages veranlasste die EU-Staaten, einen zweiten Anlauf zu unternehmen, die Union demokratischer, transparenter und effizienter zu machen. Der Vertrag von Lissabon (2007) verzichtet dabei absichtlich auf den Begriff „Verfassung". Als Ende 2009 der Ratifizierungsprozess in allen 27 EU-Staaten abgeschlossen war, konnte der EU-Reformvertrag von Lissabon am 1. Dezember 2009 in Kraft treten.

Die Bürger und die Europäische Union

Erhebungen unter EU-Bürgern ergaben: Die Menschen finden die Strukturen der Gemeinschaft nicht demokratisch genug. Entscheidungen verstehen sie nicht, weil sie oft kompliziert und schwer durchschaubar sind. Die Institutionen befinden sich meist im Ausland, die Verhandlungen finden in einer fremden Sprache statt. Andere Umfragen belegen: Kaum einer kennt den Abgeordneten, der ihn im Europäischen Parlament vertritt. So bleibt die EU für viele fern und fremd, auch wenn inzwischen in 18 von 28 Mitgliedstaaten jeder ein Stück EU in Form von Euro-Münzen im Geldbeutel trägt. Sicher liegen die Ursachen für die mangelnde Transparenz der Union einerseits in ihren komplizierten Strukturen. Andererseits haben auch die Medien und die Bevölkerung der Mitgliedstaaten oft wenig Interesse an europäischen Fragen. Besonders deutlich zeigt sich das mangelnde Interesse an der meist äußerst geringen Beteiligung an den Europawahlen.

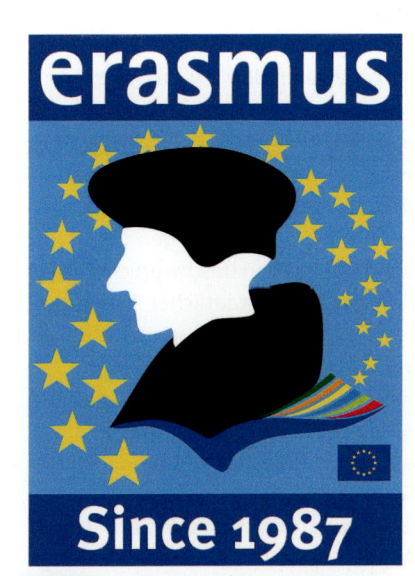

M 4 Logo des Erasmus-Programms
Die Europäische Union unterstützt den Austausch von Lehrern, Schülern und Studenten innerhalb der EU-Staaten. Deutsche Studenten können beispielsweise über das Programm ERASMUS im Ausland studieren und erhalten zusätzlich eine finanzielle Unterstützung.

Osterweiterung der EU – Zeitungsberichte bearbeiten

M 5 „Eine Nummer zu groß"

Eine Reportage in der „Süddeutschen Zeitung" vom 27. September 2006 setzt sich mit der Erweiterung der EU im Jahre 2007 auseinander:

Wenn Europas Regierungschefs sich zum Gipfel in Brüssel versammeln, finden sie an ihrem Platz seit neuestem einen Fernsehschirm vor. Das kleine Gerät ist keineswegs dazu gedacht, die Spitzenpolitiker zu unterhalten, falls die Rede eines Kollegen mal zu langweilig sein sollte. Im Gegenteil: Sie sollen via Bildschirm erkennen können, wer überhaupt gerade spricht. Durch die Erweiterung von 15 auf 25 Mitgliedstaaten ist die EU unübersichtlich geworden. Der Beitritt Rumäniens und Bulgariens verschärft dieses Problem: Jetzt wird alles noch einmal eine Nummer größer.

Künftig sitzen bei jedem Treffen 27 Regierungschefs oder Fachminister am Tisch. Dabei klagen die Politiker schon heute über ineffektive Strukturen und mühselige Entscheidungen. [...]. Kein Wunder: Selbst wenn jeder der 27 nur ein vorbereitetes Statement von fünf Minuten abgibt, vergehen mehr als zwei Stunden, bevor ein Thema wirklich diskutiert werden kann.

Je mehr Mitgliedstaaten mitreden, desto schwieriger wird eine Entscheidung. Das gilt besonders für Politikfragen, in denen Einstimmigkeit vorgeschrieben ist. Seit Monaten versuchen sich die Finanzminister zu einigen, wie die Wirtschaft durch Ausnahmen von der Mehrwertsteuer angekurbelt und Milliardenbetrug verhindert werden kann – eine Lösung ist nicht in Sicht. Ebenso wenig bei der Frage, mit welchem Konzept die EU auf den wachsenden Druck illegaler Einwanderer reagieren soll. [...] Im großen Club der 25 gibt es keine echten Diskussionen mehr, klagt ein Insider.

Cornelia Bolesch und Alexander Hagelüken, Eine Nummer zu groß, „Süddeutsche Zeitung" vom 27.09.2006, S. 5.

M 6 „Hilflosigkeit der Politik"

Ein Kommentar in der „Frankfurter Rundschau" vom 25.09.2006 setzt sich ebenfalls mit den Erweiterungen der EU auseinander:

Die Europäer haben den Spaß an Europa verloren und die anfängliche Freude an der Erweiterung ist auch dahin. Alle Umfragen belegen: Bestenfalls das Bankenland Schweiz oder die norwegischen Ölscheichs sähen die EU-Bürger gerne in ihrer Gemeinschaft. Diese reichen Wunschkandidaten wollen aber beide nicht.

Stattdessen stehen den Europäern Habenichtse ins Haus: erst Bulgarien und Rumänien, später die ehemaligen Bürgerkriegsstaaten des Balkan und am Horizont machen sich die Türken reisefertig. Und ohne die Angst vor der türkischen Beitrittsperspektive ist nicht verständlich, was mit den Nachzüglern der großen Osterweiterung nun geschieht. So könnte Bulgarien das erste EU-Mitglied „zweiter Klasse" werden. Durch Schutzklauseln werden dem Neuling viele Rechte und viel Geld vorenthalten. [...]

Ein Teil der harschen Behandlung, die Rumänien und Bulgarien nun erfahren, ist also der Tatsache geschuldet, dass die Politik den Umfragen hinterherläuft, und die bringen klare Werte gegen jede Erweiterung. Alternativen stehen deshalb hoch im Kurs: Von Partnerschaften in allen möglichen Intensitäten wird gesprochen und Staatenbünde kreisen wie Satelliten um Europa und können fast alles haben, wenn sie nur draußen bleiben.

Offensiv tritt inzwischen jedenfalls kaum noch ein europäischer Politiker für die Erweiterung ein. Dabei gäbe es gute Gründe dafür: Nur die EU ist in der Lage, Bulgarien, Rumänien und dem Balkan eine Perspektive zu geben. Nur die EU kann für Frieden sorgen, nur die Anforderungen der Union zwingen diese Länder auf den beschwerlichen Weg demokratischer und rechtsstaatlicher Reformen. Aber anstatt stolz darauf zu sein und dies offen zu sagen, zeigen Europas Politiker Stress-Symptome. Politisch, so heißt es, ist die Erweiterung nur schwer durchsetzbar. Wie sollte das auch anders sein, wo die Hilflosigkeit der Politik auf die Angst der Straße trifft und ihr eilfertig nachgibt.

Die Erweiterung ist dafür ein Beispiel, die Verfassungsdebatte ein weiteres, und beides hängt zusammen. Eine größere Union wird noch schwerfälliger, wenn nicht gar handlungsunfähig. Eine Reform an Haupt und Gliedern, ein neuer Zuschnitt der Institutionen und ihrer Befugnisse anstatt des verschreckten Schweigens über einen gescheiterten Verfassungsvertrag wären nötig. Stattdessen werden Detailprobleme der Beitrittskandidaten erörtert.

Jörg Reckmann, Ängstlich geben Europas Politiker den Umfragen nach, „Frankfurter Rundschau" vom 25.09.2006, S. 2.

Außenpolitik der EU – Karikaturen analysieren

M 7 „Im Gleichschritt, marsch!"
Karikatur von Pepsch Gottscheber, 2003

M 8 „Nagelprobe"
Karikatur von Jürgen Tomicek, 2004

Aufgaben

1. **Die europäische Einigung**
   a) Fertige eine Zeitleiste zur Entwicklung der europäischen Einigung seit 1945 an.
   b) Skizziere mit eigenen Worten die Situation in Europa nach dem Zerfall des Ostblocks.
   c) Erläutere mithilfe des Schaubildes die Funktionsweise der EU.
   d) Führe eine Befragung unter deinen Mitschülern, bei deinen Lehrern oder bei Eltern und Verwandten durch zum Thema: Meine Vorstellungen von Europa im Jahr 2035.
   → Text, M1, M2, M3

2. **Osterweiterung der EU**
   a) Arbeite die Positionen heraus, die in den beiden Zeitungsartikeln zur Erweiterung der EU zum Ausdruck kommen.
   b) Beurteile die beiden Positionen.
   → Text, M5, M6

3. **Außenpolitik der EU – Karikaturen analysieren**
   a) Analysiere die Einstellungen der beiden Karikaturisten gegenüber Europa.
   b) Prüfe die Aktualität der beiden Karikaturen.
   → Text, M7, M8

Die Welt nach dem Kalten Krieg

Der Zerfall der Sowjetunion

Das sozialistische Lager

Die Sowjetunion umgab sich nach dem Zweiten Weltkrieg mit einem Gürtel von Satellitenstaaten, die sie politisch, militärisch und wirtschaftlich beherrschte. Die innere Ordnung der Satelliten war – trotz erheblicher Differenzierungen – nach sowjetischem Vorbild gestaltet. Dieses System von „Bruderstaaten" nannte sich selbst „sozialistisches Lager". Im Westen hieß es meist „Ostblock". Dazu zählten die DDR, Polen, die Tschechoslowakei, Ungarn, Rumänien und Bulgarien.

Die ebenfalls sozialistisch regierten Staaten Jugoslawien und Albanien hatten sich aus sowjetischer Vorherrschaft gelöst. Jugoslawien bemühte sich um einen blockfreien Status, Albanien trat 1961 aus dem Warschauer Pakt aus und orientierte sich an China.

Ursachen für den Zerfall

Die Ursache der politischen Dauerkrise im Ostblock konnte auch durch den Einsatz von Panzern nicht beseitigt werden. Das sozialistische Wirtschaftssystem erwies sich als wenig leistungsfähig und blieb immer weiter hinter dem des Westens zurück. Die Situation verschärfte sich durch den Rüstungswettlauf mit den USA.

In der Sowjetunion vollzog sich seit den 70er-Jahren zudem ein gesellschaftlicher Verfallsprozess. Alkoholismus, Kriminalität, mangelnde Arbeitsdisziplin und Korruption bestimmten oft den Alltag des Sowjetbürgers. Die schlechte Versorgung ließ Korruption und Schattenwirtschaft aufblühen. Es entwickelten sich Strukturen des organisierten Verbrechens, in die auch führende Parteifunktionäre verstrickt waren. Das Luxusleben der Oberschicht erregte angesichts des propagierten kommunistischen Gleichheitsideals Anstoß.

Entscheidend war der Krieg in Afghanistan. Die Sowjetunion hatte 1980 in die internen Machtkämpfe des muslimischen Nachbarlandes eingegriffen. Daraus entwickelte sich eine Spirale der Gewalt, die

M 1 „Vietghanistan"
Der Text zu dieser Karikatur lautet: „Bist du sicher, Leonid, dass wir uns nicht verfahren haben?", Karikatur von Horst Haitzinger, 1980.

immer schlimmere Folgen zeigte. Muslimische, von den USA ausgerüstete Kämpfer verwickelten die sowjetischen Besatzungstruppen in einen brutalen Kleinkrieg. Die USA reagierten außergewöhnlich scharf auf die sowjetische Intervention in Afghanistan. Sie leiteten politische und wirtschaftliche Maßnahmen gegen die UdSSR ein und boykottierten 1980 die Olympischen Spiele in Moskau.

Reformversuche – und weitere Krisen

Um den Niedergang aufzuhalten, begann die Sowjetführung 1985 ein gewaltiges Reformprojekt. Der neue Mann an der Spitze der KPdSU hieß Michail Gorbatschow. Er sprach die Probleme offen an, diskutierte mit den Menschen, vor allem aber war er mit 54 Jahren vergleichsweise jung. Das eine Schlagwort hieß „Perestroika" – Umbau: Das bedeutete eine gründliche Neugestaltung der Gesellschaft. Das andere hieß „Glasnost" – Durchsichtigkeit: Damit war die Transparenz von Machtstrukturen und Entscheidungen gemeint.

Im Westen und auch bei DDR-Bürgern war Gorbatschow ungeheuer populär. Im eigenen Land aber verlor er bald schon an Rückhalt. Die politischen Eliten schwankten zwischen einer Modernisierung des sozialistischen Systems und der Angst vor Machtverlust durch mehr Demokratie. Während auf kulturellem Sektor eine nie gekannte Freiheit einzog und sogar offen über die Verbrechen der Stalinzeit gesprochen wurde, ging der Verfall der Wirtschaft weiter.

Ein Vielvölkerstaat zerfällt

Die Sowjetunion war ein Vielvölkerstaat. Etwa die Hälfte der 270 Millionen Sowjetbürger waren keine Russen. Offiziell genossen alle Völker Gleichberechtigung, doch regierte Moskau das Land zentralistisch; die Russen und ihre Sprache wurden überall bevorzugt.

Die schon im Zarenreich bestehenden Nationalitätenkonflikte schwelten unter der Oberfläche weiter. Nun kamen sie angesichts des Machtverfalls zunehmend zum Ausbruch. Im Kaukasus und in Mittelasien gab es heftige Auseinandersetzungen zwischen den Völkerschaften. Das Riesenreich begann zu zerfallen.

Auswirkungen im Ostblock

Die Parteiführungen der sozialistischen Länder beobachteten diesen Zerfallsprozess mit wachsender Sorge. Besonders die SED-Führung wusste, dass es ohne die Sowjetunion und deren Vormachtstellung in Osteuropa kein Überleben für die DDR gab. Der SED-Generalsekretär Erich Honecker ging daher immer deutlicher auf Distanz zu Gorbatschow, obwohl weite Teile der Bevölkerung dessen Reformpolitik begrüßten. Vor allem erhofften sich die Menschen davon mehr Demokratie und Freiheit sowie wirtschaftliche Reformen. „Gorbi", wie die Leute jetzt gerne sagten, war zeitweise in der DDR der populärste Politiker.

Auch in den anderen sozialistischen Ländern begann unter den Füßen der kommunistischen Parteiführer der Boden zu wanken. In Polen entschloss sich die Führung nach einer Streikwelle im Jahr 1988 zu Verhandlungen, die einen schrittweisen friedlichen Übergang zur Demokratie vorsahen. Im Juni 1989 fanden dort die ersten freien Wahlen in einem sozialistischen Land statt. Sie endeten mit einem

M 2 **Michail Gorbatschow (geb. 1931),** Generalsekretär des Zentralkomitees der Kommunistischen Partei der Sowjetunion (März 1985 bis August 1991) und Präsident der Sowjetunion (März 1990 bis Dezember 1991)

Die Welt nach dem Kalten Krieg

M 3 „Solidarność"
Lech Wałęsa, der Anführer der Gewerkschaftsbewegung in Polen und spätere Staatspräsident auf einer Veranstaltung vor der Wahl, Januar 1989

Wahlsieg der Gewerkschaft „Solidarność". Dies alles geschah, ohne dass die Sowjetunion eingriff.

Entscheidend für Ungarn war die Öffnung der Grenze zu Österreich im Mai 1989. Damit hatte der Eiserne Vorhang ein Loch. Die Aussicht, über die ungarische Grenze in den Westen zu gelangen, lockte im Sommer 1989 Tausende DDR-Bürger nach Ungarn. Es kam zu spektakulären Szenen, die zeigten, welches Ausmaß die innere Krise der DDR bereits angenommen hatte.

Die Tschechoslowakei war seit dem „Prager Frühling" von 1968 in Resignation verfallen. Doch entstand 1977 mit der „Charta 77" unter Václav Havel eine mutige Bürgerrechtsbewegung, die seit 1988 zu politischen Aktionen aufrief. Im November 1989 kam es zu mehrtägigen Demonstrationen in Prag, wonach sich die kommunistische Führung aus der Geschichte verabschiedete.

Das Ende der Sowjetunion

In der Sowjetunion veränderte Gorbatschows Reformkurs die Sicherheitslage der Welt. 1989 hob er die Breschnew-Doktrin auf und entließ die Staaten des Ostblocks aus dem sozialistischen Lager. Damit erhielten sie ihre Unabhängigkeit zurück, was im Juli 1991 zur Auflösung des Warschauer Pakts führte.

Am 26. Dezember 1991 wurde die Sowjetunion formell aufgelöst. Auch Präsident Gorbatschow trat zurück, der wenige Monate zuvor noch einen Putsch konservativer Militärs überstanden hatte. An die Stelle der Sowjetunion trat nun die „Gemeinschaft Unabhängiger Staaten" (GUS), der alle ehemaligen Teilrepubliken außer den baltischen Staaten angehörten.

Der politisch beherrschende und wirtschaftlich stärkste Teilstaat der GUS wurde das neue Russland unter Präsident Boris Jelzin.

Reagan und Gorbatschow – Perspektiven erfassen

M 4 Der US-Präsident Ronald Reagan am 12. Juni 1987 vor dem Brandenburger Tor

M 6 „Es gibt kein zurück"

Michail Gorbatschow in einer Rede 1988 in Moskau:

Es ist durchaus berechtigt, die letzten drei Jahre als Wendepunkt in unserem Leben zu bezeichnen. Durch die Anstrengungen der Partei und der Werktätigen ist es gelungen, das Abrutschen des Landes in eine wirtschaftliche, soziale und intellektuelle Krise zu stoppen. Vergangenheit, Gegenwart und Zukunft werden nun von der Gesellschaft besser verstanden. Die Politik der Umgestaltung, die in konkreten sozio-ökonomischen Programmen ihren Niederschlag findet, wird für Millionen tatsächlich greifbar. Darin liegt das Wesen der politischen Situation im Land.
Es ist offensichtlich, dass die Gesellschaft neue Kräfte gesammelt hat. Das geistige Leben des Landes ist vielfältiger, interessanter und reicher geworden. Viele Ideen von Marx und Lenin, die bis vor kurzem entweder einseitig ausgelegt oder totgeschwiegen worden waren, sieht man nun in einem neuen Licht. Der Kampf gegen den Dogmatismus bildet die kreative Grundlage des wissenschaftlichen und humanitären Sozialismus.
Die Menschen haben erkannt, dass sie persönlich Verantwortung tragen; man überwindet Apathie und Entfremdung. Der Wind der Erneuerung stärkt die moralische Gesundheit des Volkes. Die Demokratisierung hat ein gewaltiges Potenzial von Gedanken, Emotionen und Initiativen freigesetzt. Die Bestärkung von Wahrheit und Offenheit reinigt die Atmosphäre in der Gesellschaft, beflügelt die Menschen, befreit das Bewusstsein und fördert die Aktivität.
Dies ist ein anschaulicher und beeindruckender Prozess, an dem alles Ehrliche und Fortschrittliche in unserem Volk beteiligt ist. Es vollzieht sich eine Konsolidierung der Kräfte der revolutionären Erneuerung. Die Menschen glauben an die Perestroika und fordern, dass sie ständig vorangetrieben wird.

Juri Afanassjew (Hg.), Es gibt keine Alternative zu Perestroika, Nördlingen 1988, S. 7 ff.

M 5 „Öffnen Sie dieses Tor"

Der US-Präsident Ronald Reagan am 12. Juni 1987 vor dem Brandenburger Tor:

Präsident v. Weizsäcker hat einmal gesagt: „Die deutsche Frage ist so lange offen, wie das Brandenburger Tor zu ist." Heute sage ich: „So lange das Tor zu ist, so lange wird diese Mauer als Wunde fortbestehen. Es ist nicht die deutsche Frage allein, die offen bleibt, sondern die Frage der Freiheit für die gesamte Menscheit. Generalsekretär Gorbatschow, wenn Sie nach Frieden streben, wenn Sie Wohlstand für die Sowjetunion und für Osteuropa wünschen, wenn Sie Liberalisierung wollen, dann kommen Sie hierher, zu diesem Tor! Herr Gorbatschow, öffnen Sie dieses Tor! Herr Gorbatschow, reißen Sie die Mauer nieder! Und ich unterbreite Herrn Gorbatschow folgenden Vorschlag: Bringen wir die Ost- und Westteile der Stadt enger zusammen! Alle Bewohner der gesamten Stadt Berlin sollen die Vorzüge genießen, die das Leben in einer der größten Städte der Welt mit sich bringt.

RIAS-Tonmitschnitt

Die Welt nach dem Kalten Krieg

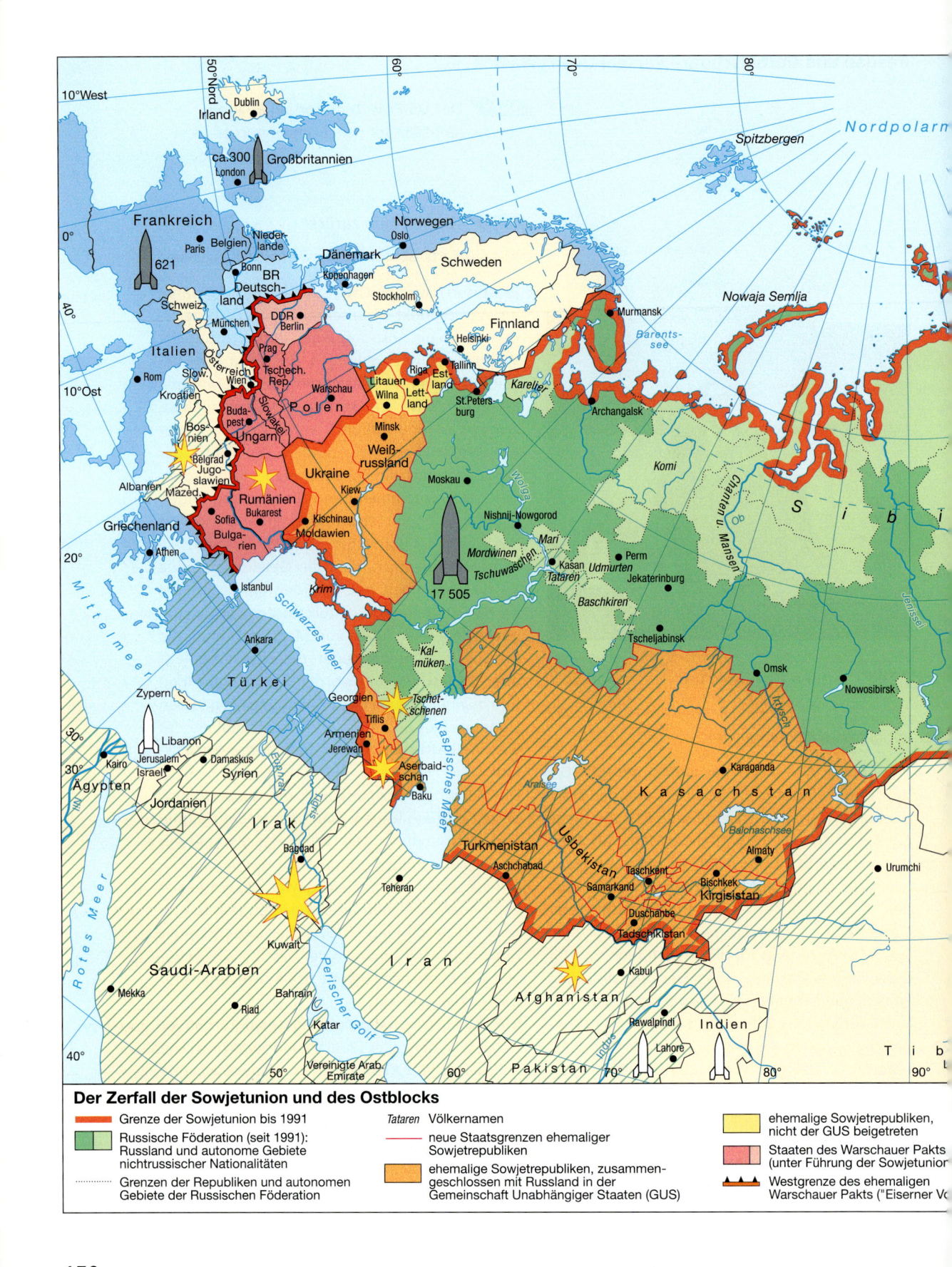

Der Zerfall der Sowjetunion und des Ostblocks

- Grenze der Sowjetunion bis 1991
- Russische Föderation (seit 1991): Russland und autonome Gebiete nichtrussischer Nationalitäten
- Grenzen der Republiken und autonomen Gebiete der Russischen Föderation
- *Tataren* Völkernamen
- neue Staatsgrenzen ehemaliger Sowjetrepubliken
- ehemalige Sowjetrepubliken, zusammengeschlossen mit Russland in der Gemeinschaft Unabhängiger Staaten (GUS)
- ehemalige Sowjetrepubliken, nicht der GUS beigetreten
- Staaten des Warschauer Pakts (unter Führung der Sowjetunion)
- Westgrenze des ehemaligen Warschauer Pakts ("Eiserner Vorhang")

150

| 1980 | 1983 | 1986 | 1989 | 1992 | 1995 | 1998 | 2001 | 2004 | 2007 | 2010 |

M 7

Kartenbeschriftungen: Beringmeer, Aleuten, Kamtschatka, Werchojansk, Lena, Jakutsk, Jakuten, Ochotskisches Meer, Kurilen, Sachalin, Baikalsee, Irkutsk, Burjaten, Amur, Harbin, Wladiwostok, Japanisches Meer, Tokio, Ulan Bator, Mongolei, Nordkorea, Pjöngjang, Seoul, Südkorea, Japan, über 400, Peking, Gelbes Meer, Huang He, China, Shanghai, Wuhan, Jangtsekiang, Pazifischer Ozean, Taipeh, Taiwan

Legende:
- Staaten der NATO
- wiedervereinigtes Deutschland seit 1990 (NATO-Mitglied)
- kriegerische Konflikte nach Zerfall der Sowjetunion und des Ostblocks
- Verbreitung des Islam
- Staaten mit offiziellem oder vermutetem Atomwaffenbesitz (Zahlen um 1991)

0 500 1000 km

Aufgaben

1. **Der Zerfall der Sowjetunion**
   a) Erläutere die Auswirkungen, die die Politik von Perestrojka und Glasnost auf die Sowjetunion hatte.
   b) Nenne die wichtigsten Gründe für den Zerfall der Sowjetunion.
   c) Finde Argumente für die Behauptung: „Der Sozialismus sowjetischer Prägung musste untergehen."
   d) Analysiere mithilfe der Karte die weltpolitischen Folgen, die sich aus dem Untergang der Sowjetunion ergaben.
   → Text, M5

2. **Reagan und Gorbatschow – Perspektiven erfassen**
   a) Fasse die Aussagen von US-Präsident Reagan mit eigenen Worten zusammen.
   b) Vergleiche die Aussagen von Gorbatschow mit denen von Reagan.
   → M4, M5, M6

151

Der Zerfall Jugoslawiens

Eine Region mit vielen Völkern
An der Ostküste der Adria lebten traditionell viele verschiedene Völker zusammen, die sich sprachlich, kulturell und religiös voneinander unterschieden.

Nach dem Ersten Weltkrieg kam es hier zu einer ersten Staatsgründung. 1945, nach dem Zweiten Weltkrieg, schuf der kommunistische Widerstandskämpfer Josip Broz, genannt Tito (1892–1980), mithilfe der Sowjetunion die Sozialistische Föderative Republik Jugoslawien. Dieser Vielvölkerstaat setzte sich aus verschiedenen Teilrepubliken zusammen. Als einigendes Band dieses Staates dienten die kommunistische Ideologie und der föderale Aufbau der Republik, der den Teilrepubliken relativ große Freiheit zugestand, sowie die charismatische Gestalt Titos. So sollte ein gesamtjugoslawisches Bewusstsein entstehen und eine serbische Vormachtstellung, wie es sie im ersten jugoslawischen Staat nach 1918 gegeben hatte, verhindert werden. Obwohl in Jugoslawien die kommunistische Partei herrschte, verstand es Tito, das Land einer Eingliederung in den Ostblock zu entziehen. Es gehörte zur Gruppe der blockfreien Staaten.

Unabhängigkeitskriege
Ermutigt durch den Zerfall des Ostblocks, erklärten Slowenien und Kroatien 1991 ihre Unabhängigkeit. Serbien sah darin eine Bedrohung der serbischen Minderheit in Kroatien und Bosnien-Herzegowina sowie das Ende des Gesamtstaates. So griff Serbien 1991 das unabhängige Slowenien an, um die Existenz Jugoslawiens zu retten. Nach der Vermittlung durch die Europäische Gemeinschaft (EG) fand sich Serbien mit einem eigenständigen Slowenien ab. Kurz darauf kam es jedoch zum Krieg zwischen Serben und Kroaten, denn die Serben fürchteten den Verlust ihrer Minderheitenrechte in einem eigenständigen Kroatien. Durch die Vertreibung von etwa 220 000 Kroaten sollten die serbischen Siedlungen in Kroatien mit der Republik Serbien verbunden werden.

Die Eskalation des Krieges
Danach konzentrierten sich die Kämpfe auf Bosnien-Herzegowina. Wegen der Zusammensetzung der Bevölkerung galt diese Region als „Jugoslawien im Kleinen". Daher prallten hier die Gegensätze besonders heftig aufeinander. Entsprechend grausam wurde der Krieg von beiden Seiten geführt.

Nach der internationalen Anerkennung der Unabhängigkeit Bosnien-Herzegowinas fürchtete die serbische Minderheit auch hier um ihre Rechte und eroberte mit Unterstützung der serbischen Armee einen Großteil des Landes. Die bosnische Hauptstadt Sarajewo wurde jahrelang belagert. Durch so genannte ethnische Säuberungen, das heißt durch die gewaltsame Vertreibung und Ermordung der dort lebenden Bevölkerung, sollten nur von Serben bewohnte Gebiete geschaffen werden. Doch wurden die Serben dann von der kroatischen Armee und von NATO-Kampfflugzeugen zurückgedrängt. Das Friedensabkommen von Dayton (US-Bundesstaat Ohio) 1995, das auf

M 1 Archäologen und Forensiker untersuchen ein Massengrab bei Srebrenica
Beim Massaker von Srebrenica töteten serbische Militärs im Juli 1995 etwa 8000 bosnische Muslime, vor allem Männer und Jungen, und vergruben die Leichen in Massengräbern. 5000 Opfer wurden bisher exhumiert und beigesetzt, Foto von 2005.

M 2   Krieg in Sarajewo
Abtransport der Toten nach einem Granatbeschuss durch serbische Truppen auf den Zentralmarkt, Februar 1994

Drängen der USA zustande kam, schuf einen föderalen Staat, der aus einem bosniakisch-kroatischen und einem serbischen Teil bestand.

Schließlich kam es auch im Kosovo zu Kämpfen. Aufgrund der Unterdrückung der dort lebenden Albaner bildete sich eine Befreiungsarmee, die serbische Einrichtungen im Kosovo zerstörte. Die serbische Armee führte daraufhin auch hier ethnische Säuberungen durch. Erst massive NATO-Luftangriffe ohne UN-Mandat auf Serbien beendeten den Krieg.

Die Reaktion der internationalen Staatengemeinschaft

Der Krieg in Jugoslawien schuf eine neue Situation, auf die die internationale Staatengemeinschaft, das heißt insbesondere die EG und die UNO, zunächst hilflos reagierte. Der Bruch der ausgehandelten Waffenstillstandsvereinbarungen blieb ohne Folgen. Die in Bosnien-Herzegowina eingerichteten Schutzzonen für Muslime boten keine Sicherheit: Unter den Augen von UNO-Soldaten kam es zu Massakern.

Erst das Eingreifen der USA und der NATO beendete den Krieg in Bosnien. Erstmals in ihrer Geschichte führte die NATO Krieg, obwohl die Bündnismitglieder selbst nicht bedroht waren. So schuf sich die NATO nach Ende des Ost-West-Konflikts ein neues Aufgabenfeld, nämlich die Sicherung des friedlichen Zusammenlebens verschiedener Völker, und rechtfertigte damit ihr Weiterbestehen. Außerdem wurden NATO-Truppen nach Beendigung der Kampfhandlungen im Auftrag der UNO in Bosnien stationiert und mit dem Recht versehen, den Frieden mit Waffengewalt zu sichern. NATO-Soldaten suchten auch Kriegsverbrecher, die vor dem Internationalen Gerichtshofs in Den Haag angeklagt und verurteilt wurden.

Auch die EU engagierte sich erstmals militärisch, indem sie nach dem Krieg Soldaten nach Bosnien schickte. Zudem begründete die EU eine Europäische Sicherheits- und Verteidigungspolitik, um solche Konflikte auch militärisch lösen zu können. Damit war eine Grundsatzfrage verbunden: Ist es erlaubt oder vielleicht sogar geboten, bei der Verletzung von Menschenrechten militärisch einzugreifen?

M 3   UN-Soldat als Geisel
Von serbischen Armeeführern als Geisel angeketteter UN-Soldat im Bosnienkrieg.

Die Welt nach dem Kalten Krieg

Der Zerfall Jugoslawiens – Mit Karten arbeiten

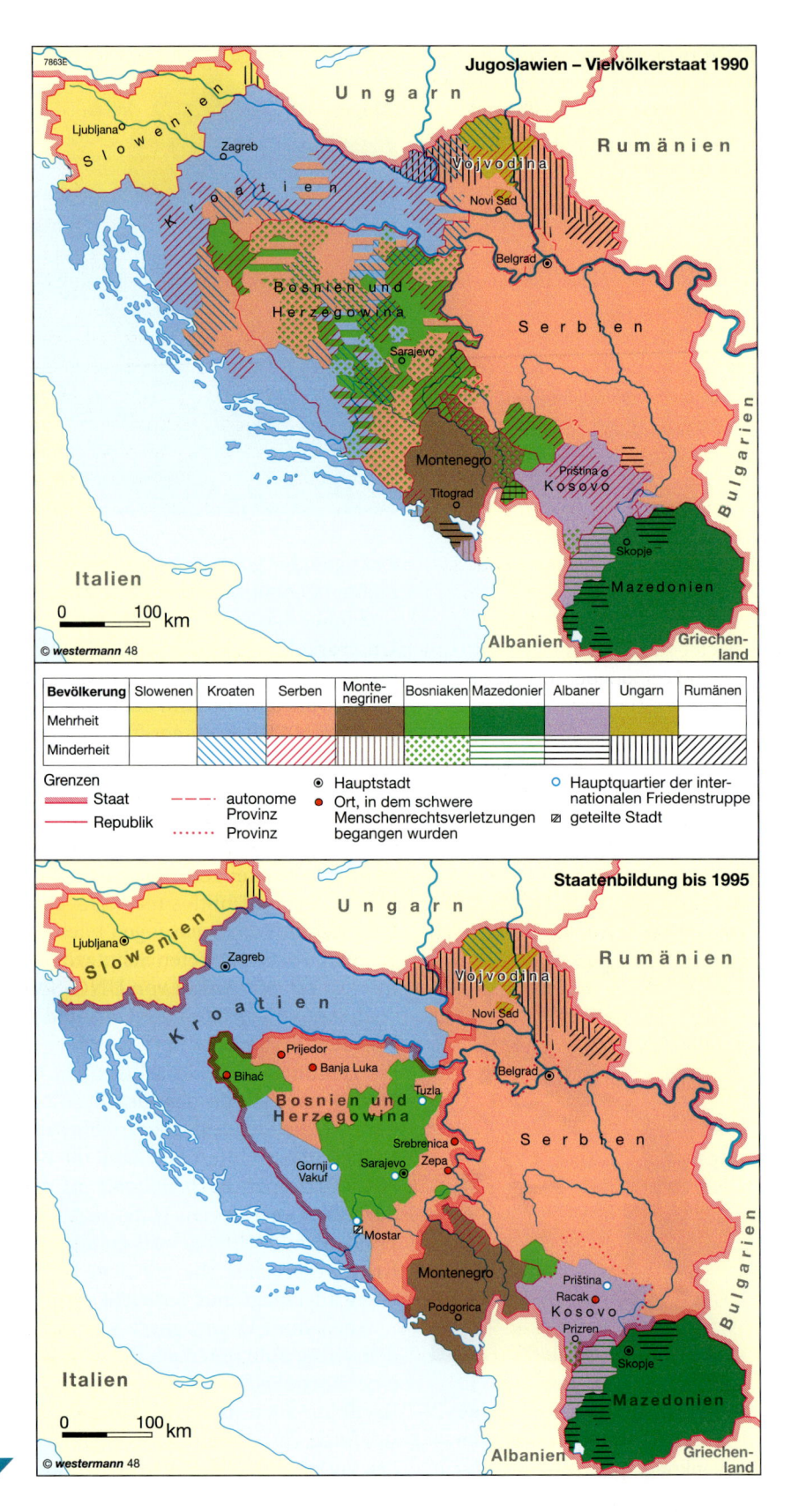

Gründe für den Zerfall Jugoslawiens – Mit einer Darstellung arbeiten

M 5 Gründe für den Zerfall Jugoslawiens

Die Wissenschaftlerin Marie-Janine Calic schreibt (2007):

Unbewältigte Vergangenheit:
[…] Um den inneren Frieden im Vielvölkerstaat nicht durch gegenseitige Schuldzuweisungen zu gefährden, blieb eine echte Auseinandersetzung mit den nationalistischen Ausschreitungen und besonders mit dem Bürgerkrieg 1941–1944 tabu. […] Leicht konnten verdrängte Gefühle wie Ohnmacht, Trauer, Verbitterung und Wut bei denen geweckt werden, die während des Krieges Freunde oder Familienangehörige verloren hatten oder vom Hörensagen von den Kriegsgräueln wussten.

Ethnische Vorurteile und Feindbilder:
Obwohl die Kommunisten versucht hatten, die nationalen Gegensätze mit der Parole „Brüderlichkeit und Einheit" zu verdrängen, lebten Vorurteile und Feindbilder fort. Soziologische Untersuchungen zeigen, dass Angehörige anderer Völker nur bedingt als Nachbarn, Freunde oder Heiratspartner akzeptiert wurden. Bei einer Umfrage in Bosnien-Herzegowina gaben 1991 beispielsweise 43 Prozent der Muslime, 39 Prozent der Kroaten und 25 Prozent der Serben an, sich bei der Partnerwahl auch an der Nationalität orientieren zu wollen. […]

Regionale Entwicklungsunterschiede und Verteilungskonflikte:
Viele Konflikte entstanden aus dem Wohlstandsgefälle, welches das Land von Nordwest nach Südost durchzog. Die Analphabetenrate der über Zehnjährigen lag beispielsweise 1948 in Slowenien bei 2,4 Prozent, im Kosovo jedoch bei 62,5 Prozent. […]

Wachsende sozialökonomische Probleme:
Fehlinvestitionen, technologischer Rückstand, Misswirtschaft und Überbürokratisierung führten Jugoslawien in den 1980er-Jahren jedoch in eine tiefe Wirtschaftskrise, die sich in sinkender Produktion, wachsender Arbeitslosigkeit und einer extremen Verschlechterung des Lebensstandards äußerte. […] Immer weniger Menschen waren bereit, ihren Wohlstand zu teilen, und die wachsenden sozialen Ängste machten die Menschen anfällig für nationalistische Parolen. […]

Ende des Ost-West-Konflikts:
Der Wandel der weltpolitischen Lage hat den Zerfall Jugoslawiens in mehrfacher Hinsicht beschleunigt. Mit dem Ende des Ost-West-Konflikts gingen die zentralen Säulen des von Tito geprägten jugoslawischen Staatsverständnisses zu Bruch. Der Sozialismus, an dessen Zukunft in den 1980er-Jahren immer weniger Jugoslawen geglaubt hatten, hatte nach dem Zusammenbruch der sozialistischen Systeme in Osteuropa nun auch international abgewirtschaftet. Die Politik der Blockfreiheit, zur Zeit des Kalten Krieges ein wesentlicher Bestandteil jugoslawischer Staatlichkeit, machte nunmehr keinen Sinn. Dieser Verlust der Sonderstellung Jugoslawiens zwischen kapitalistischem und sowjetischem System, die Abkehr vom „dritten Weg", stürzte viele Anhänger eines jugoslawischen Staates in eine tiefe Identitätskrise.

Marie-Janine Calic, Gescheiterte Idee: Gründe für den Zerfall Jugoslawiens, in: A. Keßlring (Hg.), Wegweiser zur Geschichte Bosnien-Herzegowina, Paderborn 2007, S 138–145.

Aufgaben

1. **Der Zerfall Jugoslawiens – Mit Karten arbeiten**
   a) Weise nach, dass Jugoslawien als Vielvölkerstaat bezeichnet werden kann.
   b) Erläutere mögliche Probleme, die sich aus dem Status eines Vielvölkerstaates ergeben.
   c) Benenne die Staaten, die heute auf dem Gebiet des ehemaligen Jugoslawien liegen.
   → Text, M4

2. **Der Zerfall Jugoslawiens**
   a) Fasse die Aussagen von Marie-Janine Calic mit eigenen Worten zusammen.
   b) Erstelle ein Schaubild, in dem die in der Darstellung genannten Gründe für den Zerfall Jugoslawiens grafisch angeordnet sind.
   c) Arbeite aus dem Lehrbuchtext die Reaktionen anderer Staaten, der UNO und der NATO auf den Zerfall Jugoslawiens heraus.
   d) Diskutiere am Beispiel Jugoslawiens die Frage einer möglichen moralischen Verpflichtung, bei einem Bürgerkrieg „von außen" einzugreifen.
   → Text, M1–M3, M5

Methode: Umgang mit Reden

M 1   Eine kämpferische Rede

Auf dem Parteitag der Grünen hielt Bundesaußenminister Joschka Fischer am 13.5.1999 eine Rede zum Militäreinsatz im Kosovo:

Ich dachte, wir wollen hier diskutieren, und dass die Friedensfreunde vor allem am Frieden Interesse haben. […] Ich hätte mir auch nicht träumen lassen, dass wir Grüne unter Polizeischutz einen Parteitag
5 abhalten müssen. Aber warum müssen wir unter Polizeischutz diskutieren? Doch nicht, weil wir diskutieren wollen, sondern weil hier offensichtlich welche nicht diskutieren wollen, wie wir gerade erlebt haben. Das ist doch der Punkt! Ich weiß, als
10 Bundesaußenminister muss ich mich zurückhalten, darf da zu bestimmten Dingen aus wohlerwogenen Gründen nichts sagen. Nicht so, wie mir wirklich das Maul am liebsten übergehen würde von dem, was ich in letzter Zeit gehört habe: Ja, „der Diplomatie
15 eine Chance", ich kann das nur nachdrücklich unterstützen. Nur ich sage euch: Ich war bei Milošević, ich habe mit ihm zweieinhalb Stunden diskutiert, ich habe ihn angefleht, drauf zu verzichten, dass die Gewalt eingesetzt wird im Kosovo. Jetzt ist Krieg, ja.
20 Und ich hätte mir nie träumen lassen, dass Rot/Grün mit im Krieg ist. Aber dieser Krieg geht nicht erst seit 51 Tagen, sondern seit 1992, liebe Freundinnen und Freunde, seit 1992! Und ich sage euch, er hat mittlerweile Hunderttausenden das Leben gekostet,
25 und das ist der Punkt, wo Bündnis 90/Die Grünen nicht mehr Protestpartei sind. Wir haben uns entschieden, in die Bundesregierung zu gehen, in einer Situation, als klar war, dass hier die endgültige Zuspitzung der jugoslawischen Erbfolgekriege
30 stattfinden kann. […] Und ich kann euch nur versichern, ich habe alles getan, was in meinen Kräften stand, um diese Konfrontation zu verhindern. Und wenn einer in dieser Frage meint, er könne eine Position einnehmen, die unschuldig wäre, dann
35 müssen wir die Positionen mal durchdeklinieren. Mir wurde moralischer Overkill vorgeworfen und ich würde da eine Entsorgung der deutschen Geschichte betreiben und ähnliches. Ich will euch sagen: Für mich spielten zwei zentrale Punkte in
40 meiner Biografie eine entscheidende Rolle, und ich kann meine Biografie da nicht ausblenden. Ich frage mich, wer das kann in dieser Frage! In Solingen, als es damals zu diesem furchtbaren mörderischen Anschlag auf eine ausländische Familie, auf eine
45 türkische Familie, kam, die rassistischen Übergriffe, der Neonazismus, die Skinheads. Natürlich steckt da auch bei mir immer die Erinnerung an unsere Geschichte und spielt da eine Rolle. Und ich frage mich, wenn wir innenpolitisch dieses Argument
50 immer gemeinsam verwandt haben, warum verwenden wir es dann nicht, wenn Vertreibung, ethnische Kriegsführung in Europa wieder Einzug halten und eine blutige Ernte mittlerweile zu verzeichnen ist. Ist das moralische Hochrüstung, ist das
55 Overkill? Auschwitz ist unvergleichbar. Aber ich stehe auf zwei Grundsätzen: Nie wieder Krieg, nie wieder Auschwitz; nie wieder Völkermord, nie wieder Faschismus. Beides gehört bei mir zusammen, liebe Freundinnen und Freunde, und deswegen bin ich in
60 die Grüne Partei gegangen. Was ich mich frage ist, warum ihr diese Diskussion verweigert? Warum verweigert ihr mit Trillerpfeifen diese Diskussion, wenn ihr euch als Linke oder gar Linksradikale bezeichnet? Ihr mögt ja alles falsch finden, was diese Bun-
65 desregierung gemacht hat und die NATO macht, das mögt ihr alles falsch finden. Aber mich würde mal interessieren, wie denn von einem linken Standpunkt aus das, was in Jugoslawien seit 1992 an ethnischer Kriegsführung, an völkischer Politik
70 betrieben wird, wie dieses von einem linken, von eurem Standpunkt aus denn tatsächlich zu benennen ist. […] Ich sage euch, mit dem Ende des Kalten Krieges ist eine ethnische Kriegsführung, ist eine völkische Politik zurückgekehrt, die Europa nicht
akzeptieren darf. 75

http://staff-www.uni-marburg.de/~naeser/kos-fisc.htm

M 2   Die Rede des Jahres

Das Seminar für allgemeine Rhetorik der Universität Tübingen zeichnete Fischers Rede auf dem Parteitag 1999 als „Rede des Jahres" aus:

Der Redner vertritt seine Politik in Argumentation, emotionaler Beteiligung und persönlicher Glaubwürdigkeit gleichermaßen überzeugend. Besonders eindringlich wirkt dabei, wie er seinen eigenen Denkprozess mit allen Zweifeln und inneren 5 Anfechtungen thematisiert, seine ganze Biografie in die Waagschale wirft und sich durch keine Provokation aus dem dialogischen Konzept bringen lässt. Die sprachliche Kraft des Redners lässt kaum einmal nach, und mit welcher Sicherheit er die rhetorische 10 Ausdrucksskala von drastischer Anschaulichkeit bis hin zu bewegendem Pathos beherrscht, darin kommt ihm in unserem politischen Leben zur Zeit niemand gleich.

www.rhetorik.uni-tuebingen.de/portfolio/rede-des-jahres

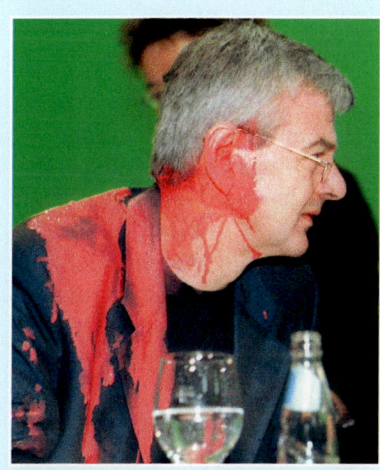

M 3 Joseph („Joschka") Fischer kurz nach der Farbbeutel-Attacke auf dem Parteitag. Er erlitt einen Riss im Trommelfell und musste in einer Klinik behandelt werden.

Umgang mit Reden

Reden werden in verschiedenen Situationen gehalten: vor Gericht, bei Feiern und in der Politik. Der Redner verfolgt dabei immer ein Interesse: Er will die Zuhörer von seiner Sichtweise überzeugen. Daher darf man in der Regel keine objektive Darstellung erwarten. Der Redner versucht, das Publikum auf seine Seite zu ziehen, indem er es mit rationalen Argumenten zu überzeugen oder mit emotionalen Stimmungen zu überreden versucht. Daher ist es wichtig, nicht nur, was der Redner sagt, zu untersuchen, sondern auch, wie er es sagt und in welcher Situation er es sagt. Ein guter Redner versteht es, sich auf das jeweilige Publikum einzustellen. Gleichwohl können Reden, auch wenn sie in der Regel mündlich vorgetragen werden, wie Textquellen erschlossen werden.

Eine bemerkenswerte Rede hielt der damalige deutsche Außenminister Joschka Fischer im Jahr 1999. Angesichts der grausamen kriegerischen Auseinandersetzungen beim Zerfall Jugoslawiens entschloss sich die NATO, militärisch einzugreifen. Die Bundesregierung unter Gerhard Schröder sprach sich für eine Beteiligung aus und schickte Einheiten der Luftwaffe und der Marine. Dieser Auslandseinsatz wurde in der Bundesrepublik heftig diskutiert. Die einen unterstützten diese Entscheidung, um die vom Krieg betroffenen Menschen zu schützen, die anderen verwiesen darauf, dass deutsche Soldaten im Zweiten Weltkrieg auch auf dem Balkan Kriegsverbrechen verübt hatten. Insbesondere bei den Grünen, der Partei von Außenminister Fischer, gab es erbitterte Auseinandersetzungen. Einen Höhepunkt bildete die Debatte auf einem Sonderparteitag im Mai 1999, auf dem Joschka Fischer wegen seiner Haltung sogar mit einem Farbbeutel attackiert wurde.

Fragen an politische Reden

1. **Entstehung der Rede**
   a) Nenne den Redner.
   b) Nenne den Anlass der Rede.
   c) Informiere dich über die damalige Lage im Kosovo und stelle die Politik der Bundesregierung dar.

2. **Inhalt der Rede**
   a) Fasse den Inhalt der Rede knapp zusammen.
   b) Erläutere die Einstellung Joschka Fischers zum Militäreinsatz im Kosovo.
   c) Arbeite die inhaltliche Begründung seiner Position heraus?

3. **Gestaltung der Rede**
   a) Erkläre den Umstand, dass Fischer seine Zuhörer duzt.
   b) Achte auf sprachliche Besonderheiten. Erkläre z. B. den Ausdruck „moralischer Overkill".
   c) Die Ansprache Fischers wurde als „Rede des Jahres 1999" ausgezeichnet. Nimm zu dieser Einschätzung Stellung und begründe deine Meinung.

4. **Bedeutung der Rede**
   a) Erkläre, inwiefern der Einsatz der Bundeswehr im Kosovo einen Einschnitt in der Politik der Bundesrepublik bedeutete.
   b) Erläutere den Umstand, dass die Position Fischers gerade in seiner eigenen Partei auf erbitterten Widerstand stieß.

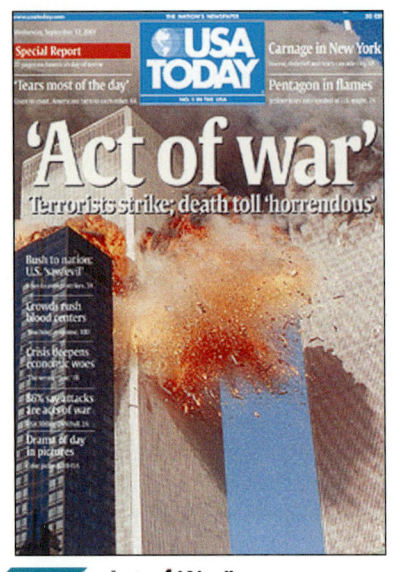

Die Welt nach dem Kalten Krieg

M 1 „Act of War"
Titelseite der Tageszeitung „USA Today", 12. September 2001

Die Welt nach dem 11. September 2001

Angriff auf die USA

Am 11. September 2001 erschütterte eine Serie von Anschlägen die USA. 19 Terroristen kaperten vier Passagierflugzeuge, um sie als fliegende Bomben in Gebäude zu steuern. Bei den Angriffen auf das World Trade Center – ein weltberühmtes Bürogebäude in New York – und auf das amerikanische Verteidigungsministerium starben mehr als 3000 Menschen. Verantwortlich für die Anschläge war die Terrororganisaton al-Qaida. Ihre Mitglieder sind religiöse Fanatiker aus verschiedenen Ländern der arabischen Welt, die sich auf einen politisch gedeuteten radikalen Islam berufen.

Schnell war die Rede von einem Tag, nach dem nichts mehr sein wird, wie es vorher war. Das Datum der Anschläge, amerikanisch angegeben als 9/11 („nine eleven"), wurde zum festen Begriff für einen Wendepunkt der weltpolitischen Entwicklung.

„Krieg gegen den Terror"

Wenige Tage nach dem 11. September sprach der amerikanische Präsident George W. Bush vom bevorstehenden langwierigen „Krieg gegen den Terror", der weltweit geführt werden müsse. Als neue außenpolitische Leitlinie kündigte Bush an, in Zukunft bereits vor einem drohenden Angriff militärisch aktiv zu werden.

Unmittelbar nach den Anschlägen war die internationale Solidarität mit den USA groß. Diese Unterstützung zeigte sich auch, als die USA bis Ende 2001 das radikalislamische Regime der Taliban in Afghanistan militärisch stürzten. Hier hatte das Terrornetzwerk al-Qaida mitsamt seinem Anführer Osama bin Laden seine Basis. Der Sicherheitsrat der Vereinten Nationen rechtfertigte ein entsprechendes Vorgehen, die NATO rief nach 9/11 den sogenannten Bündnisfall aus – ein Mitglied war angegriffen worden und konnte auf Beistand zählen. In Deutschland machte Bundeskanzler Gerhard Schröder den Fortbestand seiner Regierung davon abhängig, dass der Bundestag die Beteiligung der Bundeswehr am Krieg in Afghanistan beschloss.

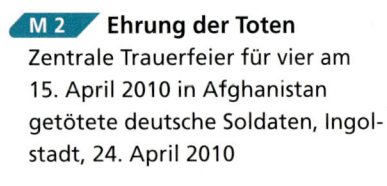

M 2 Ehrung der Toten
Zentrale Trauerfeier für vier am 15. April 2010 in Afghanistan getötete deutsche Soldaten, Ingolstadt, 24. April 2010

M 3 **US-Soldat im Irak**
Patrouille eines US-Marines in der Stadt Falludschah, Oktober 2004

M 4 **US-Gefangenenlager im Militärstützpunkt Guantánamo Bay auf Kuba,** Foto, 2004

Irakkrieg und die Folgen

Noch während unklar war, wie sich die Situation in Afghanistan nach dem Sturz der Taliban weiter entwickelte, zeichnete sich 2002 bereits der nächste Krieg ab. Der irakische Diktator Saddam Hussein, der 1990 das Nachbarland Kuwait angegriffen hatte, war von den Vereinten Nationen verpflichtet worden, auf den Besitz von Massenvernichtungswaffen – also z.B. auch auf Giftgas, das Saddam Hussein bereits gegen das eigene Volk eingesetzt hatte – zu verzichten. Die US-Regierung glaubte belegen zu können, dass der Diktator dieses Verbot unterlief und drohte mit Krieg, vor allem, um die Verbreitung solcher Waffen an Terroristen zu verhindern. Dieses Vorgehen war weltweit wesentlich umstrittener als der Einsatz gegen die Taliban. Auch Europa war gespalten. Während Großbritannien und viele osteuropäische Länder die USA unterstützten, standen unter anderem Frankreich und Deutschland dem Kriegskurs sehr kritisch gegenüber. Als Bundeskanzler Gerhard Schröder im Sommer 2002 den bevorstehenden Irakkrieg zum Wahlkampfthema machte und dabei auch antiamerikanische Töne angeschlagen wurden, kam das deutsch-amerikanische Verhältnis an einen Tiefpunkt.

Im März 2003 marschierten die USA mit ihren Verbündeten in den Irak ein. Schon am 1. Mai verkündete Präsident Bush den Sieg. Bald aber wurde klar, dass dieser Triumph voreilig war. Während der folgenden Besatzungszeit starben Tausende Menschen durch Anschläge im Irak. Die Massenvernichtungswaffen, mit denen der Krieg gerechtfertigt worden war, wurden nicht gefunden. Angesichts der eskalierenden Gewalt erschien auch das Ziel, die Demokratie in den Irak zu tragen, gescheitert. Als dann noch Fotos von amerikanischen Soldaten auftauchten, die irakische Gefangene demütigten, litt das Ansehen der USA weltweit. Der „Krieg gegen den Terror" war mit dem Anspruch begonnen worden, universale Werte wie Freiheit, Menschenrechte und Demokratie gegen ihre Gegner zu verteidigen. Diese Begründung stellten nicht nur die Bilder aus dem Irak in Frage. Auch das internationale Vorgehen der USA gegen Verdächtige im Antiterrorkrieg – Inhaftierung ohne Gerichtsbeschluss, Geheimgefängnisse, folterähnliche Verhörmethoden – stieß zunehmend auf Kritik. Die moralische Autorität der USA – eine wichtige Grundlage ihres weltpolitischen Führungsanspruchs – nahm so in den Jahren nach 9/11 massiv Schaden.

Die Welt nach dem Kalten Krieg

Wirtschaftskrise und neue Großmächte

Hinzu kam eine Wirtschaftskrise in Nordamerika und Europa, die im Zusammenbruch der großen amerikanischen Bank Lehman Brothers im Jahr 2008 ihren Höhepunkt fand. Ab dem Jahr 2009 führten hohe Staatsschulden in mehreren Ländern Europas zu schweren wirtschaftlichen Problemen und politischen Auseinandersetzungen.

M 5 Europäische Schuldenkrise
Proteste in Athen gegen Sparmaßnahmen der Regierung, 2011

Vor diesem Hintergrund wurde der Aufschwung von Ländern in anderen Weltregionen besonders augenscheinlich. Brasilien, Russland, Indien und China (BRIC-Staaten) trafen sich seit dem Jahr 2009, seit 2011 auch mit Südafrika, um ihre Interessen als aufstrebende Wirtschaftsmächte, die zusammen mehr als 40% der Weltbevölkerung stellten, zu besprechen.

Vor allem die ständigen Mitglieder des Sicherheitsrats Russland und China erscheinen als erstarkende Großmächte. Für die westlichen Demokratien ist diese neue Stärke eine politische Herausforderung. Russland unter Präsident Putin zeigt große Defizite hinsichtlich demokratischer Kultur, in China beansprucht die Kommunistische Partei nach wie vor die absolute Herrschaft.

„Arabischer Frühling"

Im Jahr 2010 wurden hingegen Hoffnungen auf eine demokratische Entwicklung in einer anderen Weltregion geweckt: Bis dahin war die arabische Welt geprägt von autoritären, oft auch korrupten Regimen ohne hinreichende Teilhabe der Bevölkerung. Als sich im Dezember 2010 ein tunesischer Gemüsehändler verbrannte, weil er keine ausreichende Lebensperspektive für sich sah, löste dieses Ereignis Proteststürme in vielen arabischen Ländern aus. Vor allem die junge Bevölkerung forderte politische Teilhabe und Zukunftschancen. Innerhalb kurzer Zeit wurden mehrere Herrscher entmachtet. In manchen Ländern führten Konflikte zwischen Vertretern der alten und der neuen Ordnung zu heftigen Gewaltausbrüchen bis hin zum Bürgerkrieg. Auch zeigte sich, dass die Revolutionäre sehr unterschiedliche Vorstellungen von der politischen Zukunft ihres Landes hatten, gerade im Hinblick auf die Rolle der Religion. So werden erst die nächsten Jahre zeigen, welchen Weg die arabische Welt nimmt.

„Krieg gegen den Terror" – Eine Rede analysieren

M 6   „Der Weg des Handelns"

Mit folgender Rede vor Absolventen der Militärakademie West Point beschrieb Präsident George W. Bush am 1. Juni 2002 seine außenpolitischen Vorstellungen im „Krieg gegen den Terror":

Dieser Krieg wird viele Wendungen nehmen, die wir nicht vorhersagen können. Einer Sache bin ich mir jedoch sicher: Wohin wir sie auch tragen, die amerikanische Flagge wird nicht nur für Macht,
5 sondern auch für Freiheit stehen. Bei der Sache, für die unsere Nation eintritt, ging es immer um mehr als die Verteidigung unserer Nation. Wir kämpfen, wie wir immer kämpfen, für einen gerechten Frieden – einen Frieden, der die Freiheit
10 der Menschen fördert. […]
Einen Großteil des letzten Jahrhunderts verließen sich die Vereinigten Staaten in ihrer Verteidigung auf die Doktrin der Abschreckung und Eindämmung des Kalten Kriegs. In einigen Fällen sind die-
15 se Strategien noch anwendbar. Aber neue Bedrohungen erfordern auch eine neue Denkweise. Abschreckung – die Aussicht auf massive Vergeltungsschläge gegen Nationen – ist gegen ein im Schatten operierendes Terrornetzwerk, das kein
20 Land und keine Bevölkerung verteidigen muss, bedeutungslos. Eindämmung ist nicht möglich, wenn verrückte Diktatoren mit Massenvernichtungswaffen Raketen als Träger für diese Waffen haben oder sie insgeheim terroristischen Verbün-
25 deten zur Verfügung stellen.
Wir können die Vereinigten Staaten und unsere Freunde nicht verteidigen, indem wir auf das Beste hoffen. Wir können dem Wort von Tyrannen, die feierlich Nichtverbreitungsverträge
30 unterzeichnen und dann systematisch gegen sie verstoßen, keinen Glauben schenken. Wenn wir warten, bis Bedrohungen voll und ganz Gestalt annehmen, werden wir zu lange gewartet haben.
35 Die Verteidigung des Heimatlandes und die Raketenabwehr sind Teil einer größeren Sicherheit, und sie sind entscheidende Prioritäten für die Vereinigten Staaten. Der Krieg gegen den Terror wird jedoch nicht aus einer Defensivhaltung heraus
40 gewonnen. Wir müssen die Schlacht zum Feind bringen, seine Pläne durchkreuzen und den schlimmsten Bedrohungen begegnen, bevor sie auftreten. In der Welt, in der wir leben, ist der einzige Weg zur Sicherheit der Weg des Handelns. Und dieses Land wird handeln. […] 45
Einige sind besorgt, es könne irgendwie undiplomatisch oder unhöflich sein, deutlich auszusprechen, was richtig oder falsch ist. Ich bin anderer Meinung. Besondere Umstände erfordern besondere Methoden, aber keine besondere Moralvor- 50 stellung. Die moralische Wahrheit ist in jeder Kultur, zu jeder Zeit und an jedem Ort die gleiche. Unschuldige Zivilisten als Ziel für Mord auszuwählen ist immer und überall falsch. Brutalität gegenüber Frauen ist immer und überall falsch. Bei der 55 Entscheidung zwischen Gerechtigkeit und Grausamkeit kann es keine Neutralität geben, ebenso wenig wie zwischen den Unschuldigen und den Schuldigen. Wir befinden uns in einem Konflikt zwischen Gut und Böse, und die Vereinigten Staa- 60 ten werden das Böse beim Namen nennen. Indem wir bösen und gesetzlosen Regimes entgegentreten, schaffen wir kein Problem, sondern wir decken ein Problem auf. Und wir werden die Welt anführen, wenn wir uns ihm widersetzen. 65

Zit. nach: US-Botschaft Berlin, http://usa.usembassy.de/gemeinsam/bush060102d.htm.

M 7   „Mission accomplished"

US-Präsident George W. Bush begrüßt die Soldaten des Flugzeugträgers USS Abraham Lincoln, die maßgeblich an der militärischen „Operation Iraqi Freedom" teilgenommen haben, Foto vom 1. Mai 2003.

Die Welt nach dem Kalten Krieg

Die neuen Weltmächte – Mit Statistiken arbeiten

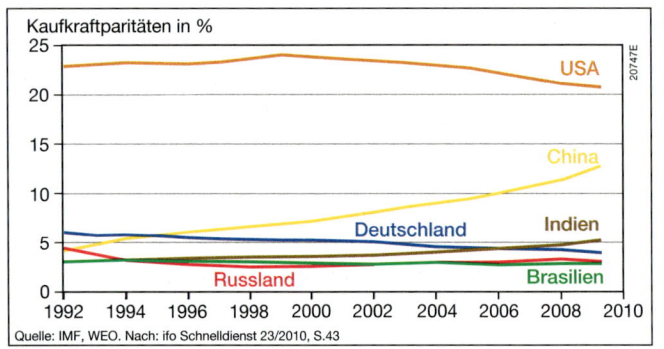

M 8 Kaufkraftparitäten in % (1992–2010): USA, China, Deutschland, Indien, Russland, Brasilien
Quelle: IMF, WEO. Nach: ifo Schnelldienst 23/2010, S.43

M 9 Anteile am weltweiten Bruttoinlandsprodukt – Konstante Preise in % (2005–2010): China, Indien, Brasilien, USA, Deutschland, Russland
Quelle: IMF, WEO. Nach: ifo Schnelldienst 23/2010, S.43

M 10 Jährliche Veränderungsraten des BIP – Welthandelsanteile in % (1995–2009): USA, Deutschland, China, Indien, Russland, Brasilien
Quelle: IMF, IFS 2010. Nach: ifo Schnelldienst 23/2010, S.44

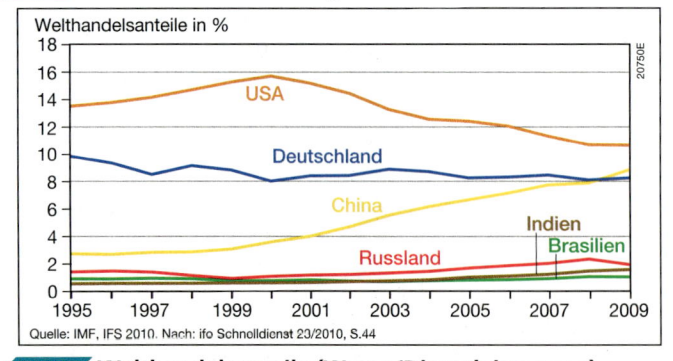

M 11 Welthandelsanteile (Waren/Dienstleistungen) – in % der Erwerbspersonen (1993–2009): Deutschland, Russland, Brasilien, USA, China
Quelle: IMF, IFS. Nach: ifo Schnelldienst 23/2010, S.45

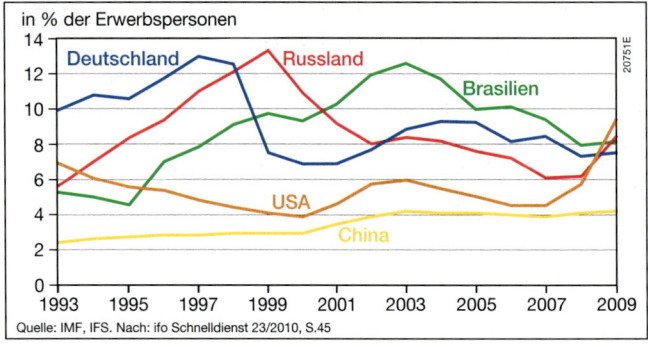

Jährliche Arbeitslosenrate

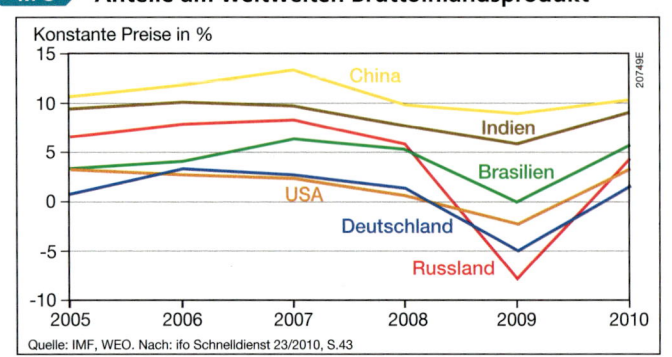

M 12

	Bevölkerung in Mio.	
	1960	2010
EU-27 *	402,6	501,1
Argentinien	20,6	40,4
Australien	10,3	22,3
Brasilien	72,8	194,9
Kanada	17,9	34,0
China	658,3	1341,3
Indien	447,8	1224,6
Indonesien	91,9	239,9
Japan	92,5	126,5
Rep. Korea	25,1	48,2
Mexiko	38,4	113,4
Russland	119,9	143,0
Saudi-Arabien	4,0	27,4
Südafrika	17,4	50,1
Türkei	28,2	72,8
Vereinigte Staaten	186,3	310,4
Welt	3038,4	6895,9

*Zahlen für 1960 ohne die französischen Überseedepartments.
Quelle: Eurostat (Online-Datencode: demo_pjan und demo_r_d3area); Vereinte Nationen, Hauptabteilung Wirtschaftliche und Soziale Angelegenheiten, Bevölkerung: Weltbevölkerungsprognose, Ausgabe 2010
© westermann

M 13

	Bevölkerungsdichte in Einw./km²	
	1960	2010
EU-27 *	94,0	116,7
Argentinien	7,4	14,5
Australien	1,3	2,9
Brasilien	8,5	22,9
Kanada	1,8	3,4
China	68,6	139,8
Indien	136,2	372,5
Indonesien	48,3	125,9
Japan	244,8	334,9
Rep. Korea	251,9	484,1
Mexiko	19,6	57,9
Russland	7,0	8,4
Saudi-Arabien	1,9	12,8
Südafrika	14,2	41,1
Türkei	35,9	92,8
Vereinigte Staaten	19,4	32,2
Welt	22,3	50,6

*Zahlen für 1960 ohne die französischen Überseedepartments.
Quelle: Eurostat (Online-Datencode: demo_pjan und demo_r_d3area); Vereinte Nationen, Hauptabteilung Wirtschaftliche und Soziale Angelegenheiten, Bevölkerung: Weltbevölkerungsprognose, Ausgabe 2010
© westermann

„Arabischer Frühling" – Ein Interview auswerten

M 14 „Ein arabisches '68"

Der Politikwissenschaftler Volker Perthes nimmt im folgenden Interview vom 2. Februar 2012 Stellung zu den Umbrüchen in der arabischen Welt:

Herr Perthes, die Umbrüche quer durch die arabischen Staaten gehen derzeit ins zweite Jahr und differenzieren sich immer mehr aus. Lässt sich dennoch ein gemeinsamer Charakter der Proteste 5 **feststellen?**

Es gibt eine ganze Menge gemeinsamer Phänomene. Es gibt ähnliche Ungerechtigkeiten über die sich insbesondere die junge Generation beschwert. Die arabischen Länder sind zwar 10 durchaus unterschiedlich. Sie haben unterschiedliche Ressourcenausstattungen, unterschiedliche politische Geschichte, unterschiedliche politische Kultur und insofern verarbeiten sie auch diese Welle des Protests unterschiedlich. Der eine große 15 gemeinsame Faktor ist aber die Generation der 20- bis 35-jährigen, die zahlenmäßig größer ist als ihre Vorgängergeneration, aber weniger Chancen hat.

Also ein arabisches '68? – Oder eher ein arabisches 20 **'89?**

Was die soziale Komposition angeht handelt es sich vielleicht tatsächlich um ein arabisches '68. Der Vergleich ist nicht schlecht: Auch die '68er konnten ihren gesellschaftlichen Einfluss erst 20 25 bis 30 Jahre später in politischen Einfluss umsetzen.

Was kann Europa tun – mit seinem reichen Erfahrungsschatz bei Transformationen?

Da wo es gewollt wird, kann Europa seinen Erfahrungsschatz in den Dienst der arabischen Transfor- 30 mationen stellen. Europa hat einen Werkzeugkoffer, der eine ganze Reihe von Instrumenten enthält: Etwa Wahlbeobachtungen, Unterstützung beim Aufbau einer unabhängigen Justiz oder Hilfe bei Gesetzgebungsverfahren für den Aufbau 35 einer echten Marktwirtschaft. Vor allem aber kann es sich den Transformationsgesellschaften gegenüber offen präsentieren, nicht nur für Güter, sondern auch für Menschen. Und so ein Stück weit Einfluss darauf nehmen, wie diese 40 Gesellschaften sich gegenüber Europa aufstellen werden.

Wie bewerten Sie den Umgang in Europa mit den Ereignissen in der Nachbarregion?

In der Betrachtung dieser Revolten hat die Furcht 45 vor den Risiken den europäischen Diskurs stärker bestimmt als es nötig gewesen wäre. Jeder Umbruch birgt Risiken und Chancen. Die Risiken sind kurzfristiger, die Chancen eher langfristiger Natur. Ich hätte mir gewünscht, dass wir ähnlich 50 positiv an die Umbrüche in der arabischen Welt herangehen wie vor 20 Jahren bei den Umbrüchen in Ost- und Mitteleuropa. Trotz aller Probleme, trotz der Abstürze wie in Syrien: Wir sollten uns ein Stück weit darüber freuen, dass aus der 55 arabischen Welt, also gerade da, wo wir es wirklich nicht erwartet haben, Teile der Gesellschaften ganz aktiv „unsere" Werte Freiheit, Gerechtigkeit und Menschenwürde einfordern und teilen.

Bundeszentrale für politische Bildung, zit. nach: http://www.bpb.de/internationales/afrika/arabischer-fruehling/62675/interview-mit-volker-perthes

Aufgaben

1. **Die Welt nach dem 11. September 2001**
   a) Stelle die dargestellten Ereignisse in einer chronologischen Übersicht zusammen.
   b) Fasse Bushs Argumentation zusammen.
   → Text, M6

2. **Die neuen Weltmächte**
   a) Vergleiche die Entwicklung der BRIC-Staaten.
   b) Nimm Stellung zu folgender Aussage: „Die BRIC-Staaten werden die zukünftige globale Entwicklung maßgeblich beeinflussen."
   → Text, M8–M13

3. **Der „Arabische Frühling"**
   a) Arbeite die Ansichten des Politikwissenschaftlers Volker Perthes über die Umbrüche in den arabischen Ländern heraus.
   b) Die politischen Verhältnisse einiger arabischer Staaten verändern sich derzeit ständig. Informiere dich über aktuelle Entwicklungen.
   c) Nimm – unter Berücksichtigung der aktuellen Entwicklungen – Stellung zu den Ausführungen von Volker Perthes.
   → Text, M14, Internet

Die Welt nach dem Kalten Krieg

Erste Direktwahl des Europäischen Parlaments (1979)

Gorbatschow wird Generalsekretär

Fall der Mauer

Ende der Sowjetunion

Europäischer Binnenmarkt

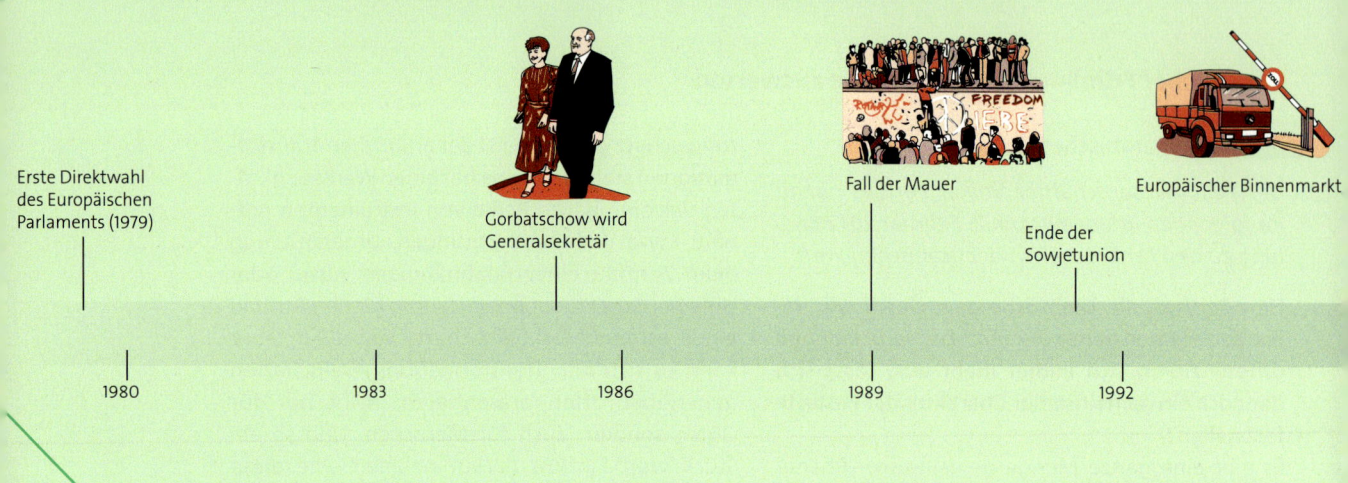

1980 — 1983 — 1986 — 1989 — 1992

Zusammenfassung

Nach dem Zweiten Weltkrieg waren die Hoffnungen groß, dass nun ein Zeitalter des Friedens anbrechen würde. Die Gründung der UNO war Ausdruck dieser Hoffnung. Auch mit der europäischen Einigung verbanden sich große Erwartungen. Die Begeisterung für Europa, vor allem in der jungen Generation, war groß. Denn die Nationalstaaten hatten im 20. Jahrhundert zweimal gegeneinander Krieg geführt.

Ausgangspunkt der Europäischen Einigung war die wirtschaftliche Zusammenarbeit, vor allem im Bereich der Kohleförderung und der Stahlproduktion. 1957 wurde die Europäische Wirtschaftsgemeinschaft, die EWG, gegründet. Schrittweise erwuchsen daraus weitere Schritte der Integration: zur wirtschaftlichen Zusammenarbeit kam die politische. Der Ost-West-Gegensatz stand jedoch einer weiteren Einigung im Wege. Gleichwohl wurden immer mehr Länder Mitglied und die Beziehungen immer enger. Erst nach dem Ende des Kalten Krieges konnte die europäische Einigung weiter voranschreiten, sodass nun 28 Länder Mitglied der Europäischen Union (EU) sind. Der Plan einer Verfassung für Europa scheiterte jedoch. Wie es mit der europäischen Einigung weitergehen soll, ist noch nicht absehbar und auch umstritten.

Mit dem Zerfall des Ostblocks endete der Kalte Krieg. Ausgangspunkt waren die Reformversuche von Michail Gorbatschow, der den Sowjetbürgern mehr Freiheit geben und die schlechte wirtschaftliche Situation verbessern wollte. In der Folge zerfiel die Sowjetunion in Einzelstaaten. Das Ende des Kalten Kriegs ließ jedoch neue militärische Konflikte entstehen. So zerfiel etwa Jugoslawien in verschiedene Teilstaaten. Diese bekämpften sich gegenseitig und in einigen Staaten kam es zu blutigen Bürgerkriegen.

Am 11. September 2001 entführten Terroristen, die sich auf den Islam beriefen, Flugzeuge und zerstörten die Zwillingstürme des World Trade Centers in New York. Dies bedeutete eine neue Dimension globaler Auseinandersetzungen: Die USA bekämpften diese Gruppen und die Staaten, die sie als Unterstützer verdächtigten, mit militärischen Mitteln. Die Hoffnung, dass die Welt nach dem Ende des Kalten Krieges friedlicher würde, hat sich mithin nicht erfüllt.

Einführung des Euro
(ab 2002)

„11. September 2001"

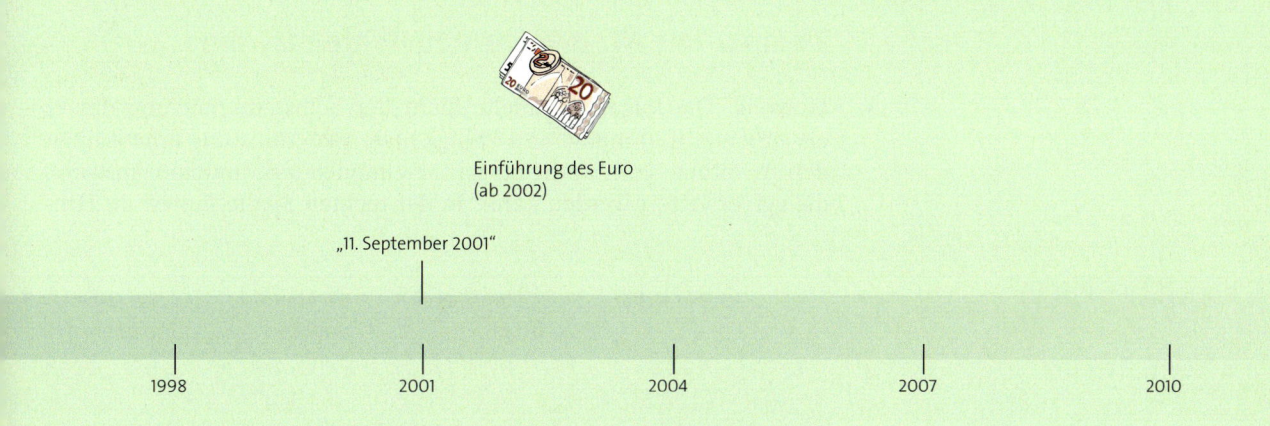

1998 — 2001 — 2004 — 2007 — 2010

Daten

1951 Montanunion
1991 Auflösung der UdSSR
1992 Vertrag von Maastricht
1999 Kosovo-Krieg
2001 Terroranschläge vom
 11. September

Begriffe

EWG
Glasnost, Perestroika

Personen

Michail Gorbatschow
Lech Wałesa
George W. Bush
Joschka Fischer

Tipps zum Thema: Die Welt nach 1945

Filmtipp

Wir sind so verhasst,
Regie: Franck Apprederis,
Frankreich/Österreich 2007

Lesetipp

Deborah Ellis:
Die Sonne im Gesicht. Ein Mädchen in Afghanistan, 2003

Museen

Militärhistorisches Museum der Bundeswehr, Dresden

Deutsches Historisches Museum, Berlin

Kommentierte Links: www.westermann.de/geschichte-linkliste

Seiten zur Selbsteinschätzung

Thema: Die Welt nach dem Kalten Krieg

Hinweis: Die folgende Tabelle dient der Selbsteinschätzung deiner erworbenen Kenntnisse und Fähigkeiten. Die Auflistung erhebt nicht den Anspruch, vollständig zu sein. Es handelt sich um eine Auswahl, die ggf. erweitert werden kann. In der rechten Spalte findest du Hin-

Ich kann …	Ich bin sicher.	Ich bin ziemlich sicher.	Ich bin noch unsicher.	Ich habe große Lücken.
… den Prozess der europäischen Einigung darlegen.				
… die Funktionsweise der Europäischen Union erklären.				
… die Gründe für die Osterweiterung der Europäischen Union erläutern.				
… den Prozess des Zerfalls der Sowjetunion darstellen.				
… die Ursachen für den Zerfall Jugoslawiens analysieren.				
… die territorialen Veränderungen auf dem Balkan erklären.				
… eine Rede nach vorgegebenen Kriterien beurteilen.				
… die Wirkungen des 11. September 2001 auf die amerikanische Politik darstellen.				
… die Ursachen für die Teilnahme Deutschlands am Krieg gegen Afghanistan darlegen.				
… die Gründe für die Nichtteilnahme Deutschlands am Krieg gegen den Irak erklären.				
… den Begriff „Arabischer Frühling" erklären.				
… die Schwierigkeiten der arabischen Länder auf dem Weg zur Demokratie erläutern.				
…				
…				

weise, wie du eventuell vorhandene Lücken oder auch Unsicherheiten beseitigen kannst.

Bitte beachte: Solltest du über ein Leihexemplar dieses Lehrbuches verfügen, dann kopiere die Seiten, bevor du mit ihnen arbeitest.

Auf diesen Seiten kannst du in NNO nachlesen	Empfehlungen zur Übung, Wiederholung und Festigung
140–143	Begründe folgende Auffassung: „Für die europäische Einigung hat das deutsch-französische Verhältnis eine besondere Bedeutung."
142/143	Erstelle einen Kurzvortrag zum Thema: „Die Organe der Europäischen Union".
142, 144	Erstelle einen Lexikonartikel zum Thema: „Die Osterweiterung der Europäischen Union."
146–148	Nimm Stellung zu folgender These: „Der Prozess des Zerfalls der Sowjetunion war nicht aufzuhalten."
152–155	Verfasse eine Darstellung zum Thema: „Der Zerfall Jugoslawiens – ein europäisches Problem."
154	Der Krieg in Jugoslawien veränderte grundlegend die politische Landkarte auf dem Balkan. Begründe.
157	Analysiere mit Hilfe der angegebenen Kriterien die Rede von George W. Bush auf Seite 161.
158/159	Der 11. September 2001 veränderte die Welt. Begründe diese Auffassung.
158	Verfasse einen Artikel zum Thema: „Die Herrschaft der Taliban in Afghanistan."
159	Informiere dich im Internet genauer über die Argumente Gerhard Schröders gegen eine Teilnahme Deutschlands am Irak-Krieg.
160, 163	Informiere dich über ein Ereignis des Arabischen Frühlings und halte dazu einen Kurzvortrag.
160, 163	Verfasse einen Artikel zum Thema: Die Entwicklung Ägyptens nach dem Sturz Mubaraks.

Minilexikon

„68er-Bewegung". In den 1960er-Jahren übten Studenten immer wieder Kritik an den Studienbedingungen in deutschen Universitäten und der Machtstellung der Professoren. Diese Unzufriedenheit weitete sich – nicht zuletzt unter dem Eindruck des Vietnamkriegs – zu einer allgemeinen Protestbewegung aus. Zeitgleich kam es zu Studentenprotesten in den USA und in Westeuropa. Viele Studenten stellten die politische Ordnung der Bundesrepublik grundsätzlich in Frage. Nach der Tötung des Studenten Benno Ohnesorg durch einen Polizisten während einer Demonstration in Berlin verschärfte sich die Auseinandersetzung und erreichte nach dem Attentat auf den Studentenführer Rudi Dutschke im Jahr 1968 ihren Höhepunkt. Der Protest ebbte in der Folgezeit schnell ab. Viele Aktivisten engagierten sich nun in Parteien und Gewerkschaften sowie Bürgerinitiativen. Eine kleine Gruppe griff zu terroristischen Mitteln.

Abrüstung. Im 20. Jh. gab es vielfach Versuche, Entspannung und Friedenssicherung durch Abbau von Waffenbeständen oder Rüstungskontrollen herbeizuführen. Doch weder die Haager Friedenskonferenzen (1899, 1907) noch die Bemühungen des Völkerbundes in den 20er und 30er Jahren konnten einen Durchbruch erzielen. Erst die Furcht vor einem Atomkrieg und das atomare Patt („Gleichgewicht des Schreckens") zwischen den USA und der Sowjetunion führten zu einem Wandel. Es kam zu Rüstungskontrollen wie dem Atomwaffensperrvertrag (1968) und dem SALT-Abkommen (1972). Echte Abrüstungsvereinbarungen brachte freilich erst eine außenpolitische Wende der UdSSR unter Präsident Gorbatschow. 1987 vereinbarten USA und UdSSR im Vertrag von Washington die Verschrottung aller Mittelstreckenraketen.

Alleinvertretungsanspruch. Von der Bundesrepublik Deutschland seit 1955 erhobener Anspruch, dass nur sie Deutschland völkerrechtlich vertreten könne, da allein ihre Regierung durch freie Wahlen legitimiert sei. Dieser Grundsatz westdeutscher Außenpolitik ging auf den Staatssekretär Walter Hallstein zurück und beinhaltete zugleich den Abbruch diplomatischer Beziehungen zu allen Staaten, die die DDR anerkannten. Die Hallstein-Doktrin wurde erst mit der neuen Ostpolitik der sozialliberalen Koalition nach 1969 endgültig aufgegeben.

Alliierter Kontrollrat. Im August 1945 gebildetes oberstes Regierungsorgan der Besatzungsmächte in Deutschland. Der Kontrollrat setzte sich aus den vier Oberbefehlshabern der alliierten Besatzungstruppen zusammen und vertrat die Interessen der USA, der Sowjetunion, Großbritanniens und Frankreichs. Neben seinen Kontrollfunktionen sollte er ein einheitliches Vorgehen bei allen Fragen gewährleisten, die Deutschland als Ganzes betrafen. Aufgrund zunehmender Meinungsverschiedenheiten (Kalter Krieg) wurde er bald handlungsunfähig und trat seit März 1948 nicht mehr zusammen.

Antisemitismus. Abneigung oder Feindseligkeit gegenüber Juden. Bezeichnung für völkisch-rassistische Anschauungen, die sich auf soziale, religiöse und ethnische Vorurteile stützen. Derartige Vorstellungen spielten eine zentrale Rolle in der Ideologie der Nationalsozialisten und wurden mit ihrem Machtantritt 1933 in Deutschland politisch wirksam. Sie führten zur Ausgrenzung der jüdischen Bevölkerung aus dem politischen, wirtschaftlichen und gesellschaftlichen Leben (Nürnberger Gesetze, 1935), steigerten sich mit dem Pogrom vom 9./10. November 1938 („Reichskristallnacht") und mündeten schließlich in eine systematische Massenvernichtung. Mit dem Angriff auf die Sowjetunion im Juni 1941 begann der systematische Massenmord, der ab 1942 auch in Vernichtungslagern verübt wurde. Fast sechs Millionen Menschen wurden ermordet.

Atlantik-Charta. 1941 von Roosevelt und Churchill auf dem Schlachtschiff „Prince of Wales" im Atlantik beschlossene Erklärung über die Grundzüge der künftigen Nachkriegsordnung. Hierzu zählten das Selbstbestimmungsrecht der Völker, Verzicht auf Annexionen und Gewalt, Gleichberechtigung im Welthandel und die Errichtung eines kollektiven Sicherheitssystems. Die Atlantik-Charta bildete das Grunddokument der Vereinten Nationen (UNO).

Berlin-Blockade. Von der sowjetischen Besatzungsmacht verhängte Blockade Westberlins durch Sperrung aller Zufahrtswege am 24.6.1948. Dieser Versuch der UdSSR, ganz Berlin unter ihre Kontrolle zu bringen, scheiterte am Widerstand der Westmächte. Sie versorgten Westberlin über eine Luftbrücke, sodass die sowjetische Regierung die Blockade am 12.5.1949 abbrach.

Besatzungsstatut. Parallel zur Gründung der Bundesrepublik Deutschland erließen die drei Westmächte 1949 ein Besatzungsstatut. Mit ihm traten sie wesentliche Hoheitsrechte an den neuen Staat ab, behielten sich jedoch Kontrollbefugnisse und die außenpolitische Vertretung vor. Die Interessen der Westalliierten nahm eine Hohe Kommission mit drei Hochkommissaren wahr. Die Pariser Verträge hoben das Statut nach mehrfacher Lockerung 1955 endgültig auf, doch blieben den Alliierten weiterhin Rechte in Berlin sowie Notstandsbefugnisse vorbehalten.

Besatzungszonen. Die Besatzungsgebiete der vier alliierten Siegermächte, in die Deutschland nach einem Abkommen vom 5.6.1945 aufgeteilt wurde. Berlin erhielt einen Viersektorenstatus.

Blockbildung. Nach dem Zweiten Weltkrieg zeigten sich schon bald zwischen den USA und der Sowjetunion unüberbrückbare machtpolitische und ideologische Gegensätze. Der aggressiven Ausbreitung des sowjetischen Machtbereichs begegnete die USA mit einer Eindämmungspolitik. Die Blockbildung fand schließlich ihren Niederschlag in der Bildung zweier gegensätzlicher militärischer Bündnisse, der 1949 gegründeten NATO (North Atlantic Treaty Organisation) und dem 1955 begründeten Warschauer Pakt.

Bodenreform. Neuverteilung von Landbesitz aus wirtschaftlichen oder politischen Gründen. Nach dem Zweiten Weltkrieg kam es insbesondere in den sozialistischen Staaten zu einer Bodenreform durch Enteignung des Großgrundbesitzes zugunsten kleiner oder besitzloser Bauern. Dies war der erste Schritt auf dem Weg zur Kollektivierung im Sinne einer sozialistischen Gesellschaftsordnung.

Bolschewismus, Bolschewiki (russ. = Mehrheitler). Bezeichnung für die radikalen sozialdemokratischen Anhänger Lenins, die seiner revolutionären Taktik (Leninismus) auf einem Parteitag 1903 zustimmten. Die bei dieser Abstimmung Unterlegenen akzeptierten für sich den Namen Menschewiki (= Minderheitler). Nach Lenins Theorie muss die Proletarische Revolution von einer straff geführten Kaderpartei getragen werden. Sie ist die bestimmende Kraft auf dem Weg zum Sozialismus und muss durch Parteifunktionäre alle nachgeordneten gesellschaftlichen Gruppierungen beherrschen. In der Sowjetunion erzwang Stalin die Umgestaltung von Staat und Gesellschaft nach bolschewistischen Prinzipien, was nach 1945 von allen Staaten innerhalb des sowjetischen Machtbereichs übernommen wurde.

Breschnew-Doktrin. 1968 besetzten Truppen des Warschauer Pakts unter Führung der Sowjetunion die Tschechoslowakei, um die Reformbewegung des „Prager Frühlings" gewaltsam zu beenden. Um diesen Einmarsch nachträglich zu rechtfertigen, vertrat der sowjetische Generalsekretär Breschnew die These, dass alle Staaten des sozialistischen Lagers lediglich ein „eingeschränktes Selbstbestimmungsrecht" besäßen. Die UdSSR hätte daher das Recht zur Intervention, falls der Sozialismus in einem Land gefährdet sei.

Demontage. Erzwungener Abbau von Industrieanlagen in einem besiegten Land. Die Reparationen, welche die Alliierten Deutschland nach dem 2. Weltkrieg auferlegten, sollten vor allem die Demontage der deutschen Industrie betreffen. Ein Plan sah den Abbau von 1800 Betrieben und eine Begrenzung der Produktion auf 50 % des Vorkriegsniveaus vor. Der sich verschärfende Ost-West-Konflikt führte in den westlichen Besatzungszonen schon ab 1946 zu einer teilweisen, 1951 zur endgültigen Einstellung der Demontagen. In der sowjetischen Besatzungszone kam es hingegen zu umfassenden Demontagemaßnahmen, die den Wiederaufbau stark behinderten. Die Startbedingungen der DDR waren daher ungleich schlechter.

Deutsche Frage. Bezeichnung für die Situation Deutschlands nach dem Zweiten Weltkrieg. Die Teilung Deutschlands in zwei Staaten, die Abtrennung der Ostgebiete, das Fehlen einer friedensvertraglichen Regelung, eine eingeschränkte staatliche Souveränität sowie die Auswirkungen des Kalten Krieges kennzeichneten für Jahrzehnte die politische Situation in Mitteleuropa. Mit der Einigung Deutschlands 1990 und der Anerkennung der deutsch-polnischen Grenze war die Deutsche Frage beantwortet.

Deutsch-Sowjetischer Nichtangriffspakt. Am 23. August 1939 in Moskau unterzeichneter Vertrag, auch Hitler-Stalin-Pakt genannt. Beide Staaten sicherten sich im Fall eines Kriegs gegenseitige Neutralität zu. Bedeutender war ein „Geheimes Zusatzprotokoll", das die Interessengebiete beider Mächte in Osteuropa voneinander abgrenzte und „für den Fall einer territorialen Umgestaltung" in Kraft treten sollte.

Dritte Welt. Bezeichnung für wirtschaftlich und sozial unterentwickelte Staaten in Afrika, Asien und Lateinamerika. Der Begriff geht zurück auf eine nach 1945 entstandene Klassifizierung, wonach man die hochentwickelten kapitalistischen Industriestaaten des Westens als „Erste Welt" und die Länder des einstigen sozialistischen Machtblocks als „Zweite Welt" bezeichnete. Für die unterentwickelten Staaten der Dritten Welt ist auch die Bezeichnung Entwicklungsländer üblich.

Eindämmungspolitik. Nach dem 2. Weltkrieg gliederte die Sowjetunion Osteuropa ihrem Machtbereich ein und suchte Einfluss auf die angrenzenden Staaten zu gewinnen. Um eine weitere Expansion und die Ausbreitung des Kommunismus zu verhindern propagierten die USA eine Politik der Eindämmung (containment). Sie fand 1947 in der Truman-Doktrin ihren Niederschlag, die den Beginn des Ost-West-Konflikts und den Ausbruch des Kalten Kriegs markiert.

Einheitsliste. Kennzeichnendes Element einer Scheinwahl in Diktaturen bzw. Einparteienstaaten. Bei „Wahlen" kann lediglich einer Liste zugestimmt werden, welche die Kandidaten der Partei und Vertreter der von ihr beherrschten Organisationen enthält. Eine Auswahlmöglichkeit ist nicht vorgesehen und der Ausgang der „Wahl" steht von vornherein fest. Einheitslisten waren ein typisches Herrschaftsinstrument der SED in der DDR.

Einparteienstaat. Ein Staat, in dem nur eine Partei das Machtmonopol besitzt, während andere Parteien und Verbände entweder verboten oder gleichgeschaltet sind. Das Prinzip der Gewaltenteilung ist aufgehoben und eine Opposition, die eine demokratische Willensbildung ermöglichen würde, nicht vorhanden. Einparteienstaaten lassen sich durch Scheinwahlen bestätigen (Einheitsliste).

Eiserner Vorhang. Von Winston Churchill 1945 geprägtes Schlagwort. Es bezeichnet die Grenze in Europa, mit der die Sowjetunion nach dem 2. Weltkrieg ihren Machtbereich von der übrigen Welt abriegelte.

Entnazifizierung. Das Potsdamer Abkommen sah eine Bestrafung der Nationalsozialisten bzw. ihre Entfernung aus allen staatlichen, politischen und wirtschaftlichen Schlüsselstellungen vor. Die Amerikaner etwa richteten dazu so genannte Spruchkammern ein, die über die Schuld der Einzelnen entschieden.

Entspannungspolitik. Nach dem Höhepunkt des Kalten Krieges in der Kuba-Krise bemühten sich die beiden Supermächte USA und Sowjetunion in den 1960er- und frühen 1970er-Jahren um ein neues Verhältnis. Bessere Kontakte zwischen den Regierungen, Verträge und Abrüstungsabkommen sollten Konflikte vermeiden helfen bzw. entschärfen. In der Folgezeit wechselten Phasen der Konfrontation immer wieder mit solchen der Entspannung. In Deutschland sollte die angespannte Situation an der Nahtstelle der beiden Machtblöcke durch Verträge zwischen der Bundesrepublik und Ostblockstaaten entschärft und die Teilung in zwei Staaten abgemildert werden.

Entstalinisierung. Nach Stalins Tod kam es auf dem XX. Parteitag der KPdSU 1956 zu einer Abkehr von dessen Terrormethoden. Dazu zählte auch eine Verurteilung des Personenkults sowie die Rehabilitie-rung politischer Opfer der Stalindiktatur. Diese von Chruschtschow eingeleitete Entstalinisierung griff auf andere Ostblockstaaten über und führte zumeist zur Ablösung der „Stalinisten". Das System der Diktatur und die beherrschende Rolle der Kommunistischen Partei bestanden unverändert fort.

Entwicklungsländer. Bezeichnung für die Länder der Dritten Welt, die im Vergleich zu den Industriestaaten einen wirtschaftlich geringen Entwicklungsstand aufweisen. Infolge eines sehr niedrigen Lebensstandards ist die Bevölkerung dieser Länder, die etwa drei viertel der Weltbevölkerung umfasst, von Hunger, Armut und Krankheit bedroht. Die Probleme haben verschiedene Ursachen: mangelnde Industrialisierung, rückständige Landwirtschaft, hohes Bevölkerungswachstum mit Unterernährung, Auslandsverschuldung, Abhängigkeit von Industriestaaten und deren Importen, hohe Analphabetenquote und geringer Bildungsgrad, Mangel an Fachkräften für die Wirtschaft und Verwaltung. Hinzu kommen häufig feudale Oberschichten, die Reformansätze verhindern, da sie um ihre politische Macht fürchten. Der Export dieser Länder beschränkt sich zumeist auf wenige landwirtschaftliche Produkte aus Monokulturen oder auf billige Rohstoffe.

Europäische Union (EU). 1957 schlossen sich die Bundesrepublik Deutschland, Frankreich, Italien sowie die Benelux-Staaten zur Europäischen Wirtschaftsgemeinschaft (EWG) zusammen. Nach ihrer Verschmelzung mit der Montanunion und der Europäischen Atomgemeinschaft (EURATOM) entstand 1967 die Europäische Gemeinschaft (EG), der weitere europäische Staaten beitraten.

1992 kam es mit dem Vertrag von Maastricht zu einer grundlegenden Ergänzung, später zum Beitritt zahlreicher osteuropäischer Staaten. Die Europäische Union (EU), wie die Gemeinschaft der 28 Staaten seither heißt, setzte sich neue Ziele: Neben dem zollfreien Binnenmarkt wurde eine noch engere Wirtschaftsunion geplant, weiterhin eine gemeinsame Außen-, Sicherheits- und Rechtspolitik. Fernziel ist die völlige Verschmelzung der Volkswirtschaften.

Faschismus (von lat. fasces = Rutenbündel römischer Beamter als Symbol der Richtgewalt). Der Begriff bezeichnet ursprünglich die nationalistische, autoritäre und nach dem Führerprinzip ausgerichtete Bewegung Mussolinis, die 1922 in Italien zur Macht kam. Die Bezeichnung wurde bald übertragen auf rechtsgerichtete Bewegungen in anderen Staaten, die gleiche Merkmale aufwiesen: eine antimarxistische, antiliberale und demokratiefeindliche Ideologie mit extrem nationalistischen Zügen und imperialistischen Tendenzen. Ziel des Faschismus ist der Einheitsstaat mit dem Machtmonopol der faschistischen Partei, die das gesamte öffentliche Leben beherrscht. Der Staat fordert vom Bürger bedingungslose Unterwerfung, verherrlicht die „Volksgemeinschaft" und stilisiert den „Führer" zum Mythos. Die Durchsetzung der Macht besorgt ein brutales Polizei- und Überwachungssystem, verbunden mit der Einschränkung von Menschenrechten und einer intensiven Propaganda. Das Ergebnis dieser Diktatur ist der „totale Staat": Verlust aller demokratischen Freiheiten, Terror gegenüber Andersdenkenden, Ausgrenzung ethnischer und religiöser Minderheiten. Zu den Erscheinungsformen des Faschismus zählt auch der Nationalsozialismus.

Flucht und Vertreibung. Nach 1945 sind etwa 12 Millionen Deutsche aus den deutschen Ostgebieten und den angrenzenden Staaten Polen, Tschechoslowakei und Ungarn vertrieben worden, von denen über zwei Millionen die chaotischen Zustände der Flucht und Vertreibung nicht überlebt haben. Der Flucht vor den Truppen der Roten Armee am Ende des Krieges folgte die umfangreiche Vertreibung der deutschen Bevölkerung auf der Grundlage des Potsdamer Abkommens, in dem die „Überführung der deutschen Bevölkerung" in „geregelter und menschlicher Weise" vereinbart wurde. Die Flucht und Vertreibung der Deutschen nach 1945 muss immer im Zusammenhang mit dem Zweiten Weltkrieg gesehen werden, der von Deutschland begonnen wurde und insbesondere für die mittel- und osteuropäischen Staaten mit einer massenhaften Vertreibung der Bevölkerung und mit Millionen von Todesopfern verbunden war.

Glasnost und Perestrojka. Die von Michail Gorbatschow in den 1980er-Jahren veranlassten Reformen sollten die Sowjetunion modernisieren und liberalisieren. „Glasnost" (russ. „Offenheit") meinte die offene Diskussion gesellschaftlicher Probleme und war das Schlagwort für eine neue offene Kultur und die Entwicklung einer kritischen Öffentlichkeit. „Perestrojka" (russ. „Umbau") bezeichnete wirtschaftliche und soziale Maßnahmen, die das System der Planwirtschaft reformieren sollten.

Minilexikon

Grundgesetz. Die vom Parlamentarischen Rat ausgearbeitete und 1949 in Kraft getretene Verfassung der Bundesrepublik Deutschland wurde Grundgesetz genannt. Damit sollte ihr provisorischer Charakter angesichts der deutschen Teilung deutlich werden, die zu beheben das Grundgesetz gebot.

Grundlagenvertrag. Vertrag von 1972 „über die Grundlagen der Beziehungen zwischen der Bundesrepublik und der DDR". Der Vertrag erkannte erstmals die Souveränität der DDR an und sollte im Rahmen der neuen Ostpolitik der sozialliberalen Koalition eine Normalisierung zwischen beiden deutschen Staaten einleiten.

GUS (Gemeinschaft Unabhängiger Staaten). 1985 leitete der sowjetische Generalsekretär Michail Gorbatschow demokratische Reformen ein, die bald zur Abspaltung nichtrussischer Völker und schließlich zum Zerfall der UdSSR führten. 1991 wurde die Sowjetunion formell aufgelöst und auf ihrem Territorium entstanden neben der Russischen Föderation zahlreiche neue Nachfolgestaaten. Sie schlossen sich unter der Führung Russlands zur lockeren „Gemeinschaft Unabhängiger Staaten" zusammen, der lediglich die drei baltischen Staaten fern blieben.

Hallstein-Doktrin s. Alleinvertretungsanspruch

Kalter Krieg. Bezeichnung für die machtpolitische und ideologische Auseinandersetzung zwischen den USA und der Sowjetunion nach dem 2. Weltkrieg. Er war eingebettet in den globalen Ost-West-Konflikt, in dem sich die Militärblöcke der NATO und des Warschauer Pakts gegenüberstanden. Angesichts der Vernichtungskraft nuklearer Waffen vermieden die Supermächte eine direkte militärische Konfrontation. Stattdessen versuchten sie die Position des Gegners durch Militärbündnisse, Infiltration, Spionagetätigkeit und wirtschaftlichen Druck zu schwächen. An die Schwelle eines „heißen" Kriegs führten vor allem die Berliner Blockade (1948/49), der Koreakrieg (1950–53) und die Kuba-Krise (1962/63). Nach 1963 ließen Entspannungsbemühungen den Kalten Krieg abklingen, doch führte erst der Zerfall des Ostblocks 1989/90 sein endgültiges Ende herbei.

Koexistenz. Auf dem XX. Parteitag der KPdSU proklamierte Chruschtschow die „Friedliche Koexistenz" von Staaten unterschiedlicher Gesellschaftsordnung als Leitlinie sowjetischer Außenpolitik. Die Auseinandersetzung zwischen Sozialismus und Kapitalismus sollte künftig auf wirtschaftlicher und sozialer Ebene ausgetragen, der ideologische Kampf jedoch fortgesetzt werden. Diese Politik führte zu einer Entspannung im sowjetisch-amerikanischen Dialog.

Kolchose. Landwirtschaftlicher Großbetrieb in der Sowjetunion auf genossenschaftlicher Basis. Er war ein Ergebnis der Kollektivierung und entstand durch Zusammenschluss bäuerlicher Einzelbetriebe unter Aufgabe des Privateigentums an Land und Produktionsmitteln. Jeder Kolchosbauer durfte daneben ein Stück Hofland bis 0,5 ha in privater Regie bewirtschaften.

Kollektivierung. Überführung von Produktionsmitteln – vor allem landwirtschaftlicher Privatbesitz – in genossenschaftlich bewirtschaftetes Gemeineigentum. Die Kollektivierung der sowjetischen Landwirtschaft erfolgte vor allem nach 1929 unter Stalin, und zwar zumeist gewaltsam als Zwangskollektivierung. Die so entstandenen Betriebe nennt man Kolchosen. Nach 1945 kollektivierten auch die sozialistischen Ostblockstaaten ihre Landwirtschaft, so z. B. die DDR in Form der Landwirtschaftlichen Produktionsgenossenschaften (LPG).

Kommunismus. Von Marx und Engels begründete Theorie, welche die Vorstellung einer klassenlosen Gesellschaft enthält, in der das Privateigentum an Produktionsmitteln (Fabriken, Maschinen) in Gemeineigentum überführt worden ist. Eingeleitet wird der Kommunismus durch die Proletarische Revolution. Die Arbeiterklasse errichtet die „Diktatur des Proletariats" und nach der Übergangsphase des Sozialismus entsteht allmählich die kommunistische Gesellschaft. Im 20. Jh. bezeichnete man als K. die Gesellschaftsform, die nach der Oktoberrevolution 1917 in der Sowjetunion errichtet wurde und durch die Diktatur der Kommunistischen Partei (KPdSU) gekennzeichnet war. Die Begriffe Kommunismus und Sozialismus werden häufig synonym gebraucht.

Konzentrationslager (KZ). Nach ihrer Machtübernahme 1933 errichteten die Nationalsozialisten Konzentrationslager, in denen anfangs politische Gegner, später auch „rassisch" oder religiös Verfolgte in großer Zahl inhaftiert wurden (1945: 715 000 Häftlinge). Die Lager dienten der Einschüchterung, Ausschaltung und Vernichtung und unterstanden der SS. Zwangsarbeit, Hunger, Seuchen und sadistische Quälerei brachten vielen Häftlingen den Tod. Im Rahmen der sogenannten „Endlösung der Judenfrage" errichtete die SS seit 1942 Vernichtungslager in den eroberten Ostgebieten. Knapp die Hälfte der etwa 6 Millionen jüdischen Opfer aus allen Teilen des besetzten Europas wurden hier ermordet.

Kriegskommunismus. Die Wirtschaftspolitik der Sowjetunion im Bürgerkrieg 1918–21. Sie ist gekennzeichnet von einer radikalen Verstaatlichung, dem Verbot des Privathandels und einem Zwang für Bauern zur Abgabe von Nahrungsmitteln.

Leninismus s. Bolschewismus

LPG. Nach dem Vorbild der Sowjetunion führte auch die DDR die Kollektivierung der Landwirtschaft durch. Bäuerliche Betriebe wurden meist zwangsweise zu Landwirtschaftlichen Produktionsgenossenschaften (LPG) zusammengeschlossen, der Boden einheitlich bestellt und gemeinsam bewirtschaftet.

Marktwirtschaft. Wirtschaftsordnung, die keiner Lenkung durch den Staat unterliegt, sondern dem freien Spiel der Kräfte des Marktes gehorcht. Art und Umfang der erzeugten Güter werden von der Nachfrage bestimmt, die Preisregulierung erfolgt im Wettbewerb mit Konkurrenzprodukten. Voraussetzungen einer Marktwirtschaft sind Privateigentum, Gewerbe- und Vertragsfreiheit, freie Berufs- und Arbeitsplatzwahl sowie ein freier Wettbewerb. Das Gegenmodell zur Marktwirtschaft ist die Planwirtschaft. – Bei einer sozialen Marktwirtschaft trifft der Staat Vorkehrungen, um negative Auswirkungen des freien Wettbewerbs auf die Bevölkerung zu korrigieren. Das geschieht durch eine entsprechende Sozialpolitik, eine Wettbewerbsordnung sowie weitere flankierende Maßnahmen. So z. B. eine Strukturpolitik für wirtschaftlich unterentwickelte Regionen oder eine Konjunkturpolitik zur Dämpfung von Konjunkturschwankungen. Ziel dieser Maßnahmen ist eine gleichmäßigere Einkommensverteilung, der Schutz sozial schwacher Schichten sowie die Verhinderung von Wettbewerbsverzerrungen durch Monopole oder Kartelle (Bundeskartellamt).

Marshallplan. Auf Anregung des amerikanischen Außenministers George Marshall entwickeltes „Europäisches Wiederaufbauprogramm", das die USA 1947 als Wirtschaftshilfe für das kriegszerstörte Europa einleiteten. Die Westeuropa zufließenden Mittel umfassten Rohstoffe, Maschinen, Nahrungsmittel sowie Kredite und waren die Grundlage eines Neuanfangs. Die Ostblockstaaten lehnten den Marshallplan unter sowjetischem Druck ab und gründeten unter Führung der UdSSR 1949 den Rat für gegenseitige Wirtschaftshilfe (RGW).

NATO (North Atlantic Treaty Organization, Nordatlantikpakt). Angesichts der Ausweitung des sozialistischen Machtbereichs durch die Sowjetunion schlossen sich 1949 12 Staaten Europas und Nordamerikas zum Militärbündnis der NATO zusammen. Heute umfasst das Bündnis, dessen Führungsmacht die USA sind, 28 Staaten. Die Bundesrepublik trat 1955 bei, Frankreich schied 1966 aus der militärischen Integration aus, da es sie als unvereinbar mit seiner Souveränität betrachtete. Die NATO trug während des Ost-West-Konflikts entscheidend zur Stabilität Westeuropas bei und sucht nach Auflösung des Ostblocks 1989/90 ihre Ziele neu zu definieren. Seit dieser Zeit sind auch zahlreiche ehemalige Ostblockstaaten der NATO beigetreten.

Neue Ökonomische Politik (NEP). 1921 von Lenin eingeleitetes Wirtschaftsprogramm, das die katastrophale Lage am Ende des Kriegskommunismus überwinden sollte. Die NEP erlaubte den Bauern den privaten Verkauf ihrer Erzeugnisse, ließ einen freien Binnenhandel zu und kehrte partiell zur Marktwirtschaft zurück. Die Folge war eine beachtliche Erholung der Wirtschaft. Unter Stalin wurden diese marktwirtschaftlichen Elemente wieder beseitigt.

Oder-Neiße-Linie. Auf der Potsdamer Konferenz der Siegermächte des 2. Weltkriegs (USA, Sowjetunion, Großbritannien) 1945 festgelegte Demarkationslinie zwischen Deutschland und Polen. Alle deutschen Gebiete östlich dieser Linie, die entlang der Oder und Lausitzer Neiße verlief, wurden polnischer Verwaltung unterstellt. Die Oder-Neiße-Linie sollte bis zur endgültigen Regelung durch einen Friedensvertrag Bestand haben und wurde mit dem „Vertrag über die deutsche Souveränität" vom 12.9.1990 zur völkerrechtlich verbindlichen Grenze.

Oktoberrevolution. Bolschewistischer Umsturz in Russland am 25. Oktober 1917 (nach westlicher Zeitrechnung der 7. November 1917), der eine gewaltige politisch-soziale Umwälzung einleitete. Der wirtschaftliche und militärische Zusammenbruch des Zarenreichs als Folge des 1. Weltkriegs schuf Mitte 1917 die Voraussetzungen für die Revolution. Bolschewistische Truppen und Arbeitermilizen besetzten die wichtigsten Gebäude von St. Petersburg und erstürmten den Regierungssitz. Unter Führung Lenins übernahm der „Rat der Volkskommissare" die Regierung, die bei Bauern und Soldaten Rückhalt fand. Sofort erlassene Dekrete enteigneten den Großgrundbesitz zugunsten der Bauern, verstaatlichten Banken und Industrie, beseitigten die Pressefreiheit und bereiteten den Friedensschluss mit den Mittelmächten vor.

Osterweiterung der EU. Nach der Auflösung des Ostblocks und dem Ende des Kalten Krieges orientierten sich die osteuropäischen Staaten neu. In zwei Runden – 2004 und 2007 – traten viele dieser Staaten der Europäischen Union bei. Probleme waren dabei sowohl die wachsende Zahl der Mitglieder, was politische Entscheidungsprozesse erschwerte, als auch wirtschaftliche und soziale Unterschiede zwischen den „alten" und den „neuen" EU-Staaten.

Ostverträge. Bezeichnung für mehrere Verträge, die die Bundesregierung unter Bundeskanzler Willy Brandt (SPD) schloss. Hierzu zählen der Moskauer Vertrag mit der Sowjetunion vom 12.8.1970, der Warschauer Vertrag mit Polen vom 7.12.1970 und der Grundlagenvertrag mit der DDR vom 21.12.1972. In diesen Verträgen erkannte die Bundesrepublik die Unverletzlichkeit der polnischen Westgrenze und die Souveränität der DDR an und verzichtete damit auf ihren Alleinvertretungsanspruch. Die Ostverträge waren zwischen der sozial-liberalen Koalition und der CDU umstritten, führten aber zu einer Phase der Entspannung.

Parlamentarischer Rat. Am 1.9.1948 in Bonn zusammengetretene Versammlung, die auf Anordnung der Westmächte eine Verfassung für die Länder der westdeutschen Besatzungszonen ausarbeiten sollte. Der Rat umfasste 65 Mitglieder, welche die 11 Landtage delegiert hatten. Zum Präsidenten des Rats wurde Konrad Adenauer (CDU) gewählt. Am 8.5.1949 verabschiedete der Rat das „Grundgesetz für die Bundesrepublik Deutschland", das am 23.5.1949 feierlich verkündet wurde.

Planwirtschaft. Bezeichnung für ein Wirtschaftssystem, in dem der Staat die gesamte Volkswirtschaft lenkt und kontrolliert. Produktion, Verteilung von Waren und Preisfestsetzung erfolgen nach einem einheitlichen Plan, dessen Erfüllung eine zentrale Planbehörde überwacht. Ein Wettbewerb ist in diesem System nicht vorgesehen und das freie Spiel der Kräfte des Marktes zur Regulierung von Angebot, Nachfrage und Preisen außer Kraft gesetzt. Die Planwirtschaft – auch Zentralverwaltungswirtschaft genannt – ist vor allem in sozialistischen Staaten verbreitet. Das gegensätzliche Modell ist die Marktwirtschaft.

Potsdamer Konferenz. Vom 17.7.–2.8.1945 traten die Regierungschefs der alliierten Siegermächte zur Konferenz von Potsdam zusammen, um die deutsche Nachkriegsordnung zu beraten. Truman (USA), Stalin (UdSSR) und Churchill (Großbritannien) fassten hier wichtige Beschlüsse, die im Potsdamer Abkommen vom 2.8.1945 verankert wurden: Einsetzung eines Alliierten Kontrollrats, Entmilitarisierung, Entnazifizierung, Verfolgung von Kriegsverbrechern, Reparationszahlungen, Übertragung der Verwaltung der deutschen Ostgebiete jenseits der Oder-Neiße-Linie an Polen und die UdSSR (nördliches Ostpreußen), Ausweisung der deutschen Bevölkerung aus den Ostgebieten, Entflechtung der Wirtschaft, Aufbau einer deutschen Selbstverwaltung nach demokratischen Grundsätzen. Die Beschlüsse der Potsdamer Konferenz bestimmten die Deutschlandpolitik nach 1945 entscheidend, wurden jedoch infolge des ausbrechenden Kalten Kriegs und der Gründung beider deutscher Staaten in vielen Bereichen bedeutungslos.

RGW. Rat für gegenseitige Wirtschaftshilfe, auch COMECON (Council for Mutual Economic Assistance) genannt. 1949 von der Sowjetunion und 5 weiteren Ostblockstaaten gegründete Organisation, die als Reaktion auf den von der UdSSR abgelehnten Marshallplan entstand. Die DDR trat 1950 bei. Ziel des RGW war die wirtschaftliche Integration der Ostblockstaaten im Rahmen einer internationalen sozialistischen Arbeitsteilung, basierend auf der Koordination der einzelnen Volkswirtschaftspläne. Die Schwerfälligkeit der Planwirtschaften und die Isolierung des RGW von der wettbewerbsorientierten Weltwirtschaft verhinderten jedoch einen Erfolg. Der Zerfall des Ostblocks und die Ausrichtung der osteuropäischen Staaten auf die Marktwirtschaft führten 1991 zur Auflösung des RGW.

Roll-back-Politik. Der amerikanische Außenminister J. F. Dulles entwarf 1950 ein Konzept, das eine Abkehr von der Politik der Eindämmung vorsah und stattdessen eine aktive Machtpolitik befürwortete. Gestützt auf ihre atomare Überlegenheit, sollten die USA die Sowjetunion „zurückdrängen" (roll back) und die unter sozialistische Herrschaft geratenen Länder befreien (liberation). Das Kriegsrisiko wurde dabei in Kauf genommen. Im Gegensatz hierzu verfolgte Dulles jedoch sowohl beim Aufstand in der DDR (1953) als auch in der Ungarn- und Suezkrise (1956) eine vorsichtige, auf den Status quo gerichtete Politik.

Sowjet (russ. = Rat). In der russischen Oktoberrevolution von 1917 bildeten sich – wie schon zuvor in der Revolution von 1905 – spontane Arbeiter-, Soldaten- und Bauernräte. Sie gerieten rasch unter den Einfluss der Bolschewisten, die mit dem „Rat der Volkskommissare" unter Lenin die Regierungsgewalt übernahmen. 1917 wurde die Russische Sozialistische Föderative Sowjetrepublik gegründet, 1922 konstituierte sich die Union der Sozialistischen Sowjetrepubliken (UdSSR). Dem Staatsaufbau lag seither das Rätesystem (Räterepublik) zugrunde, dessen Spitze der Oberste Sowjet bildete. Dieses Parlament wurde alle vier Jahre gewählt, wobei die Bevölkerung lediglich den Kandidaten der Kommunistischen Partei und Vertretern der von ihr beherrschten Organisationen zustimmen konnte.

Sozialismus. Im 19. Jh. entstandene politische Bewegung, die bestehende gesellschaftliche Verhältnisse mit dem Ziel sozialer Gleichheit und Gerechtigkeit verändern will. Als Mittel hierzu dient die Überführung der Produktionsmittel in Gemeineigentum, die Einführung einer Planwirtschaft und die Beseitigung der Klassenunterschiede. Seit Ende des 19. Jh. bildeten sich gemäßigte und radikale sozialistische Richtungen, deren Ziele von einer Reform der kapitalistischen Wirtschaftsweise bis zum Umsturz der auf ihr beruhenden Gesellschaftsordnung reichten. Nach 1945 unterschied man den rea-len Sozialismus, wie ihn die Ostblockstaaten praktizierten, und den demokratischen Sozialismus, wie ihn die sozialdemokratischen und sozialistischen Parteien der westlichen Welt vertreten. In der marxistischen Theorie bildet der Sozialismus das Übergangsstadium vom Kapitalismus zum Kommunismus.

SS (Schutzstaffel). Elite- und Terrororganisation der Nationalsozialisten, die 1925 mit Sicherungsaufgaben der NSDAP und ihres „Führers" Adolf Hitler betraut wurde. Unter der Leitung von Heinrich Himmler stieg sie nach 1933 zu einem starken Machtfaktor im nationalsozialistischen Deutschland auf. Als Himmler 1936 zugleich Chef der Polizei wurde und die Geheime Staatspolizei (Gestapo) mit ihrem Spitzelsystem übernahm, verfügte die SS über eine erhebliche Macht im Staat. Während des 2. Weltkriegs übernahmen besondere SS-Verbände zunehmend militärische Aufgaben (Waffen-SS). Als Herrschaftsinstrument der Nationalsozialisten verübte die SS zahlreiche Verbrechen. Vor allem ist sie verantwortlich für die brutale Verfolgung politischer Gegner (Konzentrationslager) und den millionenfachen Mord in den Vernichtungslagern. Der Nürnberger Gerichtshof stufte die SS als „verbrecherisch" ein.

Minilexikon

Stalinismus. Von Stalin begründetes Herrschaftssystem, das sich der Gewalt und des Terrors bediente. Seinen Ausgangspunkt fand der Stalinismus in der von Stalin propagierten Auffassung vom „Aufbau des Sozialismus in einem Land". Diese Theorie erforderte vor allem eine schnelle Industrialisierung und ein brutales Terrorregime. Gleichzeitig prägte ein ausgesprochener Personenkult Stalins Herrschaftszeit von 1927 bis 1953. Die vom XX. Parteitag der KPdSU 1956 propagierte Entstalinisierung reduzierte den Stalinismus weitgehend auf die Person Stalins, sodass wesentliche Prinzipien wie das Wahrheitsmonopol der KP, die Ausschaltung jeglicher Opposition, aber auch Elemente des Personenkults bis in die 1980er-Jahre erhalten blieben. Das politische System des Stalinismus wurde auf alle anderen sozialistischen Staaten übertragen und blieb bis zum Ende des Sozialismus ein bestimmendes Strukturprinzip dieser Staaten, auch wenn der Terror bei weitem nicht solche Dimensionen erreichte wie zur Zeit Stalins.

Truman-Doktrin. Außenpolitische Leitlinie der USA im Kalten Krieg, die auf einer Kongressbotschaft des amerikanischen Präsidenten Harry S. Truman (1945–52) vom 12.3.1947 basierte. Unter dem Eindruck der sowjetischen Expansionspolitik versprachen die USA, „alle freien Völker zu unterstützen, die sich Unterjochungsversuchen durch bewaffnete Minderheiten oder auswärtigem Druck widersetzen". Diese Eindämmungspolitik der USA sollte von einer massiven Militär- und Wirtschaftshilfe begleitet werden und eine sozialistische Infiltration der westlichen Welt verhindern.

Vereinte Nationen (United Nations Organization, UNO). Gestützt auf die Atlantik-Charta gründeten 51 Nationen am 26.6.1945 in San Francisco die UNO. Die Organisation soll den Welt-frieden sichern und die Achtung der Menschenrechte gewährleisten. Die UNO verfügt über fünf Hauptorgane: Zentrale Beratungsinstanz ist die Generalversammlung, die aus den Vertretern der Mitgliedstaaten besteht. Sie wählt die nichtständigen Mitglieder des Sicherheitsrats, den Wirtschafts- und Sozialrat sowie den Generalsekretär. Ihre Entschließungen haben den Charakter von Empfehlungen. Der Sicherheitsrat entscheidet über Maßnahmen zur Friedenssicherung. Er umfasst 5 ständige Mitglieder mit Vetorecht (USA, Russland, VR China, Großbritannien, Frankreich) sowie 10 nichtständige Mitglieder. Weitere Organe sind der Wirtschafts- und Sozialrat, der Internationale Gerichtshof in Den Haag sowie der Generalsekretär als ausführende Instanz. Zahlreiche Sonderorganisationen nehmen sich weiterer Aufgaben der UNO an, vor allem im Bereich der Entwicklungshilfe, der Bildung und Kultur sowie der Gesundheit.

Vertrag von Maastricht. Der in Maastricht beschlossene „Vertrag über die Europäische Union", der 1993 in Kraft trat, ergänzte die bisherige Europäische Gemeinschaft (EG) grundlegend. Neben der Vollendung des zollfreien Binnenmarktes sieht er eine vertiefte europäische Integration vor, die durch folgende Maßnahmen erreicht werden soll: Errichtung einer Wirtschafts- und Währungsunion (bereits erfolgt), gemeinsame Außen- und Sicherheitspolitik, Zusammenarbeit in der Innen- und Rechtspolitik, in der Umwelt- und Sozialpolitik.

Vietnamkrieg. Nach dem Zweiten Weltkrieg rief die Unabhängigkeitsbewegung Vietminh die Demokratische Republik Vietnam aus. Die Niederlage der französischen Kolonialmacht 1954 führte zur Teilung des Landes in Südvietnam, das von den USA, und Nordvietnam, das von der Sowjetunion und China unterstützt wurde. Als die „Nationale Front zur Befreiung Südvietnams" („Vietcong") versuchte, die Regierung im Süden zu stürzen, griffen die Amerikaner offen in den Konflikt ein und sendeten ab 1965 Truppen nach Vietnam. Diese militärische Aktion erwies sich jedoch als Fehlschlag. Erst 1973 zogen die US-Truppen nach einem mühsam ausgehandelten Waffenstillstandsabkommen ab. Nach der Eroberung des Südens durch den Norden 1975 vereinigten sich Süd- und Nordvietnam 1976 zur Sozialistischen Republik Vietnam.

Volksdemokratie. Bezeichnung für sozialistische Herrschaftssysteme, die nach 1945 vor allem in den osteuropäischen Staaten des sowjetischen Machtbereichs errichtet wurden. Während die Einrichtungen einer parlamentarischen Demokratie äußerlich fortbestanden, herrschte in Wirklichkeit die kommunistische Partei, die das gesamte gesellschaftliche und wirtschaftliche Leben bestimmte. Zu den Merkmalen der Volksdemokratie zählen Vergesellschaftung der Produktionsmittel (Kollektivierung, Planwirtschaft) und das Herrschaftsmonopol der kommunistischen Partei, der sich vielfach weitere Parteien im Rahmen eines Blocks unterordnen (Einheitsliste). In der marxistisch-leninistischen Theorie sichert die Volksdemokratie den Übergang vom Kapitalismus zum Sozialismus.

Währungsreform. Im Zweiten Weltkrieg hatte sich die umlaufende Geldmenge durch Rüstungs- und Kriegsfinanzierung derart aufgebläht, dass nach dem Krieg eine Inflation drohte. Um die Geldstabilität wieder herzustellen, wurde in den westlichen Besatzungszonen im Juni 1948 eine Währungsreform durchgeführt. Die inzwischen wertlose Reichsmark wurde durch die Deutsche Mark (DM) ersetzt. Die Sowjetunion nahm den Währungsstreit zum Anlass für die Berlin-Blockade, die von Juni 1948 bis Mai 1945 währte.

Warschauer Pakt. 1955 in Warschau gegründetes Militärbündnis, dem 7 Ostblockstaaten unter Führung der Sowjetunion angehörten. Albanien trat 1968 aus. Der Pakt entstand als Reaktion der UdSSR auf den Beitritt der Bundesrepublik zur NATO und beide Militärblöcke prägten nachhaltig den globalen Ost-West-Konflikt. Das Bündnis erwies sich rasch als Herrschaftsinstrument der Sowjetunion, die 1956 den Volksaufstand in Ungarn niederschlug. 1968 marschierten Truppen des Warschauer Pakts in die Tschechoslowakei ein und beendeten die Reformbewegung des „Prager Frühlings". Mit der deutschen Vereinigung verließ 1990 die DDR den Warschauer Pakt, der sich nach Zerfall des Ostblocks 1991 auflöste.

Westintegration. Bezeichnung für die Einbindung der neu gegründeten Bundesrepublik in wirtschaftliche und politische Organisationen und Bündnisse wie die Europäische Wirtschaftsgemeinschaft (EWG) und den Nordatlantik-Pakt (NATO). Darüber hinaus hatte dies eine gesellschaftliche und kulturelle Orientierung an den USA und Westeuropa zu Folge. Die von Bundeskanzler Konrad Adenauer (CDU) nachdrücklich betriebene Politik war innenpolitisch heftig umstritten, da die Befürchtung bestand, dass dadurch die Vereinigung der beiden deutschen Staat erschwert, ja unmöglich gemacht würde.

Widerstand. Sammelbegriff für alle Maßnahmen und Handlungen, die gegen die Regierung oder die Staatsgewalt gerichtet sind. Neuere Forschungen zum Widerstand im Dritten Reich unterscheiden verschiedene Formen, die vom unangepassten Verhalten über den Protest bis hin zum Attentat reichen konnten.

Register

11. September 2001 35, 158 f.
14-Punkte-Plan 6

Abrüstung 22, 28 f., 33, 57, 104
Abschreckung, Abschreckungsstrategie 30, 161
Abtreibung 97
Achtundsechziger-Bewegung 96 f., 163
Adenauer, Konrad 66, 68, 70, 73, 76 f., 96
Afghanistan 29, 129 f., 132, 146 f., 158 f.
Agenda 2010 130, 132
Aggression, Aggressor 6, 8, 10, 13, 16, 19, 26, 30, 38
Alleinvertretungsanspruch 77
Allianz für Deutschland 123 f.
Alliierte (s. auch Siegermächte) 7, 10, 48, 54–57, 60 f., 64, 66, 68, 77, 96, 134
Alliierter Kontrollrat 54 f., 57
Alltag, Alltagsgeschichte, Alltagskultur 80–84, 92–94, 119, 146
al-Qaida 35, 158
Amerikanisierung 81 f.
Analphabetismus 155
Annexionen 6, 50
Antifaschismus 55, 58, 61, 66, 84, 87
Anti-Hitler-Koalition (s. auch Alliierte, Siegermächte) 6 f., 9
Antikommunismus, Antibolschewismus 6, 23, 76, 79, 124
APO, Außerparlamentarische Opposition 96, 98
Arabischer Frühling 160, 163
Arbeit, Arbeiter(klasse), Arbeiterbewegung 15, 55 f., 58 f., 70 f f., 74, 84 f., 92, 94, 97, 101, 103, 105, 129
Arbeitslosigkeit, Arbeitslose 35, 96, 98, 128, 155, 162
Armut 33, 49, 57, 107
Atlantik-Charta 12
Atombombe, Atomwaffen 17 ff., 22, 28, 30, 38, 99, 101
Atomkraft 15, 99, 101, 130, 132, 141
Atomwaffen-Sperrvertrag 22
Attentate 35, 97, 158 f.
Aufarbeitung 96, 108, 129, 132
Aufrüstung 22, 28 ff., 76, 104, 146
Aufstand, Aufstände 17 f., 20 f., 84 ff., 92, 98, 111 f.
Ausbeutung 8, 25, 99
Ausbürgerung 103
Auschwitz, Auschwitz-Prozess 96, 156
Ausreise, Ausreiseantrag 28, 103 f., 118, 120 ff.
Ausstellungen 52 f.
Auto, Automobilindustrie 80, 94, 104, 106
Autonomie s. Unabhängigkeit

Bahr, Egon 88
Balance of Power s. Gleichgewichtspolitik
Balkan 9, 129, 144, 157
Beamte 61
Befreiung 7, 21, 26, 46
Beitritt (zur Bundesrepublik) 65, 76 f., 120, 123
Berlin-Blockade 56, 64
Berliner Mauer 64, 86–89, 93, 100, 102, 111, 120, 122, 129, 134, 149
Besatzung, Besatzungsmächte, Besatzungszonen 16, 54–58, 60–64, 66, 68, 77 f., 88, 92
Besatzungsstatut 66, 68
Betriebsverfassungsgesetz 97
Bevölkerungsbewegungen 49 f.
bin Laden, Osama 158
Binnenmarkt 141
Bipolarität s. Ost-West-Konflikt, Blockbildung
Bizone 55
Blauhelmeinsatz 13
Blockade 12, 14, 22, 56, 64, 94, 96
Blockbildung, Blockkonfrontation 38, 77

Blockfreiheit 146, 152, 155
Blockparteien 84, 128
Bodenreform 56, 64, 92
Bolschewiki, Bolschewismus 6
Bombenkrieg 23, 26, 44, 48
Bonn 64, 67 f., 99, 101
Botschaftsflüchtlinge 120 f.
Boykott 147
Brandenburger Tor 42, 87, 149
Brandt, Willy 42, 64, 96 ff., 102
Breschnew-Doktrin 24 f., 148
BRIC-Staaten 160
Brüssel 143 f.
Bundeskanzler 28 f., 64 ff., 68, 70, 73, 78, 96, 98 f., 102, 122, 128, 130, 158 f.
Bundesländer 54, 65, 128 f.
Bundespräsident 65 f.
Bundesrepublik Deutschland 17, 28 f., 64–74, 76 ff., 80 f., 84, 86 f., 93 f., 96–102, 112, 120–123, 128–134, 140 f.
Bundestag 66, 70, 73, 78, 80, 96 f., 99, 129 f., 158
Bundesverfassungsgericht 70, 129
Bundeswehr 76 f., 80, 84, 123, 129, 132, 158
Bündnis 90 73, 123 f., 130, 156
Bündnisse, Bündnispolitik 6, 8, 17, 22, 30, 32 f., 38, 55, 76 f., 84, 126, 134, 140, 153, 158
Bündnisfall 158
Bürgerinitiativen 101
Bürgerkrieg 6, 13, 144, 155, 160, 164
Bürgerrechte 6, 104
Bürgerrechtler 28, 122 f., 125, 129, 148
Bush, George H. W. (sen.) 34, 126 f.
Bush, George W. (jun.) 33, 118, 158 f., 161

CARE, Cooperative for American Remittances to Europe 45
Castro Ruz, Fidel 22
CDU, Christlich Demokratische Union Deutschlands 55, 64, 66, 70 f., 73, 76, 78 f., 84, 96–99, 123, 128, 130, 133 f.
Charta 77 148
Charta der Vereinten Nationen 12, 14, 100
China 12, 16 f., 19, 22, 26, 27, 125, 146, 160, 162
Chruschtschow, Nikita Sergejewitsch 22, 86
Churchill, Winston Leonard Spencer 7, 9, 12, 54, 57, 140
CIA, Central Intelligence Agency 85
Clinton, William Jefferson Blythe („Bill") 19, 21, 35
Containment 8, 38, 161
Cordon sanitaire 9
ČSSR s. Tschechoslowakei
CSU, Christlich Soziale Union 55, 64, 70 f., 73, 80, 97 ff., 128, 130, 133

DAF, „Deutsche Arbeitsfront" 62
Dayton-Abkommen 152
DBD, Demokratische Bauernpartei Deutschlands 84
DDR, Deutsche Demokratische Republik 17, 28, 61, 64, 66, 68 f., 77, 84–95, 97–100, 102–108, 110–131, 134, 142, 146 ff.
Demilitarisierung 54, 57
Demokratie 10, 12, 20, 24, 54 f., 61, 64 f., 68, 70 f., 73, 97, 121, 125, 134, 143, 147, 159 f.
Demokratischer Aufbruch 124
Demonstrationen 17, 20, 24, 29, 66, 76, 84 f., 90, 96 f., 112, 121–125, 148
Demontage 54, 71
Deutsche Frage 57, 126, 149
Devisen 104
DGB, Deutscher Gewerkschaftsbund 72
Diktatur 12, 23, 45, 55, 64, 70, 96, 108, 125
Diskriminierung 67, 100
Displaced Persons 49
DKP, Deutsche Kommunistische Partei 73
D-Mark, Deutsche Mark 56, 104, 122 f.
Dollar 7 f., 104

Domino-Theorie 23
Dresden 44, 56, 85, 121
Dritter Weg 155
„Drittes Reich" 130
Dubček, Alexander 24
Dutschke, Rudi 97

EG, Europäische Gemeinschaft 141 f., 152 f.
EGKS, Europäische Gemeinschaft für Kohle und Stahl s. Montanunion
Eindämmungspolitik s. Containment
Einheitsfront 55
Einigungsvertrag 123
Einwanderung 144
Eiserner Vorhang 9, 66, 141, 148
Embargo 22
Emigration, Emigranten 81, 92
England s. Großbritannien
Enteignung 56, 92
Entmilitarisierung 54, 57
Entnazifizierung 54 f., 60 ff.
Entspannung, Entspannungspolitik 22, 24, 28, 38, 102, 134
Entstalinisierung 86
Entwicklungsländer 13
ERASMUS-Programm 143
Erdöl 33 f., 98 f., 144
Erhard, Ludwig 71, 96
ERP, European Recovery Program s. Marshallplan
Erster Weltkrieg s. Krieg
EU, Europäische Union 123, 129 f., 140–145, 153, 162, 164
EURATOM, Europäische Atomgemeinschaft 141
Euro 130, 143
Europäische Kommission 142 f.
Europäische Menschenrechtskonvention 140
Europäischer Gerichtshof 143
Europäischer Rat 142 f.
Europäischer Rechnungshof 143
Europäisches Parlament 139, 142 f.
Europarat 77, 140
EVG, Europäische Verteidigungsgemeinschaft 76 f., 140
EWG, Europäische Wirtschaftsgemeinschaft 70, 77, 141, 164
Exil, Exilanten 7, 81
Expansion, Expansionspolitik 6, 8, 127
EZB, Europäische Zentralbank 130

Faschismus (s. auch Nationalsozialismus, NSDAP) 10, 58, 84 f., 156
FDJ, Freie Deutsche Jugend 93, 105
FDP, Freie Demokratische Partei 29, 55, 66, 70, 73, 96–99, 128, 130
Feindbilder 11, 155
Fernsehen 80, 93 f., 102, 107 f., 122, 144
Film 81, 93, 102, 116–119
Finanzkrise 130
Fischer, Joseph („Joschka") 130, 156 f.
Flucht, Flüchtlinge 46, 48 ff., 54, 56, 72, 85–88, 92, 112, 120 f., 134
Föderalismus 65, 152 f.
Folter 159
Fortschritt 38, 77, 84, 149
Frankfurter Dokumente 64
Frankreich 7, 12, 22, 33, 76 f., 125 ff., 140 f., 159
Frauen, Frauenbewegung, Frauenrechte 26, 44, 47 f., 51, 67, 97, 101, 103, 107
Freiheitsrechte 6, 10, 14, 17, 23, 26, 28, 31, 81, 111, 118, 122, 124, 147, 161, 163 f.
Frieden 6, 12 ff., 19, 26, 30 f., 38, 54, 57, 60, 78, 100 f., 104 f., 140, 144, 152 f., 156, 164
Frieden von Brest-Litowsk 6
Friedensbewegung 29, 101, 104, 112, 114
Friedensnobelpreis 98
Fünf-Prozent-Klausel 70, 99

173

Register

Gandhi, Mahatma 125
Gastarbeiter 72
Gazprom 33
Generalstreik 84
Genozid s. Völkermord
Gerechtigkeit 14, 21, 26, 74, 124, 163
Geschlechterrollen 83
Gestapo, „Geheime Staatspolizei" 60
Getto 98
Gewerkschaften 55, 72, 148
Glasnost 104, 147
Gleichberechtigung 14, 67, 72, 100, 103f., 147
Gleichgewichtspolitik 27, 29, 127
Gleichheit 31, 100, 146
Globalisierung 132
Godesberger Programm der SPD 70
Goebbels, Joseph 60
Golfkriege s. Krieg
Gorbatschow, Michail Sergejewitsch 29, 32f., 104, 123, 126, 134, 147ff., 164
Großbritannien 7, 10, 12, 54, 126f., 141, 159
Großgrundbesitz 56
Grotewohl, Otto 55, 58, 66, 68
Grundgesetz 64f., 67, 70, 120, 123
Grundlagenvertrag 98, 100, 102, 134
Grundordnung 98, 134
Grundrechte 65, 81, 96
GRÜNE 73, 99, 101, 130, 132f., 156f.
Gruppe 47 81
Guantánamo 159
Guerilla 23
GUS, Gemeinschaft Unabhängiger Staaten 32, 148

Hallstein-Doktrin s. Alleinvertretungsanspruch
Havel, Václav 148
Hegemonie s. Vorherrschaft
Herrschaft 6, 16, 46, 70, 85f., 104, 110f., 120, 125, 160
Heuss, Theodor 66
Hiroshima 101
Hitler, Adolf 38, 58, 60, 92
Hitler-Stalin-Pakt 6
HO, Handelsorganisation 92, 94
Ho Chi Minh 22, 26
Holocaust 132
Honecker, Erich 28, 88f., 92, 99, 102, 105, 107, 115, 121, 127, 147
Humanismus 105, 107
Hunger (s. auch Armut) 44, 46f., 58

Ideologie 18, 104, 110, 152
IM, Inoffizieller Mitarbeiter des MfS 110
Imperialismus 6, 8, 10, 19, 25f., 94, 105
Indien 160, 162
Inflation 56
Innere Emigration 81
Integration 49, 72f., 76ff., 134, 140, 164
Integrität 26, 31f., 100
Intellektuelle 20, 103, 149
Internationalismus 105
Internet 15, 35, 91
Intershop 102
Intervention 87, 147
Invasion 9, 19, 22
Irak-Krieg s. Krieg
Islam 142, 146f., 152f., 155, 158, 164
Islamismus 35, 158
Isolationismus 6
Italien 72, 77, 80, 140f.
IWF, Internationaler Währungsfonds 15

Jalta s. Konferenz
Japan 10, 16, 19, 35, 162
Jelzin, Boris 32f., 148
Johnson, Lyndon B. 26, 88
Jugendweihe 104f.
Jugoslawien-Kriege s. Krieg
Justiz 61, 96, 98, 110, 163

Kádár, János 18, 21
Kalter Krieg 6, 8, 10, 16, 18, 22, 24, 29, 32ff., 38, 64, 66, 140, 142, 155f., 161, 164, 166
Kanzlerdemokratie 70, 73
Kapital, Kapitalismus 6, 25, 72, 84, 94, 155
Kapitulation 16
Karikaturen 11, 25, 36f., 133, 145
katholische Kirche, Katholizismus 49, 55, 105
Kennedy, John f. 22, 27, 100
Kiesinger, Kurt Georg 96
King, Martin Luther 125
Klassen, Klassengesellschaft, Klassenkampf 6, 94, 105, 112, 132
Klima, Klimaschutz (s. auch Umwelt) 35
Kohl, Helmut 99, 122f., 126, 128
Kollektiv, Kollektivierung 92, 103, 110, 131
Kolonialismus, Kolonien 22
Kommunisten (s. auch KPD) 6, 8ff., 16, 20, 22–26, 47, 55, 58f., 66, 76f., 84, 92, 100, 146ff., 152, 155, 160
Konferenz
– von Jalta 7, 9f.
– von Potsdam 48, 54, 57, 64
– Sechs-Mächte-Konferenz 64
Konkurrenz 10, 128
Konsum, Konsumgesellschaft 74, 80, 84, 92, 94, 101f., 104, 122
Konterrevolution 84
Konzentrationslager s. KZ
Koreakrieg s. Krieg
Korruption 23, 146, 160
Kosovo 132, 153, 155f.
KPD, Kommunistische Partei Deutschlands 54ff., 58f., 64, 70, 73, 92
KPdSU, Kommunistische Partei der Sowjetunion 10, 25, 84, 86, 102, 104, 147
Kredit 8, 71, 99
Krenz, Egon 121, 126
Krieg
– Erster Weltkrieg 6, 58, 152
– Golfkriege 34, 161
– Indochinakrieg 22, 27
– Irak-Krieg 13, 33f., 130, 132, 159
– Jugoslawien-Kriege 152–157, 164
– Koreakrieg 16–19, 38, 76, 162
– Tschetschenien-Krieg 32
– Vietnamkrieg 22f., 26f., 38, 96, 125
– Zweiter Weltkrieg 12, 27, 32, 38, 54, 76, 123, 140, 146, 152, 157, 164
Kriegsentschädigungen s. Reparationen
Kriegsgefangene, Kriegsgefangenschaft 44, 48f., 62, 77
Kriegsverbrechen 26, 60f., 63, 153, 157
KSZE, Konferenz über Sicherheit und Zusammenarbeit in Europa 28f., 104
Kuba, Kuba-Krise 18, 22, 24, 28, 38, 125, 159
Kuwait 13, 34, 159
KZ, Konzentrationslager 46, 49, 61, 96

Lastenausgleich 72
LDPD, Liberal-Demokratische Partei Deutschlands 55, 84
Leipzig 93, 112, 121, 124
Lenin (Wladimir Iljitsch Uljanow) 6, 118, 149
Liberalismus, Liberale 54, 64, 97
Linke, Linkspartei 73, 133, 156
LPG, Landwirtschaftliche Produktionsgenossenschaft 92
Luftbrücke 56

„**M**achtergreifung", „Machtübernahme", Machtübergabe 92
Maizière, Lothar de 123
Manipulation 10
Markt, Marktwirtschaft 10, 32, 64, 70f., 74, 77, 128, 134, 142, 163

Marshallplan (ERP, European Recovery Program) 8, 11, 71, 134
Massenmedien 52, 80, 108, 111, 124, 143
Massenvernichtungswaffen 17ff., 22, 28, 30, 38, 99, 101, 159, 161
Mauer s. Berliner Mauer
Medien s. Massenmedien
Menschenrechte 12, 14, 28, 31, 38, 77, 100f., 124, 140, 153, 159
Mentalitäten 129
Merkel, Angela 130, 133
MfS, Ministerium für Staatssicherheit (der DDR) s. Staatssicherheitsdienst
Ministerrat der DDR 122
Ministerrat der EU 142
Misstrauensvotum 65, 99
Mitläufer 45, 61
Mittelstreckenraketen 22, 29
Mitterrand, François 127
Mobilität 72
Modrow, Hans 122
Montagsdemonstrationen 121, 124
Montanunion (EGKS, Europäische Gemeinschaft für Kohle und Stahl) 77, 140f.
Muslime s. Islam

Nagy, Imre 18, 20f.
Napalm 5, 23, 26
Nationalbewegung 69
Nationale Front 26, 64
Nationalfeiertag 120
Nationalflagge 69
Nationalhymne 69, 102
Nationalitätenkonflikte 147
Nationalsozialismus, Nationalsozialisten (s. auch Faschismus, NSDAP) 12, 16, 46, 48f., 55f., 60, 65, 96, 132
Nationalstaat 164
Nationalversammlung 77
NATO, North Atlantic Treaty Organization 8, 17, 29f., 32f., 38, 70, 77, 123, 126, 129, 140, 152f., 156ff.
NATO-Doppelbeschluss 29
NATO-Russland-Rat 33
NDPD, National-Demokratische Partei Deutschlands 84
Neofaschismus, Neonazismus 156
Neues Forum 121, 124
Neutralität (s. auch Blockfreiheit) 126, 142, 161
Nichtangriffspakt s. Hitler-Stalin-Pakt
Notstandsgesetze 96
NSDAP, „Nationalsozialistische Deutsche Arbeiterpartei" 60f.
Nürnberger Prozesse 60f.
NVA, Nationale Volksarmee der DDR 84, 112

Oder-Neiße-Grenze 48, 54, 123
Ohnesorg, Benno 97
Ökologie s. Umwelt
Ölkrise 98f.
Olympische Spiele 81, 147
Opposition, Oppositionelle 23, 78, 92, 96, 98, 104, 110, 112, 120ff., 124f., 134
Oral History 108
„Ossis" 131
Ostalgie 118
Österreich 60, 120, 141f., 148
Ostpolitik, Ostverträge 97–100, 134
Ost-West-Konflikt 12, 18, 34, 66, 87, 134, 140, 142, 153, 155
Out-of-Area-Einsatz 129

Papen, Franz von 60
Papst(tum) 26
Pariser Verträge 77f.
Parlament, Parlamentarismus 9, 142f.
Parlamentarischer Rat 64f., 67
Paulskirche (Frankfurt am Main) 66

Pazifismus 99
PDS, Partei des Demokratischen Sozialismus 73, 128 f.
Pearl Harbor 35
Perestroika 104, 147, 149
Persilschein 61
Petersberger Abkommen 76
Pieck, Wilhelm 55 f., 66
Planwirtschaft 84, 92, 103 f., 128
Plebiszit s. Volksabstimmung
Polen 6 f., 9 f., 17, 32, 50, 57, 86, 97 f., 104, 123, 134, 141, 146 ff.
Politbüro der SED 85 f., 106, 121
Potsdamer Abkommen s. Konferenz
Prager Frühling 22, 24 f., 148
Pressefreiheit 10, 24, 28, 81
Privatisierung 33, 128
Proletariat s. Arbeiter(klasse)
Propaganda 6, 8, 88, 103, 107
Putin, Wladimir 32 f., 160
Putsch 85, 148

RAF, Rote-Armee-Fraktion 98
Rassismus 156
Reagan, Ronald Wilson 5, 29 f., 149
Rechtsradikalismus 124
Rechtsstaat 65, 110, 144
Reeducation 61
Reformen 18, 22, 24, 32, 38, 56, 64, 86, 92, 94, 97, 104, 121 f., 125, 130, 132, 134, 143 f., 147 f., 164
Reichstag 128
Remilitarisierung s. Wiederbewaffnung
Reparationen 71
Revolution 6, 22, 102, 104 f., 112, 122, 124 f., 160
Richtlinienkompetenz 70
Rituale 105
Römische Verträge 77, 141
Roosevelt, Franklin Delano 6 f., 12
Rote Armee 6 f., 48 f., 98
Runder Tisch 122
Russland 6, 9, 12, 19, 27, 32 ff., 47, 148, 160, 162
Rüstungskontrolle s. Abrüstung
Rüstungswettlauf s. Aufrüstung

Sachsen 46, 50, 55, 112, 121, 131
Saddam Hussein 33 f., 159
SALT, Strategic Arms Limitation Talks 28
Sarajewo 152 f.
Satellitenstaaten 7, 17, 26, 144, 146
„Säuberungen" 60, 152 f.
SBZ, Sowjetische Besatzungszone 54 ff., 58, 61, 66, 68, 110
Schauprozess 18
Schießbefehl 89, 129
Schlussakte von Helsinki s. KSZE
Schmidt, Helmut 28 f., 96, 98, 99
Schröder, Gerhard 130, 132, 157 ff.
Schuld, Schuldfrage 51, 60 f., 63
Schuldenkrise s. Verschuldung
Schumacher, Kurt 58
Schuman, Robert 77
Schutzzonen 153
Schwarzmarkt 44, 106
SDI, Strategic Defense Initiative 29 f.
Sechs-Mächte-Konferenz s. Konferenz
SED, Sozialistische Einheitspartei Deutschlands 55, 58 f., 66, 84–87, 92 f., 102 ff., 106, 110 ff., 120 f., 125, 128, 134, 147
Sektoren 54 f., 86 f.
Selbstbestimmungsrecht 6 f., 12, 14, 68, 100, 120, 124
Serbien 141 f., 152 f., 155
Shoah s. Holocaust
Sicherheitsrat der Vereinten Nationen 12 ff., 16, 158, 160
Siegermächte (s. auch Alliierte) 60, 123
Solidarität 124, 158

Solidaritätszuschlag 129
Solidarność 104, 148
Souveränität 24 ff., 31 f., 41, 65, 76 ff., 96, 98, 100, 123, 127, 129, 140
Sowjetunion s. UdSSR
Sozialdemokratie s. SPD
Soziale Marktwirtschaft s. Marktwirtschaft
Sozialismus, Sozialisten 24 f., 84, 93, 102–105, 124, 149, 155
Sozialpolitik 12 ff., 35, 70, 72, 74, 102, 107, 129 f.
SPD, Sozialdemokratische Partei Deutschlands 29, 54 f., 58 f., 64, 67, 70, 78 f., 92, 96–99, 123, 130, 132, 134
Spiegel-Affäre 80
Springer-Presse 97
Spruchkammerverfahren 61 f.
Staatssicherheitsdienst der DDR (MfS, „Stasi") 84, 88, 90, 104, 106, 110 ff., 114, 116 ff., 121, 129
Stalin (Jossif Wissarionowitsch Dschugaschwili) 6 f., 9, 54, 57, 76, 84, 86
Stalinismus 17, 86, 103, 118
Stalin-Note 76 f.
Steuer 27, 74, 129, 144
Strauß, Franz Josef 80 f.
Streik 66, 72, 84 f., 147
Studentenbewegung 96 f.
Stunde Null 44 f.
Sudetendeutsche 48, 50, 57
Supermächte 22, 24, 28, 32 f., 38, 141

Taliban 158 f.
Terror 10, 26, 48, 58, 86,
Terrorismus 13, 35, 98, 130, 134, 158 f., 161, 164
Thatcher, Margaret 127
Tito (Josip Broz) 152, 155
Totalitarismus 10, 110, 118
Trabant 94, 104
Treuhandanstalt 128
Truman, Harry S. (Truman-Doktrin) 8 ff., 17, 19, 54, 57
Trümmerfrauen 44 f.
Tschechoslowakei 9, 17, 22, 24, 32, 38, 50, 57, 97, 146, 148
Tschernobyl 99
Tschetschenien-Krieg s. Krieg
Türkei 22, 142, 144, 156, 162

UdSSR, Union der Sozialistischen Sowjetrepubliken 6–11, 16 ff., 20 ff., 24 f., 28 f., 32, 34, 38, 44, 48, 54–58, 61, 64, 66, 68, 76 f., 84 ff., 92, 97, 100, 123, 125 f., 129, 134, 140, 146–152
Ukraine 142
Ulbricht, Walter 85 f., 92 ff., 102
Ultimatum 22
Umsiedlung, Umsiedler 48, 50, 56
Umwelt, Umweltschutz 35, 99 ff., 104, 124, 128, 130, 132
Unabhängigkeit, Unabhängigkeitsbewegungen 16, 18 f., 22, 26, 31 f., 68, 100, 148, 152, 163
UNESCO, United Nations Educational Scientific and Cultural Organization 15
Ungarn, Ungarnaufstand 17 f., 20 f., 32, 38, 80, 86, 104, 112, 120, 146, 148
UNICEF, United Nations International Children's Emergency Fund 13, 15
UNO, United Nations Organization 12–16, 33, 38, 100, 102, 153, 158 f., 164
USA, United States of America 6–12, 16–19, 22 ff., 26–30, 32–36, 45 f., 54 ff., 61, 64, 77, 100, 123, 126 f., 146 f., 153, 158–161

VEB, Volkseigener Betrieb 92
Verbände 55, 101
Vereinigte Staaten von Amerika s. USA
Vereinte Nationen s. UNO

Verfassung 64–68, 70, 102, 105, 123, 125, 128, 143 f., 164
Vergangenheitsbewältigung 45, 155
Verschuldung 104, 130, 160
Verschwörung 21, 85
Verstaatlichung 64
Vertrag
 – von Lissabon 143
 – von Maastricht 130, 142
 – Zwei-plus-Vier-Vertrag (V. über die abschließende Regelung in Bezug auf Deutschland) 123, 126
Vertreibung, Vertriebene 48–51, 54, 57, 72, 92, 152, 156
Veto, Vetorecht 12, 77
Vietcong 23
Vietnam, Vietnamkrieg s. Krieg
Völkerbund 12
Völkermord 156
Völkerrecht 12, 14, 31, 123, 129
Volksabstimmung 64
Volksdemokratie 21
Volkskammer der DDR 66, 68, 84, 111, 123 f.
Volkskongress 66, 68
Volkspartei 70, 130
Volkspolizei 84 ff., 88
Vollbeschäftigung 72, 103
Vorherrschaft 86, 146
Vorparlament 66

Wachstum 35, 92, 94
Wahlen, Wahlrecht 7, 10, 33, 54, 64, 68, 73, 85, 97–100, 111, 120, 122 ff., 128, 130, 134, 143, 147
Währungsreform 56
Währungsunion 123, 142
Wałęsa, Lech 148
Warschauer Getto/Aufstand 98
Warschauer Pakt (Warschauer Vertragsorganisation) 8, 17 f., 21, 24, 32, 38, 84, 140, 146, 148
Wehrmacht 7, 21, 44, 60, 77
Wehrpflicht 76
Weimarer Republik 54, 65 f., 70, 72, 96
Weizsäcker, Richard von 149
Welthandel, Weltmarkt 6, 13, 15, 104, 162
Weltrevolution 6
Weltsicherheitsrat s. Sicherheitsrat der Vereinten Nationen
Weltwirtschaftskrise 29
Wende 129, 131, 149
„Wessis" 131
Wettbewerb 71, 74
Wettrüsten 28 f.
WEU, Westeuropäische Union 77
WHO, World Health Organization 13, 15
Wiederaufbau 8, 15, 44, 59, 72
Wiederbewaffnung 76–79
Wiedervereinigung 76, 78, 85, 98 ff., 120, 122 f., 126 f., 129, 142
Wilson, Thomas Woodrow 6
Wirtschaftskrise 29, 96, 98, 155, 160
Wirtschaftswunder 71, 74 f., 134
World Trade Center 35, 158, 164
WTO, World Trade Organization 13, 15

Zar, Zarismus 147
Zehn-Punkte-Plan 122
Zeitzeugen 46, 108 f.
Zensur 10, 24, 93, 115
Zentralismus 147
Zersetzung 104, 116
Zoll, Zölle 77, 140 f.
Zusammenbruchsgesellschaft 48 f.
Zwangsarbeit, Zwangsarbeiter 49, 58, 112, 130, 132
Zwei-Lager-Theorie 10, 146
Zwei-plus-Vier-Gespräche s. Vertrag
Zweiter Weltkrieg s. Krieg

Bildnachweis

Abendpost Nr. 64, 16.12.1948: 11 M14
akg-images GmbH, Berlin: 6 M1, 13 M3 (Y.Nagata), 54 M1, 56 M4, 71 M3, 84 M1, 84 M2, 85 M3, 85 M4, 92 M1, 122 M5 (AP), 139 u. li. + 147 M2
Archiv der sozialen Demokratie der Friedrich-Ebert-Stiftung (AdsD), Bonn: 64 M1 u.
ARTUR IMAGES GmbH, Stuttgart: 81 M2 (K. Frahm)

Baaske Cartoons, Müllheim: 36 M8 (Dieter Hanitzsch), 36 M9 (Fritz Behrendt), 133 M10 (Dieter Hanitzsch)
Beltz, Sam Keen, Bilder des Bösen. Wie man sich Feinde macht, Weinheim: Beltz 1988, S. 114: 11 M15
Blickwinkel, Witten: Titelvordergrund, 1 (McPHOTO)
bpk – Bildagentur für Kunst, Kultur und Geschichte, Berlin: 45 M4, 48 M1 (Hilmar Pabel), 48 M2 (Arthur Grimm), 49 M3, 49 M4 (V. Engel), 72 M4 (Benno Wundshammer), 80 M1 (Hanns Hubmann)
BStU, Berlin: 90 M1 (MfS, BV Leipzig, Leitung, 00240/02 Seite 17), 90 M2 (BStU MfS BV Leipzig Leitung 00262 Blatt 7), 91 M3 (BStU MfS BV Leipzig Leitung 00231 Blatt 59), 111 M3 (MfS BV Gera AU 33/58 Band 124 Blatt 2 Foto 5), 111 M4 (MfS BV Gera AU 33/58 Mappe 2 Blatt 6), 112 M5 (MfS, BV Leipzig Leitung 00296 Bl. 78)
BÜNDNIS 90/DIE GRÜNEN, Berlin: 101 M12
Das Bundesarchiv, Koblenz: 59 M9 (Plak 100-015-052), 63 M7 (Plak 004-005-005)

Corbis, Berlin: 19 M7 (Wally McNamme)

DEUTSCHES MUSEUM FÜR KARIKATUR UND ZEICHENKUNST – Wilhelm Busch, Hannover: 100 M9 (Hanns Erich Köhler)

Europäische Kommission, Berlin: 143 M4
Express Newspaper Distr. Bulls, London: 123 M7 (Bill Caldwell)

fotolia.com, New York: 69 M10 (picturemaker01), 69 M11 (U. Aust)

Gedenkstätte Geschlossener Jugendwerkhof Torgau, Torgau: 110 M2 (Erdmute, Bräunlich, Torgau)
Gottscheber, Pepsch, München: 145 M7
Gruner + Jahr AG & Co KG, Hamburg: 96 M2 (C. Meffert/STERN)

Haitzinger, Horst, München: 146 M1
Hanel, Walter, Bergisch Gladbach: 27 M11, 126 M13
Haus der Geschichte, Bonn: 14 M6 (Peter Leger), 25 M6 (Peter Leger), 37 M10 (Peter Leger), 61 M3 (Wofgang Hicks), 66 M5, 76 M1 (M. Szewczuk), 79 M5, 99 M6, 99 M7, 103 M3 (Wolfgang Hicks), 105 M7 (Zeitgeschichtliches Forum, Leipzig/Radzinsky), 114 M10, 131 M7 (Hans-Jürgen Starke)
Horsch, Wolfgang, Niederhall: 37 M1

Institut für Zeitungsforschung der Stadt Dortmund, Dortmund: 64 M1 o.
INTERFOTO, München: 55 M2 (Pulfer), 81 M3 re., 116 M3
iStockphoto.com, Calgary: 42 42/43 (TommL)

Keystone Pressedienst, Hamburg: 60 M2, 128 M1 (Wiersma)
Konrad-Adenauer-Stiftung e.V./Archiv für Christlich-Demokratische Politik, Sankt Augustin: 70 M1
Krokodil: 11 M16

Lang, Ernst Maria, München: 36 M7
Leibing, Peter, Hamburg: 87 M6 li.
Lexington, Thomas A. Bailey und David M. Kennedy: the American Pagenat. A History of the republic. Lexington 1991, S. 746): 6 M2

Münchner Stadtbibliothek, München: 71 M2 (Rolf Peter Bauer)

New York Times, 20.08.1950: 11 M13

Picture-Alliance GmbH, Frankfurt/M.: 4 (dpa/Hendrik Schmidt), 5 u. re. + 35 M6 (AFP/Beth A. Keiser), 12 M1 (dpa/Scholz), 17 M3, 29 M2 (dpa/Wolfgang Eilmes), 32 M2 (AFP/Niki), 42 o. re. + 98 M4 (dpa), 43 o. re. + 120 M1 (dpa), 64 M2 (akg-images), 77 M2 (dpa), 81 M3 li. (akg-images), 87 M6 re. (ZB), 93 M3 (dpa), 98 M5 (dpa), 113 M7 (ZB/Peter Endig), 121 M2 (akg-images), 123 M6 (ZB/Paul Glaser), 128 M2 (dpa/P. Kneffel), 130 M4 (dpa/Wolfgang Kumm), 130 M5 (dpa/Tim Brakemeier), 141 M2 (dpa-infografik), 153 M3 (dpa), 157 M3 (dpa/B. Thissen), 158 M2 (dpa/K.-J. Hildenbrand), 159 M4 (AFP/McCoy), 160 M5 (dpa), 161 M6 (AP/J.Scott Applewhite)
Presse- und Informationsamt der Bundesregierung – Bundesbildstelle, Berlin: 65 M3

The Punch, Band 208, Nr. 5429, 7. Februar 1945, S. 119: 9 M10

Schoelzel, A., Berlin: 122 M4
Schrapps, H., Glauchau: 53 M3
Shutterstock.com, New York: 139 138/139 (Botond Horvath)
Staatsarchiv Ludwigsburg, Ludwigsburg: 62 M5 (2), 62 M6
Stadtmuseum München, München: 8 M5
Süddeutsche Zeitung Photo, München: 5 Mi. li. + 24 M5 (ap/dpa/picture alliance), 5 Mi. re. + 23 M3 (AP), 12 M2 (© VG bild-Kunst 2014), 16 M2, 42 o. li. + 44 M2, 43 o. li. + 86 M5, 49 M5, 60 M1 Amerika Haus), 79 M6, 104 M5 (Uwe Gerig)

The Walt Disney Company GmbH, München: 116 M1, 116 M2, 117 M4 (8)
Tomicek/www.tomicek.de, Werl-Westönnen: 145 M8
Tonn, Dieter, Bovenden-Lenglern: 38, 134/135, 164/165
TV-yesterday, München: 75 M10

ullstein bild, Berlin: 5 o. + 20 M8 (Europress), 5 u. li. + 29 M3 (dpa), 7 M3 (Nowosti), 8 M6 (Stary), 8 M7 (Archiv Gerstenberg), 28 M1 (BPA), 32 M1 (Fotoagentur imo), 33 M3 (Nowosti), 44 M1 (Pachot), 61 M4 (imageborker/hwo), 66 M6 (Archiv Gerstenberg), 67 M8 (Haus der Geschichte, Bonn), 92 M2, 93 M4 (C.T. Fotostudio), 96 M1 (dpa), 102 M1 (ADN-Bildarchiv), 102 M2 (Wolfgang Wiese), 110 M1 (Probst), 121 M3 (Reuters), 138 o. li. + 159 M3 (AP), 138 o. re. + 148 M3 (Roger Viollet), 149 M4 (dpa), 153 M2 (dpa)

Verlag 8. Mai GmbH, Berlin: 94 M5
Visum Foto GmbH, Hamburg: 33 M4 (PhotoXpress/M. Malinovsky), 139 u. re. + 152 M1 (K. Haarmann)

Zöllner, R., Berlin: 129 M3

alle übrigen Karten und Schaubilder: Westermann Kartographie/Technisch Graphische Abteilung, Braunschweig.